AF377819

LOUIS BARTHOU
DE L'ACADÉMIE FRANÇAISE

LE GÉNÉRAL HUGO

1773 - 1828

LETTRES ET DOCUMENTS INÉDITS

LIBRAIRIE HACHETTE

LE
GÉNÉRAL HUGO

LE GÉNÉRAL HUGO

Portrait.

(Musée Victor Hugo.)

LOUIS BARTHOU
DE L'ACADÉMIE FRANÇAISE

LE
GÉNÉRAL HUGO

1773 - 1828

LETTRES ET DOCUMENTS
INÉDITS

LIBRAIRIE HACHETTE

LE GÉNÉRAL HUGO

CHAPITRE PREMIER

LES DÉBUTS
D'UNE CARRIÈRE MILITAIRE

UNE REQUÊTE DU GÉNÉRAL HUGO SOUS LA RESTAURATION ‖ ORIGINES PLÉBÉIENNES ‖ UN ANCÊTRE DOUTEUX : CHARLES-LOUIS HUGO, ABBÉ D'ESTIVAL ‖ SITUATION DE FORTUNE DE LA FAMILLE ‖ LA JEUNESSE DU GÉNÉRAL ‖ ENGAGÉ A QUINZE ANS ‖ LA RÉVOLUTION : AVANCEMENT RAPIDE ‖ CAMPAGNE DE VENDÉE ‖ LÉOPOLD HUGO, ADJUDANT-GÉNÉRAL.

LE 16 avril 1825, le général comte Hugo rédigeait à Paris, d'une écriture élégante et nette, pour le Conseil du Sceau, la note suivante :

M. Joseph-Léopold-Sigisbert Hugo, né à Nancy, Meurthe, le 15 novembre 1773 d'une famille très ancienne en Lorraine où elle a compté des branches illustres, dont l'une dans le XVIIe siècle a donné le savant Louis Hugo, abbé d'Estival, évêque de Ptolémaïde; M. Léopold Hugo, après avoir fait avec distinction ses études au collège royal de Nancy, a commencé à servir le 16 octobre 1788, et n'a discontinué que le 1er janvier 1825, époque à laquelle il a été admis au maximum de la retraite comme maréchal de camp des armées du roi, après trente-six ans de services et vingt-cinq de campagnes.

Cet officier déjà capitaine sous le règne de l'infortuné Louis XVI, c'est-à-dire dès le 1er décembre 1792, où il en obtint le rang, comme fourrier marqueur de l'armée du Rhin, parvint au grade de chef de bataillon, adjoint à la personne du général en chef Moreau, en 1800; et joignit depuis lors quelques services diplomatiques à ceux qu'il n'avait encore que militairement rendus; il fut conjointement avec le général Lahorie chargé des négociations qui décidèrent un congrès à Lunéville, ce qui lui valut de la part du chef du gouvernement d'alors le commandement de cette place pendant toute la durée du séjour des plénipotentiaires.

M. Léopold Hugo fut nommé chevalier de la Légion d'Honneur à la création de cet ordre.

Revenu en 1808 colonel du régiment Royal Corse, au service du roi Joseph Napoléon, et gouverneur de la province d'Avellino, M. Léopold Hugo reçut pour prix de ses services, et successivement, la décoration de chevalier, puis celle de commandeur de l'ordre royal de Naples. Un décret de Joachim Napoléon porta depuis que ces commandeurs prendraient rang dans la haute noblesse du royaume des Deux-Siciles.

En mai de la même année, M. Léopold Hugo fut promu à la dignité de maréchal du Palais, et c'est en cette honorable qualité qu'il suivit le roi Joseph à Madrid, après l'abdication faite en faveur de ce prince par Ferdinand VII et la renonciation solennelle des princes ses frères.

Postérieurement et le 1er janvier 1809, M. Léopold Hugo étant colonel du Royal Étranger au service d'Espagne et gouverneur de la province d'Avila fut élevé à la dignité de Majordome del Rey (anciens comtes du Palais), titre non héréditaire quoiqu'il pût le devenir dans la personne de son fils aîné, alors page du roi; et il exerça ces nobles fonctions jusqu'à l'époque où, par le traité de Valençay en 1813, l'empereur Napoléon rendit à Ferdinand le trône d'Espagne.

M. Léopold Hugo ayant, le 20 août 1809, été promu au grade de maréchal de camp, fut bientôt et avant la fin de l'année, nommé chevalier et commandeur de l'ordre royal d'Espagne, inspecteur de tous les corps militaires formés et à former dans ce royaume, subdélégué général du ministre des Finances (comte de Cabarrus) et gouverneur des provinces d'Avila, Segovia et Soria ainsi que de tout le cours du Tage jusqu'en Portugal.

Le roi Joseph voulant récompenser les continuels services militaires et politiques du général Hugo vint le trouver, en septembre 1810 à Guadalaxara, quartier général de son nouveau gouvernement, composé de la province de ce nom, de celle de Siguenza et de la seigneurie royale de Molina d'Arragon, le nomma comte avec une dotation d'un million de réaux, et lui donna une autre dotation pareille l'année suivante en le nommant marquis. C'est postérieurement à

LES DÉBUTS D'UNE CARRIÈRE

cette époque que le comte Léopold Hugo, ayant été nommé au commandement de Madrid et du Retiro, fut encore choisi pour chef de l'Etat-Major de S. E. M^r. le maréchal Jourdan, major général des armées impériales dans la péninsule. Sa nomination d'aide de camp du roi n'eut lieu que le 24 juin 1813.

Les documents officiels qui constataient les services ainsi que les titres héréditaires du général Hugo furent perdus à la bataille de Vittoria et les rênes du gouvernement d'Espagne étant retombées entre les mains de Ferdinand VII, les ministres de ce prince ne crurent pas devoir donner de duplicata pour les actes d'un prince qu'ils cessaient de regarder comme leur souverain.

Mais S. M. Louis XVIII ayant, par les déclarations royales qui ont précédé la Charte et par la Charte elle-même, rétabli l'ancienne noblesse et confirmé la nouvelle, le général Hugo nommé par S. M. maréchal de camp de ses armées, chevalier de Saint-Louis et officier de la Légion d'Honneur, pour obtenir de nouveaux diplômes de ses titres nobiliaires, aurait dû payer les droits fixés par les ordonnances sur le Sceau, et ne le pouvant pas, il remit ce soin au moment où ses moyens lui permettraient de le remplir, mais pour établir l'état futur et les droits de ses enfants, il croit convenable de faire au conseil du Sceau des titres le dépôt de la présente note :

Les armoiries qui ont été concédées héréditairement au général Hugo ne l'ont pu être qu'au titre de comte, attendu que les événements survenus depuis sa nomination à celui de marquis ont empêché le roi Joseph de terminer les affaires de ce genre.

Le général Hugo ne peut pas donner de ces armoiries d'autres descriptions que celle suivante dont l'empreinte est apposée ci-dessous.

Son écu est surmonté de la couronne de comte et partagé en quatre parties. Le premier quarré contient une épée avec deux étoiles.

Le deuxième : un cheval nu au galop, emblème sous lequel le roi Joseph, à l'instar de l'empereur Napoléon, son frère, qui désignait les éclatants services par des emblèmes analogues, voulut peindre ceux que le général Hugo avait rendus dans le royaume de Naples.

Le troisième présente un pont à trois arches, emblème des passages forcés sur le Tenu à Saint-Martin, sur le Tage à Trillo et à Paséga.

Le quatrième enfin contient une couronne obsidionale, emblème de la défense d'Avila dans le cours de 1809, de la

LE GÉNÉRAL HUGO

surprise de Siguenza en 1810, du secours de Santo Domingo de la Pojada, de Siguenza, de Xadraque et d'Accuva dans les années précitées et les suivantes.

Le général Hugo ne rend ainsi compte du motif de ces emblèmes que parce qu'on lui a communiqué le rapport fait au roi Joseph sur le contenu de ses armoiries.

Lorsque les remboursements sur lesquels compte le général Hugo auront changé l'état de sa fortune, il espère pouvoir faire auprès du conseil du Sceau en France les démarches et les dépenses convenables pour régulariser ses titres de noblesse, concédés à titre héréditaire ; sinon il aura laissé dans les archives nobiliaires du royaume une note à laquelle ses enfants pourront avoir recours tôt ou tard.

Je ne saurais dire si cette note, dont j'ai l'original sous les yeux, fut envoyée à son adresse, mais aucune pièce ne m'a paru plus propre à ouvrir l'étude que je consacre, avec un très grand nombre d'autres documents également inédits, à la physionomie captivante et complexe du général Hugo.

Même s'il n'avait pas été le père de notre plus grand poète lyrique, le général Hugo, mêlé aux événements d'un tiers de siècle — et quels événements ! et quel siècle ! — mériterait d'occuper une place dans leur histoire. Il fut, sans trêve ni relâche, un des héros de l'immortelle épopée. Son nom n'est pas « inscrit sur l'Arc de l'Étoile, » mais combien y furent gravés qui pâlissent devant son éclat ! Quoiqu'il tire surtout sa renommée du génie de son fils, le général Hugo a sa personnalité propre, à laquelle il n'a manqué qu'un peu plus de chance ou un peu plus de souplesse pour le pousser au premier rang « de cette foule étonnante de grands capitaines qui, pendant vingt-cinq ans, firent la gloire de la France et commandèrent l'admiration du monde civilisé. »

Ses *Mémoires*, publiés en 1823, nous apprennent peu de chose sur sa naissance, sur son éducation et sur son enfance. Ce silence était voulu. Le général Hugo pensait que les « mémoires d'un homme public ne doivent se composer que de ce qui peut intéresser l'histoire ou servir à l'instruction de la classe à laquelle ils s'appliquent plus spécialement. » A ce double point de vue, celui de l'histoire ou celui de l'art militaire, les siens ont atteint leur but. Mais la crainte qu'il

LES DÉBUTS D'UNE CARRIÈRE

avait d'y introduire des « détails insidieux » les a privés de
la vie anecdotique et du mouvement qui ont assuré le succès
de tant d'autres. Il savait ce qui leur faisait défaut. « Je
pourrais cependant comme un autre, et sans manquer à la
vérité, écrire que je dois le jour à d'honnêtes gens, dont rien
n'égala mieux les vertus que l'excellente réputation qu'elles
leur méritèrent ; je pourrais rapporter comme marques indicatives de caractère quelques combats de collège ou quelques traits saillants de fermeté ; je pourrais enfin parler de
mes liaisons de famille et d'intérêts.... » En l'absence d'une
psychologie directe, ou d'une autobiographie suivie, les
Mémoires du général Hugo permettent parfois de dégager
les « marques indicatives » d'un caractère qui s'atteste par
des « traits saillants de fermeté. » Mais il faut y chercher
surtout la part, active et souvent décisive, qu'il prit à des
événements militaires plus ou moins importants. Ils ne
révèlent que le soldat.

Ce soldat était de souche plébéienne. Son père, maître
menuisier à Nancy, avait épousé le 1ᵉʳ juillet 1755 Dieudonnée Béchet, fille d'un maître cordonnier, et, le 22 janvier 1770, en secondes noces, Marguerite Michaud, gouver-
nante d'enfants chez le comte d'Euvezin. Douze enfants, sept
filles et cinq garçons, étaient nés de ces deux mariages :
Joseph-Léopold-Sigisbert était l'un des fils du second. Il ne
faut pas discuter là-dessus avec les actes de l'état civil, qui
sont formels. Pourtant Joseph-Léopold-Sigisbert, dans sa
note au Conseil du Sceau, évoquait d'autres origines. Il
disait de sa famille « très ancienne en Lorraine, » qu'elle y
avait « compté des branches illustres. » Ceci ne dément pas
cela. Toutes les branches d'une même famille ne connaissent
pas le même sort. Victor Hugo écrivait en 1867 : « Il y a
dans ma famille un cordonnier et un évêque, des gueux et
des monseigneurs. C'est un peu l'histoire de tout le monde. »
Il avait raison, et aussi d'ajouter : « L'homme est ce qu'il
est, il vaut ce qu'il a fait. Hors de là, tout ce qu'on lui
ajoute et tout ce qu'on lui ôte est zéro. » Mais il n'avait pas
toujours affecté le même « absolu dédain pour les généalo-
gies. » Ce n'est pas à son insu que Sainte-Beuve, au temps

de leur amitié, avait rattaché sa famille paternelle à Georges Hugo, capitaine des gardes du duc de Lorraine, anobli en 1531, et que plus tard le « témoin de sa vie, » son témoin le plus proche, lui prêtait, en 1863, une origine aussi ancienne. Mais le tort de M. Biré a été d'accuser le poète, comme s'il l'avait émise le premier, d'une prétention nobiliaire qui, vraie ou fausse, était une tradition de famille puisque son père se réclamait, dès 1825, de la même « branche illustre. » Il y avait eu dans cette branche, au xviie siècle, un monseigneur, l'abbé Louis d'Estival, évêque de Ptolémaïde, un « savant, » disait la pétition : « auteur d'un recueil estimé, *Sacrae antiquitatis monumenta*, » précisait le *Victor Hugo raconté*.

Victor Hugo, même depuis qu'il s'était donné à la démocratie la plus avancée, avait la fierté de cet évêque. Il en rappelait dans *Les Misérables* les œuvres théologiques et il le donnait comme l' « arrière-grand-oncle de celui qui écrit ce livre. » Cette allusion lui valut une lettre d'un ancien notaire d'Épinal, qui lui envoya une copie du testament de « l'illustre abbé. » Cette lettre, cette copie, un mandement du révérendissime abbé d'Estival, daté du 3 septembre 1725, « pour disposer les peuples de sa juridiction à bien recevoir le sacrement de confirmation, » et son ex-libris armorié avaient été soigneusement rangés par l'auteur des *Misérables* sous une chemise qui portait, écrits de sa main, ces mots : papiers de famille.

Qu'il fût ou qu'il ne fût pas « l'arrière-grand-oncle de M. le lieutenant général comte Léopold-Sigisbert Hugo, » c'était une figure curieuse que ce Charles-Louis Hugo, « par la permission divine, abbé d'Estival, seigneur spirituel et temporel de l'un et de l'autre bans, docteur en théologie, protonotaire du Saint-Siège apostolique, conseiller et historiographe de Son Altesse Royale. » Il avait eu des démêlés avec l'évêque de Toul et sous le pseudonyme de Berlerycourt il avait publié de nombreux ouvrages de polémique religieuse. Son testament, daté du 20 février 1738, avait une fière allure et je crois bien que s'il l'avait connu avant de publier *Les Misérables* ou de dicter ses souvenirs à un

LES DÉBUTS D'UNE CARRIÈRE

« témoin de sa vie, » Victor Hugo n'aurait pas manqué d'en tirer parti. Les débuts de cette année 1738 avaient été funestes pour l'abbé d'Estival : il avait perdu, dans l'espace de trois semaines, son « cher coadjuteur, » le P. Ch. Saunier, et son « cher neveu et filleul, messire Ch.-Hyacinthe Hugo, chevalier, seigneur de Spitzenberg, maître et conseiller en la Chambre des Comptes de Lorraine. » Tous deux étaient décédés entre ses bras « avec les sentiments de la piété et de la religion les plus parfaits. » Lui-même, désolé de « survivre à celui qui devait lui succéder, » sentait sa mort prochaine. En proie à des maladies continuelles, qui l'avaient rendu presque « inutile à son emploi et à la religion, sa mère, » il se mettait dans son testament en règle avec Dieu d'abord et ensuite avec ses proches.

L'abbé d'Estival reconnaissait pour ses héritiers présomptifs en première ligne, Nicolas-Ignace Hugo, conseiller et maître en la Chambre des Comptes de Lorraine, et les deux enfants de Charles-Hyacinthe Hugo, seigneur de Spitzenberg ; en seconde ligne, dame Henriette-Thérèse Hugo, veuve de Bernard de Guilbon, chevalier de Saint-Louis, capitaine au régiment de Condé, seigneur de Chattelut, major de la gendarmerie de S. M. Polonaise. Des legs particuliers étaient affectés à son frère, à sa sœur, à ses neveux et nièce : un tableau sur bois du « fameux Breugle, » une peinture sur toile de Carlo Maratte, une tapisserie d'Auvergne, un miroir armorié, une pendule, des livres....

Les conditions de ses obsèques étaient réglées avec un soin prévoyant :

« J'ordonne que le jour de mon grand service, on donne quarante miches de six livres l'une, aux pauvres qui y assisteront, et que pour le repas que l'on sera obligé de donner au réfectoire, tant aux religieux qu'aux étrangers qui viendront prier Dieu pour le repos de mon âme, on tirera de mes épargnes trois cents livres qui seront remises ès-mains du P. Procureur du couvent pour être employées à cet effet. Et en ce que mes petites épargnes soient au-dessous de cette somme, on vendra de mes meubles jusqu'à concurrence de 300 livres pour fournir à cette dépense.... »

(9)

LE GÉNÉRAL HUGO

A ce testament, « fait et écrit après longue et meure délibération, prise aux pieds de Jésus-Christ crucifié, » auquel l'abbé d'Estival remettait « son âme, son corps et toutes ses espérances, » il ajoutait le lendemain un court codicille, qui témoigne de la générosité de son âme. « J'avais oublié que je voulais que mes domestiques fussent payés de leurs gages, quand même ils ne m'auraient servi qu'un tiers d'année courante. Je l'ajoute, ayant revu mon testament aujourd'hui.... »

Arrière-petit-neveu, ou se croyant tel, de Dom Hugo, abbé d'Estival, Victor Hugo s'était-il rappelé, en réglant ses dispositions testamentaires, que son arrière-grand-oncle, authentique ou présumé, avait voulu que « la simplicité de ses obsèques répondît à celle de sa vie? » Le poète avait dit : « Je veux le cercueil des pauvres. » Mais ni « le faste » ni « la magnificence » ni « les éloges funèbres, » que l'abbé d'Estival avait écartés avec un soin précis, ne manquèrent à ce cercueil. Victor Hugo avait dit aussi : « J'ai toujours mieux aimé les armes que les armoiries. » Mais dédaignait-il les armoiries? Si le *Victor Hugo raconté* ne parlait pas, dans sa partie généalogique, des Spitzenberg, mentionnés dans le testament de l'évêque Charles-Louis, il y a bien des raisons d'admettre que le poète se croyait rattaché à eux par une descendance directe, avec le droit de porter leurs armes, dont une note écrite par Juliette Drouet faisait ainsi la description : « D'azur à un chef d'argent, chargé de deux merlettes de sable; l'écu surmonté d'un casque de profil, orné de ses lambrequins d'argent et d'azur, ainsi que de son bourlet, et sommé d'un vol banneret d'azur chargé d'une face d'argent. »

Le général Hugo, en 1825, n'en réclamait pas autant. Marquis ou comte, il se prévalait seulement des armoiries qui lui avaient été conférées par le Roi Joseph pour ses services d'Espagne et il n'évoquait qu'avec discrétion la « branche illustre » à laquelle se rattachait sa famille lorraine. Au demeurant, et à ne consulter que les actes de l'état civil, il était le fils de Joseph Hugo, maître menuisier, brave homme et « très excellent républicain, » qui fut couronné le 10 floréal

LES DÉBUTS D'UNE CARRIÈRE

an V dans la fête des époux. A ce moment, son fils Joseph-Léopold-Sigisbert, âgé de vingt-quatre ans, était rapporteur près le premier Conseil de guerre de la 17e division d'infanterie de Paris. Ses *Mémoires* nous apprennent qu'il s'était engagé en 1788, mais ils se taisent sur ses débuts. Sa note au Conseil du Sceau parle des études qu'il avait faites « avec distinction » au collège royal de Nancy. Comment y était-il entré? Qui avait payé ses études? Sur quelles ressources? Un acte authentique du 11 thermidor an VII de la République, sans fournir une réponse directe à ces questions, apporte quelques renseignements, assez précieux à d'autres égards, sur la famille du futur général. Il en résulte qu'au lendemain de la mort de Dieudonnée Béchet, la première femme du maître menuisier Joseph Hugo, l'inventaire, dressé le 8 août 1768, accusait, toutes dettes déduites, un actif en argent de 2 420 fr. 25. Les immeubles de la succession comprenaient une maison située à Lunéville, une autre à Nancy rue des Comptes et une remise dans cette même ville, rue de la Mort-qui-trompe. Cet avoir immobilier s'accrut le 17 septembre 1768 d'une maison située à Nancy rue des Maréchaux, que Joseph Hugo acquit au prix de 6 212 fr. 45, dont il avait payé environ la moitié quand il signa le 9 janvier 1770 son contrat de mariage avec Marguerite Michaud, sa seconde femme. Il disposait à ce moment d'une somme de 5 112 fr. 70. Il acquit deux autres maisons, l'une le 16 mars 1776 et l'autre le 4 décembre 1777. Dans son testament du 13 frimaire an VI, il traitait les cinq enfants qu'il avait eus de son second mariage comme il avait traité par avancement d'hoirie ceux du premier et il stipulait que chacun prélèverait, à l'ouverture de sa succession, sur la part du testament une somme de 774 fr. 20 : ces diverses sommes devaient êtres prises sur la vente de la maison de la rue des Comptes et de la remise de la rue de la Mort-qui-trompe.

Ainsi Joseph Hugo, au moment où son fils Joseph-Léopold-Sigisbert était en âge de commencer ses études, avait quatre maisons, un petit capital et son métier. Ces ressources, sur lesquelles devait vivre une nombreuse famille, étaient-elles

LE GÉNÉRAL HUGO

suffisantes pour entretenir un enfant au collège royal de Nancy? Je ne saurais le dire, ni quand cet élève « distingué, » reçu peut-être gratuitement à cause de ses dons d'intelligence et de travail, en sortit. Il faut, pour saisir quelque chose de précis, arriver au mois d'octobre de l'année 1788 où Joseph-Léopold-Sigisbert Hugo entre au service en qualité de volontaire : il avait quinze ans. Alors commence pour lui la période pittoresque, trente-six ans de services, vingt-cinq campagnes, d'aventures et de mésaventures, de grâces et de disgrâces, de chances et de risques, dont ses *Mémoires* nous tracent le récit plus exact que coloré et plus clair qu'entraînant. Son instruction est étendue; il sait écrire et il aime à écrire, mais il tient de sa formation classique une sécheresse qui nuit à son élégance et le bride contre les écarts, qu'il redoute, de l'imagination. S'il a le souci de dire ce qu'il a vu et comment il l'a vu, ce qu'il a fait et comment il l'a fait, il ne sort jamais du cadre étroit mais « utile, instructif et peut-être nouveau, » qu'il s'est imposé. Il n'a rien d'un hâbleur : il est sincère, très simple, et, à tout prendre, modeste. Ses inexactitudes tiennent plutôt à des défaillances de mémoire qu'au souci de se mettre en scène et de se faire valoir. Partout, il conserve « la douceur d'un sourire » qui le rend sympathique : il est humain. On lui a reproché ses variations politiques. Singulier reproche pour une époque qui vit pendant vingt-cinq ans des bouleversements si prodigieux, que pas un seul homme ne pût se flatter de n'en avoir pas subi les contre-coups! Joseph-Léopold-Sigisbert Hugo ne fut, il faut le dire, qu'un soldat. Il résumait sa profession de foi dans cette simple et belle formule : « Je n'ai jamais été le partisan d'aucun homme. Ma doctrine a été et sera toujours d'être l'esclave des lois et de servir comme le doit un homme d'honneur, quelle que soit la forme du gouvernement qui ait reçu mes serments, mon devoir étant de n'en faire jamais sans intention de les remplir. » Pendant trente-six ans il « servit » en soldat courageux et en homme d'honneur, fidèle au « sentiment sublime, qu'inspirait l'amour de la patrie. »

Ses *Mémoires* ne commencent qu'en 1793 avec l'insur-

LES DÉBUTS D'UNE CARRIÈRE

rection vendéenne. Il ne faut pas s'en étonner, aucun événement de quelque importance n'ayant marqué jusquelà sa carrière militaire. Enrôlé le 16 septembre 1788 au régiment d'infanterie de Beauvais, il fut congédié, « faute d'âge, » le 1ᵉʳ février 1789. Il reprend du service la même année : enrôlé au régiment du roi le 26 juillet, il reçoit un « congé absolu » le 3 octobre 1790. Il a dix-sept ans; voici à ce moment son signalement : « Taille de cinq pieds deux pouces trois lignes, cheveux et sourcils châtains, yeux bruns, visage long et coloré, nez gros, menton rond. » Il entre le 23 avril 1791 au 13ᵉ régiment d'infanterie et il est le 1ᵉʳ décembre 1792 fourrier-marqueur, attaché à l'état-major général de l'armée du Rhin. La fonction des fourriers-marqueurs, dont le titre de fourriers-généraux avait paru trop éclatant pour leur grade et qu'on avait supprimé, consistait à marquer les logements de l'état-major général et les campements de l'armée. Joseph-Léopold-Sigisbert Hugo connut, en cette qualité, le chef de bataillon Kléber et le lieutenant Desaix, aide de camp du prince Victor de Broglie. Leur amitié pour lui ne se démentit pas. Il connut aussi le général Alexandre Beauharnais, qui l'attacha à son cabinet. Pressenti pour le ministère de la Guerre, le général en fit la confidence à son fourrier-marqueur, qui l'accueillit avec une tristesse inquiète dont il lui demanda la raison. « C'est toujours sur les plus grands arbres que tombe la foudre, » répondit Hugo. Cette réponse, courageuse et désintéressée, fit réfléchir le général, qui refusa.

Nommé, par la protection du général Beauharnais, adjudant major, et affecté au bataillon de l'Union des volontaires nationaux du Bas-Rhin, Joseph Hugo traversa rapidement la France, arriva à Angers et prit part en juillet 1793 aux batailles de Martigné-Briant et de Vihiers. Déjà blessé à Hochheim en janvier, il reçut à Vihiers le 18 juillet un coup de feu qui lui fracassa le pied droit. A peine convalescent, il rejoignit son bataillon et eut deux chevaux tués sous lui, en septembre, à l'affaire d'Aigrefeuille. Il combattit sur la Basse-Loire les détachements de Charette et, devenu chef d'état-major du commandant Muscar, dont il appréciait

LE GÉNERAL HUGO

« l'activité et l'intrépidité rares, les talents et l'intelligence, »
il joua un rôle décisif dans la prise du pont Saint-Martin.
Au cours de cette terrible guerre civile « où l'on ne faisait
plus de prisonniers d'un côté ni de l'autre, et où partout on
combattait pour vivre ou pour mourir, » son humanité égala
son courage. Ce fut à l'occasion d'un de ces combats que,
sorti sans en avoir obtenu l'ordre pour aller au secours
d'un détachement menacé d'être taillé en pièces, il fut
réprimandé par Muscar et connut ainsi sa « première et seule
punition dans le cours de trente années de services. » La
guerre des Chouans le mit en relations avec Hoche, « ce grand
homme d'une gloire éternelle » dont la politique de « pacification » s'accordait avec ses propres sentiments. Il refusa,
pour ne pas se séparer de Muscar, le grade d'adjudant-
général et, ayant contribué à la tenue et à l'instruction de
la 20ᵉ demi-brigade, il fut nommé le 19 mai 1797 rapporteur
près le 1ᵉʳ Conseil de guerre de la 17ᵉ division à Paris.

CHAPITRE II

LE MARIAGE
(1797)

LES campagnes de Vendée avaient souvent donné à
Léopold Hugo l'occasion d'aller à Nantes, où il fit la
connaissance d'un armateur appelé Trébuchet. Cet
armateur avait trois filles. L'officier plut à l'une d'elles, qui
lui plut, Sophie, « petite, mignonne, des mains et des pieds
d'enfant... avec quelques traces de petite vérole, qui dispa-
raissaient dans l'extrême finesse de sa physionomie et de son
regard intelligent. » Des promesses de mariage avaient été
échangées. Mais l'armateur, dont l'avenir ne devait que trop
justifier les appréhensions, « hésitait fort à donner sa fille à
un militaire, obligé de courir le monde et de laisser sa femme
seule ou de la traîner sur toutes les routes. » L' « inclination
réciproque » des deux jeunes gens triompha de sa résistance.
Ils se marièrent civilement à Paris le 23 brumaire de l'an VI
de la République (13 novembre 1797). Les débuts de cette
union furent très heureux, mais la guerre ne laissa que deux
ans de répit à l'amour et Léopold Hugo dut quitter en avril
1799 les fonctions de rapporteur pour reprendre celles de

LE GÉNÉRAL HUGO

son grade d'adjudant-major. Après avoir servi sous les ordres
de l'adjudant-général Mutelé, il fut, grâce au général Lahorie
qu'il connaissait depuis longtemps, adjoint, sous les ordres
de Moreau, à l'état-major général de l'armée du Rhin. En
l'an II, Moreau, inspecteur général, l'avait ainsi noté :
« Beaucoup d'instruction, très actif, des mœurs, une bonne
tenue, ce qui le rend susceptible d'un prompt avancement. »
Arrivé à Bâle, la veille même du passage du Rhin, il attendait Lahorie dans l'hôtel du général en chef et il regardait
par une fenêtre le mouvement qui s'opérait sur le pont lorsqu'un monsieur, vêtu d'une simple redingote bleue, et la
pipe à la bouche, se plaça à ses côtés. L'anecdote vaut qu'on
l'emprunte tout entière, sous sa forme sobre et saisissante,
aux *Mémoires* du général Hugo. « A-t-on tiré quelque part?
me demanda-t-il. — Non, monsieur, » lui répondis-je. —
Cette réponse simple ayant fait juger à mon interlocuteur
que je ne le connaissais pas, il me demanda si j'étais depuis
longtemps à l'armée. « Depuis hier au soir, lui répondis-je.
— Mais déjà vous avez fait la guerre ailleurs? — Oh! certainement, monsieur; en 1792 et 1793 à cette armée, et depuis lors
contre les Vendéens et les Chouans. » Après cette réponse,
l'inconnu m'adressa beaucoup d'autres questions sur le genre
de guerre que j'avais fait, et j'y satisfis sans me douter à qui
je parlais; de sorte que je ne trouvai point extraordinaire
que cette personne me dît en me quittant : « Ah! vous
entendez bien cette guerre-là, vous l'avez bien faite. »

« Peu de moments s'étaient écoulés lorsque l'adjudant-
général Fririon (Nicolas), à qui j'avais apporté une lettre de
son oncle (appelé dans l'armée l'*Homme-Dieu*, et depuis peu
inspecteur en chef en retraite), lorsque, dis-je, l'adjudant-
général Fririon vint à moi et me dit : « Hugo, ne vous en allez
pas; nous allons dîner et vous mangerez avec nous à la table
du général en chef. — D'où me vient cette faveur? lui deman-
dai-je ; je n'ai pas l'honneur de le connaître. — Comment!
reprit-il avec étonnement, vous venez de causer ici même
près d'une heure avec lui, et vous ne le connaissiez pas! —
Serait-ce donc ce monsieur si simplement vêtu? — Lui-
même.... »

LE MARIAGE

« Ce fut alors que je cherchai si, dans le cours de ma conversation, conversation qui depuis m'a paru plus d'une fois un examen bien adroit de mes principes et de mes services, si, dis-je, il ne m'était rien échappé d'inconvenant. Je dus chaque jour me convaincre que je n'avais rien dit de déplacé puisque, depuis lors, le général Moreau me traita toujours avec bienveillance et un peu plus tard daigna me comprendre au nombre des six adjoints particulièrement attachés à sa personne. »

Ainsi l'adjudant-major Hugo, que Moreau nomma provisoirement chef de bataillon le 20 juin 1800, fut de toutes les batailles — Engen, Mœskirch, Bibersch, Memmingen, — qui illustrèrent la « belle campagne » de l'an VIII. D'autres, à sa place, en tireraient vanité et auraient loué leurs prouesses vraies ou fausses. Tout au contraire d'eux, le général Hugo dit, sur ce ton de modestie qui donne à ses *Mémoires* un caractère si particulier de véracité : « Quoique je me sois trouvé à toutes ces affaires, je n'entrerai dans le détail d'aucune, parce qu'elles seront indubitablement l'objet de mémoires particuliers, — ou décrites par des officiers alors d'un rang plus élevé que le mien, ou qui, par une position différente, auront joué un rôle plus actif. »

Ce que les *Mémoires* ne disent pas, les lettres que Joseph Hugo écrit à sa femme le racontent sous l'impression directe des événements dont il a été le témoin. La bataille de Mœskirch lui inspira un récit d'une clarté saisissante.

De Clostervald en Souabe. Le 17 Floréal an VIII.

Avant-hier, ma bonne amie, nous avons livré aux Autrichiens une bataille que le général Moreau a comparée à celle de Novi où nous perdîmes le brave Joubert. Une canonnade terrible, une fusillade plus terrible encore, des succès tour à tour balancés, des charges de cavalerie, voilà comment s'est passée la journée. Cette bataille est celle de Mœskirch. En voici les détails.

Dès le matin, l'aile droite aux ordres du lieutenant-général Lecourbe attaqua l'ennemi en avant des forêts de sapins qui se trouvent à deux lieues de Stoekach ; si l'attaque fut impétueuse, la défense fut acharnée, et la mitraille et les boulets tombèrent de toutes parts au milieu des rangs ; après plusieurs heures d'un combat aussi vif, l'ennemi perdit en manœuvrant petit à petit une partie du terrain qu'il occupait. Alors les carabiniers chargèrent et reçurent beaucoup de mitraille. L'attaque du centre commença dès lors, elle fut longtemps balancée par la résistance de l'ennemi.

Sur les midi, la petite ville de Mœskirch fut emportée sous le feu le plus terrible que j'aie vu de ma vie et le général Lecourbe, profitant de cet avantage, s'avança beaucoup vers la droite. Tandis qu'il réussissait aussi glorieusement, les divisions Delmas et Leclerc s'avançaient au centre et occupaient le terrain que l'ennemi perdait peu à peu. Pendant ces mouvements avantageux, l'ennemi, par une manœuvre savante, tourna notre centre, duquel sont séparées les divisions du Gal Saint-Cyr, vint attaquer nos équipages et aussitôt une affreuse déroute se mit dans les vivandières et les charretiers. Mais le brave général Moreau arriva, et avec un sang-froid qui a peu d'exemple, il fait un changement de front et attaque avec impétuosité. L'ennemi recule alors et regagne les hauteurs avec perte, les succès du général Lecourbe l'ayant en quelque sorte détaché du corps de réserve, les divisions Leclerc et Delmas eurent à soutenir des divisions ennemies toutes fraîches qui leur firent perdre plus d'un quart de lieue de terrain. Tel était l'état des affaires à six heures du soir ; nous nous retirions lentement au centre et l'ennemi dont la retraite était coupée par le général Lecourbe se battait avec un acharnement extraordinaire afin de nous reprendre la route de Mœskirch et de se retirer. Mais bientôt arriva la division Richepanse qui n'avait pas encore donné, elle s'avance fièrement à l'ennemi et soutenue des efforts des autres divisions, elle repousse vigoureusement les Autrichiens et à dix heures du soir l'ennemi était en pleine retraite, mais non pas en déroute. Nous lui avons fait considérablement de prisonniers, nous en avons eu beaucoup aussi. Les morts et les blessés sont de part et d'autre en grand nombre. Tout le monde, et je suis de cet avis, pense que la perte de l'ennemi est, à cet égard, très supérieure à la nôtre....

Nous nous attendons tous à voir bientôt finir notre campagne ; deux batailles, sept à huit combats, plus de douze mille prisonniers, autant de blessés ou tués, des drapeaux, des canons, voilà le fruit de dix jours de travail de la brave armée du Rhin. Cela ne peut tenir de même et tout le monde espère que l'Empereur ouvrira enfin les yeux.

Je n'ai, pendant toute l'action, pas été un moment avec le général Lahorie, je me suis trouvé à toutes les attaques, tantôt

LE MARIAGE

avec le général Moreau, tantôt avec d'autres. L'adjudant-général Lahorie a eu un cheval blessé, j'ai eu le bonheur de ne rien attraper ; les boulets, la mitraille, les balles m'ont cependant toujours frisé de près....

La « bonne amie » ne répondait pas, comme il l'eût désiré, au langage et aux sentiments de son mari. La prédiction du prudent Trébuchet se réalisait déjà. S'il n'y avait pas encore entre les deux époux d'incompatibilité d'humeur, l'incompatibilité de leurs existences commençait à produire ses inconvénients. La bretonne, isolée dans une ville et dans une famille qui ne devaient jamais devenir les siennes, aspirait à quitter Nancy pour retourner chez elle et y faire une installation peut-être définitive. Son mari ne lui donnait ni tout à fait tort, ni tout à fait raison : il acceptait le voyage, mais, à vrai dire, il s'y résignait plus qu'il n'y consentait. Sa lettre accuse cette profonde divergence.

Au Quartier Général de Memmingen,
le 14 Prairial et à onze heures du soir
(9 juin 1800).

A cheval depuis quatre heures du matin, j'arrive en ce moment. Depuis plusieurs jours j'étais désolé de ne recevoir aucune lettre de toi ; ton image, ta chère image, ne sortait point de mon esprit et cela en revenant sur les lieux que j'avais quittés le matin, je me flattais du bonheur, du plaisir de recevoir de tes nouvelles. Hélas, je n'ai point été trompé ! Mais de quels coups douloureux mon âme est atteinte ! Elles n'ont point répondu à mes espérances.

Non, Sophie, non, tu n'as jamais connu l'attachement de ton époux qui t'adorera toujours, quand tu lui écris avec des expressions si peu ménagées ; tu connais bien peu l'état de son cœur, l'état du tien n'est pas tel que tu l'annonçais ; il n'y a eu de vrai jusqu'à présent que l'attachement inviolable, que le tendre cœur de ton époux ; tout le reste n'est que le fruit d'une trompeuse idée. Méritais-je, dis-moi, méritais-je d'être si cruellement traité, moi qui n'eus jamais d'autre désir que celui de te plaire !

Quand, pressentant les suites d'un ennui qui pouvait être funeste à ta santé, je m'empressai de consentir à ton voyage à Nantes, je voulais qu'il eût lieu et te procurer tout ce que tu pouvais désirer ; je voulais conserver ma chère Sophie, la conserver pour moi. Je ne désapprouve donc pas ta joye de

(19)

quitter Nancy, d'aller revoir une famille chérie, mais cela est exprimé d'une manière qui me perce le cœur.

Si je m'opposai à ce que tu vinsses me joindre, j'avais des raisons légitimes et solides ; j'avais des craintes malheureusement trop justifiées, puisque mes derrières sont le théâtre des vengeances, des assassinats, et que tu en eusses été la victime. Il te fallait ou me joindre, chose impossible, ou réfréner tes ennuis, te rendre à la santé. Aussitôt, j'adhérai à tes désirs, je t'écrivis, je t'accordai mon consentement et il y a deux jours que je t'envoyai 150 francs pour qu'avec tes autres moyens tu fisses commodément ton voyage.

Quel est le prix de ma conduite? Pèse bien, Sophie, ces expressions ; ton âme, qui n'a jamais été dans l'état de la mienne, n'en a peut-être pas senti la force, la conséquence. Tu parles de ton voyage et tu dis :

« Celui que j'entreprends est bien long, mais le terme en sera la tranquillité et peut-être le bonheur ; d'ailleurs, je viens de recevoir du Dr Labbé une lettre, je vais lui répondre et l'instruire de mon départ, je pense que je pourrai rester quelque temps chez lui à me reposer ; j'emmène Abel avec moi, je serais bien fâchée de l'abandonner dans un pays auquel je dis adieu pour toujours. »

Pour trouver la tranquillité et le bonheur, dis adieu pour toujours à Nancy, j'y consens ; mes seuls, mes uniques vœux furent toujours pour ton bonheur. S'il fut imparfait, il n'a pas dépendu de moi qu'il fût autre ; j'ai répondu à ton amour de la manière la plus tendre, la plus sincère ; mais je t'ai quittée sans l'avoir désiré et, sans me le dire, tu m'en fais un crime. C'est une injustice ; plus tard, Sophie, tu en sentiras la conséquence, non que je cherche jamais à te forcer au repentir, mais parce que je n'ai jamais mérité de reproche. Tu dis adieu pour toujours à Nancy ! Hélas ! sache donc pourquoi je désirais t'y revoir, te le dirais-je? Je puis être blessé et me faire conduire à Nancy ; là tes soins eussent soulagé mes maux, eussent peut-être conservé mes jours. A trois cents lieues de toi, je puis l'être également, j'irai alors dans un hôpital, où, le chagrin dans le cœur, je finirai, en t'aimant bien et toujours, une carrière qui va me devenir insupportable. Je ne recevrai maintenant de tes nouvelles que tous les mois et je sens qu'il m'en faut tous les jours, je ne cherche pas à t'abuser par les phrases éloquentes, c'est la vérité que je t'écris, que je trace ici d'une manière pénible, car ta lettre m'a mis dans un état dont je ne puis définir la douleur ; déjà vingt fois j'ai failli cesser de faiblesse.

LE MARIAGE

Continuons :

« Je suis étonnée que tu me l'assignes pour domicile
quand tu sais combien je m'y déplais et que toi-même tu le
détestes ; c'est sans doute pour le temps que tu comptes
rester éloigné, mais tu te trompes si tu crois que j'y revien-
drais. Rendue chez moi, je ne me déplacerai plus ; tu seras
toujours le maître de m'y retrouver ainsi que tes enfants,
quand tu voudras vivre avec nous. Adieu, porte-toi bien ; je
t'embrasse, comme je t'ai toujours aimé. »

Je ne puis achever ma lettre ; si l'état dans lequel la tienne
me met continue, je ne la remettrai pas moi-même à la
poste : je suspends, je suis malade à ne pouvoir me soutenir ;
demain je ferai un effort pour pouvoir achever. Que je suis
malheureux !

Que j'ai passé une cruelle nuit ! Il y a à peine trois heures
que je me suis jeté sur mon lit, je n'ai pu fermer l'œil, une
fièvre brûlante m'a interdit tout sommeil ; le jour paraît et je
me jette tout trempé de sueur à la table où j'ai commencé
ma lettre. Cruelle et trop aimée Sophie, voilà l'effet de quelques phrases trop dures.

Hélas ! Je ne t'assignais qu'un domicile passager, doux à
mon cœur parce qu'il te tenait rapprochée de moi, mais qui
ne m'était quelque chose que par toi ; je ne comptais pas
t'en faire un séjour éternel ; je voulais qu'à portée de recueillir mes épargnes, tu les recueillisses avec soin, afin qu'un
jour elles pussent m'aider à des formations d'un établissement paisible, où je pusse couler avec toi des jours filés
par la tendresse ; il n'est que trop vrai que je n'aime pas Nancy,
que je ne puis aimer que les lieux qui te possèdent mais il
t'eût été possible de ne pas dire : *une fois rendue chez moi je
ne me déplacerai plus ; tu seras toujours le maître de m'y
retrouver ainsi que tes enfants, quand tu voudras vivre avec
nous.*

N'est-ce pas me dire : Tu as consenti à ce que je m'éloi-
gnasse de toi, c'est à toi à venir me joindre, si tu veux ; si tu
ne veux pas, tu resteras où tu es, je m'en moque, je puis
maintenant me passer de toi. Voilà la conséquence que je
tire de ce langage, et je n'en puis tirer d'autre, elle est bien
désolante pour moi ; et d'autant plus que je ne mérite point
ce ton d'indifférence, que je ne t'en ai jamais marquée, que
je suis incapable d'en ressentir pour toi. Mais déjà l'air de ta
famille t'a changée, et parce que tu vas trouver des amies,
ton époux n'est plus pour toi qu'une chose dont le retour
pour toi te devient absolument indifférent, qui reviendra s'il
veut, et qui, s'il ne veut pas, restera où il se trouve

LE GÉNÉRAL HUGO

Sophie, est-ce bien toi qui as tracé ces sanglants caractères? Sont-ils bien de la main de celle qui, il y a peu de jours, m'écrivait qu'elle ne pouvait sans moi supporter la vie, qui me recommandait de conserver précieusement la mienne pour elle et nos enfants. A quoi me servira-t-il de la conserver? Si elle eut des charmes pour moi, ce fut parce qu'elle me rendit ton cœur et qu'elle me conserve ton amour depuis le temps que je suis ton époux; mais aujourd'hui elle m'est à charge et cette nuit, dans une fièvre brûlante, j'en examinais le terme comme un bonheur, je fixais avec plaisir mes yeux sur des machines de mort non destinées pour moi. J'allais.... Je me suis arrêté, non par la crainte, je n'en ressentis pas, mais parce que je crus penser que tu m'aimais encore, que tu n'avais écrit cette lettre qu'avec irréflexion, et j'ai dit : Il faut attendre, il sera toujours temps quand j'aurai reconnu que j'ai perdu son cœur. Ne m'abuse donc plus, parle-moi franchement, m'aimes-tu encore? Ma conservation t'est-elle de quelque intérêt et si je consens à te laisser dans ta famille, m'y conserveras-tu un cœur fidèle, penseras-tu à moi? Me donneras-tu chaque jour de tes nouvelles. M'y peindras-tu chaque jour le sentiment véritable de ton cœur?... »

Cette lettre est passionnée, mais la passion qui l'inspire ou, plutôt, qu'elle exprime est-elle tout à fait sincère? Ses accents ne m'émeuvent pas : j'y retrouve trop de *La Nouvelle Héloïse*. Cette interruption dramatique, cette nuit de fièvre, ce suicide projeté, ces appels pathétiques sont d'un ton littéraire où l'imagination de Léopold-Sigisbert Hugo paraît se donner plus que son cœur. Mais sait-on jamais? Ce soldat avait de la tendresse, et aussi des exigences qui ne venaient pas toutes du cœur. Sa femme était d'un tempérament plus calme. Elle avait la tête froide et « cette indépendance d'esprit, et cette personnalité décidée des filles sans mère, obligées d'être femmes plus tôt que les autres. » Puisque le *Victor Hugo raconté* le dit, il faut le croire. Quand Mme Sophie Hugo avait pris un parti, elle s'y tenait, ou il fallait, pour l'en détourner, de fortes raisons. Sa « personnalité décidée » goûtait peu les compromis et si la vie devait la contraindre plus tard à sacrifier son « indépendance d'esprit, » elle ne s'y résigna que dans l'intérêt de ses enfants, auxquels elle avait voué toutes les tendresses de sa

LE MARIAGE

nature concentrée et farouche. A Nancy elle était « déracinée. » Seule, ou presque, avec son petit Abel, âgé de deux ans et enceinte d'Eugène, elle avait le regret, l'obsession et, au sens physiologique du mot, l' « envie » de retrouver sa ville, son fleuve, sa lande bretonne : elle s'ennuyait. Son mari, habitué à d'autres batailles, savait pourtant que l'ennui est un ennemi redoutable. Pour décider sa femme, non à rester, mais à l'attendre, il lui donnait l'espoir d'un retour prochain et d'un départ commun. Son billet avait une brièveté pathétique et pressante :

> Quartier général de Memmingen, le 19 Prairial an VIII
> de la République Française, une et indivisible.

> Suspends ton voyage. Si tu n'es pas partie, ne fais même aucun préparatif; c'est ton époux lui-même qui veut aller, avec la paix, te présenter à ta famille. Nous nous attendons à une suspension d'armes; si elle n'avait pas lieu, l'armée autrichienne d'Italie serait perdue, celle-ci serait exterminée. Suspends donc : avant peu, tu me reverras.

Cet « avant peu » retint Mme Hugo, mais les événements ne réalisèrent pas tout de suite l'espérance que les deux mots renfermaient. Un soldat n'est pas son maître. Le chef de bataillon ne renonçait pas pourtant à la paix et au retour. D'Augsbourg, il écrivait le 8 Thermidor à sa femme, « la citoyenne Hugo, la jeune, » une lettre encourageante et passionnée :

> Demain peut-être, ma bonne Sophie, je recevrai une de tes lettres et demain il me sera impossible d'y répondre, car je suis depuis plusieurs jours occupé de l'instruction d'une procédure criminelle infiniment délicate.
> Je t'ai dit hier que j'étais plein de l'espérance d'aller te rejoindre. Je sens bien que si les hostilités recommençaient brusquement et contre toute attente, je ne pourrais tenir ma promesse, mais tout me faisant présager la paix, je ne me permets même pas de douter que ce voyage me devienne possible. Soutiens-toi donc dans ta douce espérance. Tu sens d'ailleurs trop bien, ma Sophie, à quel point je dois désirer te revoir pour que tu puisses penser que je négligerai les moyens d'y parvenir. Le bonheur que j'attache à te presser

LE GÉNÉRAL HUGO

contre mon cœur, l'idée que je me fais de te tenir déjà sur
un de mes genoux et Abel sur l'autre, le plaisir que j'éprou-
verai à baiser le flanc chéri qui porte de nouvelles espérances
à notre tendresse, tout, tout est pour moi un aiguillon puis-
sant qui me reportera bientôt dans tes bras, soit que la paix
se fasse (ou avec un congé) soit qu'elle ne se fasse pas. Ce
n'est pas un cœur comme le mien qui peut sentir à demi; il
est trop sensible à la douleur et au plaisir pour que la
moindre impression ne s'y grave. Juge donc de son état
quand il éprouve à la fois l'amour le plus pur, la tendresse
la plus vive et les désirs les plus grands. Cette chère Sophie,
mieux aimée qu'elle ne l'était lorsque je quittai Châteaubriant, cette mère estimable de deux êtres chéris, peut-elle
croire que je puisse indifféremment songer à mon retour
près d'elle?...

Reçois ici tous les baisers de ton Hugo, de ton amant, de
ton fidèle époux et fais-les partager à notre intéressant Abel.
Que fusses-tu devenue si l'amour ne t'eût rendue mère du
cher enfant. Il tient auprès de toi une place précieuse, il te
désennuye, il t'offre encore un bonheur dont je suis tout à
fait privé.

Sophie écrivait peu : il n'est pas difficile d'imaginer
qu'elle avait moins lu que son mari et que les réminiscences
de *La Nouvelle Héloïse* avaient de la peine à venir au bout
de sa plume. Elle s'en rendait compte et sa froideur s'aggravait de sa timidité : elle s'en excusait. Léopold ne la tenait
pas quitte pour des excuses : il voulait des lettres, en attendant d'autres réalités. Mari et père, il s'exaltait au souvenir
des deux êtres qu'il aimait et il renouvelait à sa **femme**,
qu'il savait jalouse, la promesse de lui garder une fidélité
jusque-là irréprochable :

Augsbourg, le 15 Thermidor VIII (30 août 1800).

Le courrier est arrivé ce matin : j'ai examiné toutes les
lettres de l'état-major et j'ai reconnu que j'étais le seul qui
n'en recevrais pas. Me voilà mécontent pour toute la journée
et ce qu'il y a de malheureux, c'est que mon visage va
m'exposer vingt fois à la question : qu'avez-vous aujour-
d'hui, vous êtes triste? Cela ne doit pas t'étonner si tu te
rappelles combien de fois tu me fis pour la même cause une
question semblable....

Beaucoup de gens ici n'ont que des maîtresses, elles ne

LE MARIAGE

passent pas un courrier sans leur écrire. J'ai une épouse que je chéris au-dessus de tout, pour laquelle je néglige parents, amis, tout, et elle ne m'écrit que deux petites lettres dans quinze jours. Ton Hugo, Sophie, n'est pas du tout content.

Si je ne reçois pas de lettre le 17, je n'écrirai pas; si je n'en reçois pas le 19, je ferai de même, et j'attendrai une lettre pour en faire une.

Si le style des miennes ne te plaît pas, s'il peint parfois trop ce que je sens, parle; je le reformerai; je me bornerai à remplir sur quatre feuilles de tristes nouvelles, d'ennuyeuses descriptions et je ferai taire un cœur qui murmure en ce moment de ce que je t'écris. Eh bien! changeons de style; ne grondons plus, et disons à Sophie :

Tu dois sentir, ma tendre amie, combien ton cher Hugo doit être affligé de ton silence; lui dont les seules jouissances sont de lire et de relire tes lettres; lui qui depuis l'entrée en campagne en porta toujours une sur son cœur; qui baisa toujours mille fois l'écriture de l'amante qu'il adore, de l'épouse qu'il respecte, de celle qui lui tient lieu de tout. Que ne peux-tu en ce moment avoir la main sur mon cœur, sentir ses battements précipités. Ah! garde-toi de penser que ton ami cherche ici à te plaire par le naturel du style, c'est le sentiment seul, le sentiment qui dicte cette lettre comme il dicta les autres. N'as-tu donc jamais observé que tout entier à toi, il m'est arrivé dans le cours de quelques lettres d'oublier en entier notre Abel et de ne te parler de lui qu'un instant pour te dire que je l'embrassais. Dis-moi, mère sensible, qui peut dans un cœur comme le mien avoir produit cet oubli? Moi qui chéris Abel, qui ne puis songer à lui qu'avec regret, qui voudrais tant le caresser, lui qui est pour moi le second être de la nature! N'est-ce pas celle qui règne la première dans mon cœur, celle qui préside à toutes mes affections, n'est-ce pas toi, ma Sophie adorée? Porte-moi autant d'amour que j'en ressens pour toi, et je vivrai heureux, s'il est possible de l'être, loin de ce qu'on aime; je te le répète, mes seuls vœux sont d'être, de vivre et de mourir avec toi; de faire ton bonheur, de vivre fidèle à tes côtés, d'embellir tes jours par des caresses pures et naïves. Heureux celui qui comme moi peut faire ce serment à une épouse vertueuse, qui peut lui tenir lieu de tout et ne jamais lui causer de chagrins et de peines!

Ce pauvre Abel, je ne l'oublierai pas aujourd'hui, il aura sa place dans la lettre de son papa; sa maman y puisera des baisers tendres qu'elle lui reportera; elle lui dira chaque jour que ce cher papa doit venir les caresser tendrement tous les deux, que chacun aura sa récompense. Que tu es heureuse,

Sophie! Tu peux au moins l'embrasser quand tu veux et moi je suis réduit à verser des larmes de regret en pensant à vous deux.

Écris-moi, je t'en conjure. Je n'ai dans cette grande ville d'autre plaisir que celui que me procurent tes lettres. Je n'en cherche pas d'autre. Ma journée se passe depuis mon arrivée ici à l'instruction d'une affaire grave et sérieuse dont m'a chargé le général en chef. Je ne cours, tu dois le savoir et t'en apercevoir, ni les cafés ni les femmes. Je m'en porte aussi mieux que bien d'autres, car beaucoup ici sont malades; il m'est possible, en me conduisant de cette manière, de songer à mon amie et elle a dû se convaincre qu'il n'est personne sur la terre qui eût plus cherché à la satisfaire que moi. Avec quelle impatience je reverrai la nuit heureuse où, pouvant frapper trois coups au volet, la porte me sera ouverte, et ma couche préparée près de ma Sophie. Quel effet produira sur toi la voix qui te répondra sans trop se faire entendre! Quelle impression sur moi fera aussi l'expression de ton inquiète curiosité! Je ne voudrai réveiller que toi seule; trop d'importunité m'empêcherait de me livrer à mes embrassements....

Mme Hugo n'avait pas quitté Nancy : son second fils Eugène, promis à un si cruel destin, y était né le 29 Fructidor an VIII (16 septembre 1800). Quelques jours après cette naissance, le chef de bataillon avait été nommé adjudant de la place de Lunéville pour la durée des négociations qui devaient suivre l'armistice. Il était sous les ordres des généraux Clarke et Bellavesce, celui-là commandant en chef. Moreau l'avait recommandé au plénipotentiaire français, Joseph Bonaparte, frère du Premier Consul, qui avait donné l'ordre que sa maison lui fût ouverte de nuit et de jour, pour lui faire part de tout ce que le général en chef aurait à lui apprendre d'important. C'est ainsi qu'il put, une nuit, vers une heure, lui apporter la nouvelle de la victoire de Hohenlinden. Au cours des négociations, Léopold-Sigisbert Hugo rendit des services, que Moreau et Joseph Bonaparte surent apprécier. Ils louèrent l'un et l'autre « sa bravoure, son activité et son intelligence. » Joseph Bonaparte le recommanda « comme une chose personnelle à Moreau et à lui, » au ministre de la Guerre pour le grade de chef de brigade. Cette recommandation n'eut pas d'effet. Des nuages s'étaient déjà

élevés entre le Premier Consul et le vainqueur de Hohenlinden : c'était une mauvaise note que d'être le protégé de
Moreau. Hugo, qui avait été attaché à sa personne, s'en
aperçut. Il quitta Lunéville, après y avoir épuisé ses économies, dans le même grade qu'il avait lors de son arrivée au
commandement de cette place. Des amis, soucieux de son
avenir, l'avaient fait nommer, à son insu, comme 4e chef de
bataillon à la 20e demi-brigade. Il n'eut pas à se féliciter de
leur zèle. « Cette destination, que j'aurais écartée si j'avais
pu la prévoir, m'ouvrit un nouveau cours de chagrins et de
dégoûts. »

La 20e demi-brigade fut envoyée à Besançon. Elle avait
pour chef un officier supérieur avec lequel Léopold-Sigisbert Hugo avait déjà eu, deux ans avant, des difficultés qui
avaient été la cause de son passage à la 4e division militaire.
A cette brouille succéda une réconciliation. Hugo la jugea
assez cordiale ou assez sincère pour se croire autorisé à
mettre son chef en garde contre les bruits fâcheux qui cou-
raient sur son compte. Un ordre ministériel prescrivait de
donner des congés à tous les individus susceptibles de
réforme. C'était « ouvrir une vaste carrière à l'intrigue et
aux basses manœuvres de la cupidité. » Le chef de brigade
passait pour faire de ces congés un scandaleux trafic. Loin
de savoir gré au chef de bataillon de l'avertissement qu'il en
recevait, ou d'en nier le fondement, il se vanta de partager
avec d'autres officiers supérieurs le produit de son commerce
et de s'en servir pour quelques embellissements nécessaires
au corps qu'il commandait. Dès ce moment, revenu à ses
anciens sentiments, il se montra d'une extrême réserve avec
Hugo, qu'il chercha sous tous les prétextes à éloigner. Aux
abus dont il donnait le déplorable exemple, fâcheusement
suivi par « ses sapeurs et ses domestiques, » vinrent s'ajouter
des vexations qui provoquèrent une « désobéissance d'iner-
tie, » suivie d'une dénonciation formelle. Un conseil de
guerre, provoqué par le général Cervoni, condamna le chef
de brigade et renvoya au corps « honorablement » l'adjudant major Coppé, qui s'était constitué plaignant. Cette
décision irrita le « dénoncé : » il accusa, dans un mémoire

injurieux, le chef de bataillon Hugo de s'être fait l'instigateur de son procès et ses calomnies ne furent pas repoussées en haut lieu avec l'indignation qu'elles méritaient. Léopold-Sigisbert Hugo y passait pour être un partisan de Moreau, contre lequel il avait refusé de signer, au lendemain d'une conspiration « vraie ou fausse, » qui avait valu au Premier Consul d'innombrables adresses, une accusation odieuse.

Cette aventure aurait laissé au chef de bataillon le souvenir le plus pénible de son séjour à Besançon si son troisième fils, Victor-Marie, n'y était pas né le 7 Ventôse an X (26 février 1802). Le premier bataillon de la demi-brigade fut, six semaines après cette naissance, envoyé à Marseille, où Léopold-Sigisbert se rendit avec sa femme et ses trois enfants. Mais le mémoire du chef de brigade pesait toujours sur lui. Obsédé par une accusation calomnieuse qui pouvait nuire à son honneur et à sa carrière, il fit partir Mme Hugo pour Paris afin de supplier Joseph Bonaparte, qui lui avait promis et déjà donné sa protection, de l'arracher une seconde fois à la 2ᵉ demi-brigade. Pendant cette absence, il écrivit régulièrement à sa femme. Ses lettres apportent sur ses préoccupations et sur sa vie de famille des renseignements intéressants.

Marseille, le 19 Frimaire (10 décembre 1802).

Je suis allé hier à la diligence; le conducteur de celle par laquelle tu es partie n'est pas de retour, il ne le sera peut-être ni aujourd'hui ni demain et voilà donc aujourd'hui douze jours que je suis sans nouvelles de toi....

Es-tu plus heureuse que moi? dis, ma Sophie. N'éprouves-tu pas le malaise le plus indéfinissable quand tu songes à tes enfants, quand tu penses à leur père? Sens-tu comme moi toute la faiblesse de notre langue, quand, animée d'une forte passion, elle ne trouve pour l'exprimer que quelques mots qui ne remplissent pas l'âme comme l'objet dont elle est occupée? Quand dans mes lettres je t'appelle : ma Sophie, mon amante, mon épouse, mon amie, mon cœur dit plus qu'en t'appelant ma chère Sophie; il le croit du moins, mais il n'est pas satisfait. Je voudrais rompre les bornes étroites du langage pour exprimer tout ce qu'il éprouve, je voudrais diviniser ce que j'adore, je voudrais tenir dans mes bras, sur mon cœur, la mère de mes petits enfants. Trop dure

LE MARIAGE

privation! Tu n'es que trop partagée par elle. Elle met son bonheur à te savoir fidèle; qu'elle le goûte sans inquiétude, je le suis; je t'aime trop pour ne pas l'être.

Ton Abel, ton Eugène, ton Victor prononcent tous les jours ton nom. Jamais je ne leur donnai tant de bonbons, parce qu'eux, comme moi, n'ont jamais eu de privation aussi pénible que celle qu'ils éprouvent. Le dernier appelle plus souvent sa maman, sa « ma maman, » et cette pauvre maman n'a pas le bonheur de l'entendre[1]. Si une larme coule à chacune de mes paupières, si maintenant elles inondent mon visage, elles feront des larmes de sympathie quand tu vas me lire. N'est-ce pas, ma Sophie?

Ton Victor entre, il m'embrasse, je l'embrasse pour toi et lui fais baiser cette place pour que tu y recueilles au moins, dans ton éloignement, quelque chose de lui; j'y joins aussi le baiser le plus ardent. Je viens de lui donner du macaron, dont j'ai soin d'avoir une provision dans mon tiroir et il s'en va courir, avec Nicolas, en le suçant[2]....

Je t'ai écrit hier. Je ne ferai pas partir la présente aujourd'hui, parce que peut-être recevrai-je aujourd'hui de tes nouvelles.

Tu sais bien qu'un malade n'apprécie la santé que lorsqu'il souffre. L'habitude de vivre avec toi, de te caresser, voilà ce qui peut-être donnait moins de prix à notre amour ou le faisait moins sentir; l'absence, cette cruelle maladie de l'âme, me fait désirer la santé qui lui manque, le retour et la possession de ma bonne et sensible Sophie.

A onze heures C. était ici. Mme Depierre m'a apporté une lettre, j'ai reconnu à son empressement qu'elle la croyait de toi, et elle avait raison. Avec quelle impatience j'ai rompu le cachet et avec quelle joie j'ai lu et relu cette charmante lettre! J'ai beaucoup pleuré en la lisant, mais d'attendrissement, ma chère, mon incomparable amie. Je suis donc certain que tu es en bonne santé, que notre séparation opère sur nous les mêmes effets, qu'elle ravive notre mutuelle tendresse et nous prépare encore de beaux jours dans notre vie....

Je viens de faire appeler tes enfants, nos chers et bons petits enfants, je leur ai fait baiser ta lettre et leur ai donné des bonbons au nom de leur maman adorée. Ils sont retournés à l'école bien contents; ils en recevront, ma bonne amie, toutes les fois que j'aurai des lettres de toi à leur faire baiser; c'est une gratification qui leur viendra de toi.

Peut-être, à présent, es-tu à lire une de mes premières

1. Cité dans le *Victor Hugo raconté*
2. Cité (inexactement d'ailleurs) dans le *Victor Hugo raconté*.

lettres? Je saurai bientôt la tienne par cœur. Si tu pouvais lire ce qui se passe dans mon cœur, que tu serais heureuse par la certitude que tu acquerrais d'être bien tendrement et bien fidèlement aimée !

Oui, ma Sophie, oui, je tiendrai ma promesse; tu me reverras digne de tes chastes baisers. Personne ne souillera ta place auguste; à table, dans ta couche, c'est toujours moi qui l'occupai, ce sera toujours moi qui l'occuperai. Ne crains rien de ma jeunesse, ni de la séduction qui règne dans cette ville; je sais trop apprécier ce que tu fais pour ne pas t'en donner une preuve. La première fois que tu reverras ton époux, l'amant qui t'adore, ses caresses seront aussi pures que les tiennes, aussi franches, aussi vives, aussi affectueuses. Que ton sommeil ne soit donc pas troublé par de sombres inquiétudes : Hugo ne peut jamais aimer que toi seule et ce qui t'appartient, son cœur, son être, tout ce qui a rapport à toi, s'est fidèlement conservé. Dors donc, ma tendre Sophie, ne pense à moi qu'en me croyant digne de ta vénération.

Une telle lettre se suffit à elle-même. Elle est d'un brave homme, d'un bon époux, d'un bon père. Certes l'influence de Jean-Jacques n'en est pas absente, et l'on y entend, comme dans toutes les lettres d'amour de Léopold-Sigisbert Hugo, l'écho de *La Nouvelle Héloïse*. Mais il serait injuste de l'apprécier d'après l'expression que nous donnons aujourd'hui aux mêmes sentiments. Chaque époque a son vocabulaire, son ton et sa sensibilité propres. Ce qui était touchant il y a cent ans peut nous paraître aujourd'hui excessif et ridicule, mais que dira-t-on dans un siècle de nos façons de sentir, de parler et d'écrire? La sincérité d'un mari amoureux et d'un père tendre se révèle dans cette lettre du chef de bataillon, qui a confié à sa femme absente le soin de son honneur professionnel. Après cinq ans de mariage les deux époux s'aiment d'un amour qui a résisté aux divergences de leurs opinions et aux contrastes de leurs tempéraments.

Léopold-Sigisbert Hugo tient sa promesse : ses lettres se suivent avec régularité. Il écrit à sa femme le 16 décembre 1802 :

J'ai attendu jusqu'à ce soir si je recevrais de tes nouvelles, il ne m'en est parvenu aucune. Cela m'aurait affligé si je

LE MARIAGE

n'avais réfléchi que je n'en pourrai peut-être recevoir avant
le 17, parce qu'il n'est pas probable qu'arrivée très fatiguée
à Paris le 17, tu m'aies écrit le même jour....

Je m'ennuie beaucoup de ta longue absence, et cependant
elle n'est pas encore près de finir; si tes lettres ne viennent
pas me la faire supporter, je ne sais où je puiserai de la
consolation. Le temps est magnifique, il invite à la prome-
nade, mais je reste tristement chez moi, parce que je n'ai
pas ma Sophie pour venir bondir dans les rochers. Abel
s'ennuie au moins autant que moi de ta cruelle absence.
Quant à Eugène, il vient chaque jour demander à baiser la
lettre pour avoir du bonbon. Heureusement, ils se portent
bien tous trois.

Du 29 décembre 1802.

Je me chagrine, ma bonne amie, et ce n'est pas sans
raison, puisque voilà le 27, le 28 et le 29 passés sans qu'une
seule lettre de toi me soit parvenue; cependant tu es arrivée
à Paris bien portante, et alors tu m'as écris le 18; j'aurais
dû recevoir ta lettre le 28 ou au moins aujourd'hui, ce qui
compte douze jours pleins; ou il t'est arrivé quelque chose,
et alors je suis dans la plus horrible inquiétude....

Ah! qu'il me tarde de te revoir, avec quelle tendresse je te
presserai sur mon cœur, je cueillerai tes chastes baisers!
Combien je serai digne d'un juste retour! Tu pourras sans
inquiétude voler dans mes bras, m'appeler ton fidèle ami et
goûter le bonheur le plus pur. Chère Sophie, tendre et digne
objet de mes comparaisons, que ne peux-tu lire mes jugements et t'assurer de la supériorité que mon amour te donne
sur tout ton sexe. Je ne m'aveugle pas, je connais ce que je
dois taire, et l'avantage est toujours pour toi. Aucune
femme à mes yeux n'a des charmes plus puissants que les
tiens; aucune n'a plus de qualités estimables; aucune, et je
serais bien malheureux si je me trompais, aucune n'aime
mieux son époux, ses enfants....

Je te donne ici mille baisers. Tes enfants dorment paisiblement, mais leur douce haleine, semblable au zéphyr qui
caresse les fleurs, vient de voltiger sur la feuille légère où
ton amant fidèle grave les sentiments qui l'attachent pour
jamais à sa Sophie adorée.

Du 1er janvier 1803.

Aujourd'hui, Abel est entré et m'a fait un compliment,
que le gros Eugène a répété derrière lui; ils étaient plaisants.
Comme c'est aujourd'hui le premier jour de l'année, ils ont

(31)

eu vacance à l'école et sont restés tous deux à la maison, car il a plu une partie de la journée....

J'attends le tour du départ, il n'est pas fixé, mais j'ai les ordres pour me rendre à Bastia avec le 1er Bataillon. Si la marine est bientôt prête, bientôt nous serons en mer. On assure qu'on peut y être en 24 ou 36 heures. Ma pauvre amie! Combien nous devons haïr le monstre qui est en partie cause de ton voyage! Si tu dois revenir sans avoir rien obtenu, il faudra que seule tu fasses une aussi longue route. Cette idée me déchire le cœur....

L'amour le plus tendre m'unit à toi; il ne variera pas, et l'absence, loin d'affaiblir ton image, la gravera de plus en plus dans mon cœur. Je t'ai juré un attachement inviolable et je tiendrai parole.

Mais si tu prévois que tes efforts seront nuls, abrège mon veuvage, reviens me consoler; s'il faut être malheureux, je le serai moins quand je régnerai sur toi. Ce seront mes dernières demandes; jamais ma voix n'ira importuner personne.

Ne m'oublie auprès de personne.

Tes enfants et leur tendre père embrassent en toi la meilleure des mères, la plus sensible des épouses.

P. S. — Je réfléchirai d'ici au départ sur l'embarquement des enfants. Si tu n'obtiens rien, tu reviendras; alors, si je les laissais à Marseille avec Claudine sous la surveillance d'un ami, tu les y prendrais et viendrais avec eux me rejoindre par le bateau de poste qui part tous les dix jours de Toulon pour Bastia ou la Corse. Si tu obtiens quelque chose, je les prendrai à mon passage et te les amènerai. De cette manière je pourrai leur éviter un embarquement. Claudine les aime; elle paraît fidèle. J'aurais ici quelqu'un pour y veiller et bailler les fonds; tu aurais alors, ainsi que moi, beaucoup moins d'inquiétudes.

Tes lettres d'ici à mon départ décideront donc de ma conduite; si je les laisse, ce ne sera que pour les revoir avec leur mère adorée.

CHAPITRE III

EN CORSE ET A L'ILE D'ELBE
(1803-1805)
MÉSINTELLIGENCES CONJUGALES

NOUVELLE SÉPARATION ENTRE LES ÉPOUX; SES CONSÉQUENCES ‖
MADAME HUGO REJOINT SON MARI ET SES ENFANTS A PORTO-
FERRAJO; CE QU'ELLE DÉCOUVRE ‖ ELLE REPART POUR LE
CONTINENT ‖ DÉSACCORD ET RÉCRIMINATIONS ‖ LE COMMANDANT
RECONNAIT SES TORTS.

A INSI, le premier bataillon de la demi-brigade avait reçu l'ordre de se rendre en Corse et à l'île d'Elbe. Léopold Hugo, qui en était le chef, y emmena ses trois enfants. C'est de Bastia que sont datées pendant les six premiers mois de l'année 1803 les lettres qu'il écrivait à sa femme. Elles trahissent toujours, sous une forme dont la répétition est plus émouvante que banale, les préoccupations d'un honnête soldat, menacé dans l'honneur de sa carrière, et l'amour d'un mari dont le cœur et les sens souffrent de la longue absence de celle qu'il aime.

Bastia, le 24 Pluviôse, an XI.

Le temps qui a été affreux vient de se calmer et demain, autant qu'on peut l'espérer, un bâtiment partira pour la France; j'en profite pour faire parvenir au Premier Consul une lettre que je t'adresse ci-incluse. Ne blâme aucune des expressions de cette lettre, ne désapprouve pas ma demande;

je suis avili, traîné dans la boue, dépeint sous les couleurs les plus obscures; et je suis innocent, et je dois à l'épouse vertueuse qui s'est unie à mon sort, aux chers enfants qu'elle m'a donnés, de prouver d'une manière évidente que ma conduite a toujours été à l'abri de tout reproche.

Sois calme, ma chère amie, si tu as l'occasion de lire ce libelle; rappelle-toi que, dans tous les temps, je méritai l'estime des gens de bien, que c'est à cette opinion universelle et méritée que je dus ta main, que c'est en la maintenant que nous avons l'un et l'autre vécu heureux jusqu'à ce jour.

Jusqu'à ce moment ton cœur était ma plus douce récompense et mon nom ne pouvait te faire rougir; il est aujourd'hui avili, et je ne puis désormais, tant qu'il restera tel, t'offrir que ma tendresse et mon inviolable fidélité, mais il reviendra tel qu'il a été, déjà l'opinion publique m'a vengé dans Marseille[1].

Depuis le 14 Nivôse aucune nouvelle de toi ne m'est parvenue, mais tu dors chaque nuit sur mon cœur, comme chaque jour tu occupes seule mes pensées, rien ne le changera; il est à toi, à toi pour toujours, il est chagrin, mais il est pur et jamais, non jamais, ma Sophie ne s'en plaindra. Le sort fatal nous a désunis; il est des nœuds qui ne se rompent jamais, les nôtres sont éternels. Va, ma Sophie, si ton Hugo ne considère que l'honneur; si le seul héritage qu'il puisse laisser à ses fils est un nom pur; que, si tu deviens mère d'une fille, elle apporte en dot les vertus de sa mère, et je serai toujours heureux....

Adieu, ma chère Sophie, reçois le plus tendre des baisers, celui de tes trois fils qui sans cesse répètent le nom de leur vertueuse mère, qui la désirent autant que leur père l'aime, qui la lui demandent sans cesse et dont les caresses innocentes trouvent trop peu d'objets pour se fixer.

Je t'embrasse et te serai fidèle jusqu'à la mort.

La déplorable affaire qui lui avait causé tant d'ennuis et même tant d'angoisses reçut enfin une solution. Le chef de brigade fit casser le jugement qui l'avait condamné. Rien dans cette décision ne pouvait entacher l'honneur de Hugo. Mais aurait-elle pour conséquence de provoquer la nomina-

---

1. « A cette époque l'opinion publique me vengeait des injures qui m'étaient adressées, et j'étais tout à fait au-dessus d'elles par la pureté de ma conscience; ma conduite toujours invariablement honnête vint encore à l'appui pour détruire les arguments avancés contre moi. Les témoignages que je reçus de toutes parts et que je ne discontinuais pas de recevoir ne furent jamais équivoques....

(*Mémoires*, I, 99.)

tion dans une autre brigade de l'officier supérieur qui l'avait poursuivi de sa haine? Il l'espérait.

Du 27 Ventôse an XI (18 mars 1803).

... La période de nos chagrins va-t-elle donc enfin finir? ... Tous les honnêtes gens de Marseille, d'ici, de la 23ᵉ, sont pour moi et plaident hautement pour moi. L'estime publique a été mon défenseur officieux.

A présent j'ai la presque certitude que G... ne reviendra plus commander la deuxième brigade. Si le Premier Consul n'a pas jugé à propos de donner suite à la demande que je lui ai faite d'une cour d'honneur, si tu n'as rien obtenu de positif, si enfin tu penses que je puisse rester en sécurité dans la 20ᵉ, va remercier le sénateur J. D..., les généraux nos amis et reviens, ma chère Sophie, dans les bras de ton fidèle Hugo, dans ceux de tes chers petits enfants. Reviens leur rendre et retrouver pour toi le bonheur; ils n'en goûteront qu'avec toi....

... Si, avant de pouvoir me prévenir, tu venais à t'embarquer de Toulon pour Ajaccio et que tu arrivasses dans cette dernière ville, ne manque pas de demander à l'Etat-Major de la Direction si le général Redu, inspecteur général de la gendarmerie ne s'y trouve pas, il te donnera une des escortes et me fera prévenir de ton arrivée.

Encore un peu de courage, ma bonne amie, sois sûre que je sens autant que toi ta pénible situation. Tu te convaincras à ton retour ici combien je t'ai prouvé d'attachement, puisque ma tendresse pour toi est ici le sujet sur lequel conversent les gens de bien.

Oui, ma Sophie, oui, l'absence me fait le même effet qu'à toi. Je sens à ton souvenir des feux brûlants qui me déchirent et dans mon cœur un vide que je ne puis remplir. Toi seule, seule au monde, calmera par ta présence tous mes chagrins, mes ennuis....

Sois tranquille sur ma fidélité. Outre qu'il y a ici de grands risques à courtiser les femmes, puisque outre les dangers des maladies nous avons les coups de stylets à craindre, j'ai ton souvenir trop présent et ton image trop chère pour te donner des chagrins dont la représaille me ferait mourir de douleur. Tu peux donc compter sur ma plus vive tendresse, sur mon plus inviolable attachement....

Adieu, je t'envoie le meilleur de mon cœur.

Ton fidèle

H.

(35)

LE GÉNÉRAL HUGO

Les enfants se portent assez bien. Eugène et Victor font
des dents, tous te font mille caresses, le dernier t'appelle
toujours. Si le pauvre petit ne te reconnaît pas, au moins se
rapprochera-t-il aisément de toi, car il semble toujours qu'il
a perdu quelque chose [1].

Du 22 Germinal XI
(12 avril 1803).

Il est arrivé hier ici une poste de France et pour la
première fois je n'ai rien reçu. Étonnée sans doute de tout
ce que contiennent les lettres que j'ai écrites depuis que
je suis dans l'île, tu auras manqué un courrier et ce sera
précisément celui qui aura fait voile pour la Corse. Ce
silence, ma chère Sophie, m'a fait d'autant plus de peine
que je n'ai reçu aucune nouvelle de toi depuis ta lettre du
30 Pluviôse, il y a aujourd'hui 52 jours; il m'en ferait bien
davantage si je connaissais moins tes principes, ton attachement à tes devoirs, à un époux qui t'adore, à tes chers
et bons petits enfants. Je ne m'en console que par l'idée
où je suis que tu m'aimes bien sincèrement et que tu es
incapable même de m'oublier un seul moment. J'ai besoin,
je te l'avoue, de penser ainsi, car, dans le malaise que
j'éprouve et avec les chagrins dont j'ai tant de fois été
abreuvé dans cette maudite 20e et que mon imagination se
retrace à chaque instant du jour, je me livrerais aux plus
noires idées. Longtemps j'aurai sur le cœur tout le mal
qu'on m'a fait, longtemps je me souviendrai du lâche
calomniateur, et de mes tristes ennemis. Ah! s'ils eussent
été abandonnés à leur faiblesse, à leur insouciance, à leur
avarice, ils seraient peut-être tous aujourd'hui victimes de
l'échafaudage de calomnies que dirigeait contre eux l'homme
affreux qui les commandait....
Je te recommande de m'écrire plus souvent. C'est dans
notre éloignement la seule preuve que je puisse recevoir de
ta tendresse; conserve-la moi pure, et je te promets de faire
tout ce qui dépendra de moi pour te rendre la plus
heureuse des épouses. Je ne cherche point à t'être infidèle,
je vis pour toi seule....

---

1. « Je n'ai pu retenir une larme prête à couler quand Victor, apporté par
Claudine, a fixé les yeux sur ta place et a ensuite promené ses regards avec
inquiétude sur tous les coins de la chambre. Le cher enfant n'a cessé de regarder
partout et n'a été distrait de ses idées ni par les agaceries de ses frères ni par mes
caresses. »

(G. Simon, L'Enfance de Victor Hugo, p. 7.)

EN CORSE ET A L'ILE D'ELBE

Du 23 Floréal XI.

Nous avons en ce moment, ma bonne amie, les nouvelles de Paris à la date du 4 Floréal, et depuis ta lettre du 20 Germinal qui m'a fait tant de plaisir je n'en ai plus reçu de toi; il n'arrivera plus de poste avant 7 jours et me voilà livré aux plus sombres inquiétudes.

Ne pense pas que je sois en proye à la jalousie; je te respecte trop pour en avoir, quoique j'aime avec idolâtrie. Tu dois être contente de ton mari; il éprouve bien des privations et cependant tout le monde lui rendrait cette justice qu'il les supporte avec patience et sans enfreindre ses promesses. Cependant, s'il ne t'est rien arrivé de facheux, pourquoi, ma Sophie, me déchirer le cœur par un oubli aussi peu mérité?...

Ma petite feuille a fait un excellent effet à Marseille et à Toulon. Mande-moi, si tu es bien portante, celui qu'elle a fait à Paris.

Mon grand mémoire est fini, je vais l'adresser au Ministre.

Nous allons passer à l'isle d'Elbe. C'est un bruit généralement répandu et qui m'afflige singulièrement. Ce sera un grand retard pour nos lettres. L'hyver on n'y en reçoit aucune et si la guerre a lieu, j'y serai bloqué. Si je l'étais seul, au moins; mais si j'y suis assiégé avec mes enfants!... Et puis, comment t'envoyer de l'argent? Va, ton absence me cause bien des peines.

J'ai donné à Victor une promeneuse. Ce pauvre enfant ne pouvait la sentir dans les premiers jours; il était triste et on aurait dit qu'il se plaignait d'être envoyé avec une femme qui ne parlait pas notre langue. Il s'y habitue.

Il m'a beaucoup inquiété pour ses dents. Rapporte au moins du vaccin....

Une lettre de la femme s'était croisée avec celle du mari, dont la joie fut grande en la recevant. Le départ pour l'île d'Elbe était décidé et prochain. Cet événement devait avoir pour le ménage, trop souvent séparé par la distance, mais uni par les sentiments d'un amour mutuel, les plus graves conséquences.

Bastia, le 30 Floréal XI
(20 mai 1803).

Depuis 20 jours je n'avais reçu de tes nouvelles et j'avais perdu tout à fait le sommeil et l'appétit.

Nos enfants se portent bien; tu vas les revoir.

(37)

Il ne reste plus rien de la 20ᵉ en Corse; elle est tout entière à l'île d'Elbe depuis avant-hier. J'ai obtenu de retarder un peu ici, et dans le fait, je n'ai retardé que pour recevoir de tes chères nouvelles; je suis récompensé, je reçois tes lettres du 28 Germinal et 12 Floréal.

Tu ne me dis rien de la guerre; elle paraît cependant avoir lieu par les dispositions que je vois prendre pour les approvisionnements et la défense de l'île d'Elbe.

Il faut te décider de suite, ma chère amie, mon état exige ma présence à l'île d'Elbe et je n'ai pas voulu partir sans toi, nous y serons peut-être assiégés. Je ne puis abandonner mes enfants dans la Corse, je puis moins t'abandonner encore.

Pars donc aussitôt la présente reçue, fais-toi recommander par le général Delavène et viens, s'il t'est possible, par le courrier; c'est horriblement fatigant, mais un jour de plus fait tant!

Il faut un Sous-Inspecteur à l'île d'Elbe. Autant là qu'ailleurs, j'aspire comme un bonheur à quitter la 20ᵉ. Si tu peux voir le Général Jor, et s'il te dit que les hostilités ne sont pas commencées, tu peux rester deux ou trois jours de plus dans Paris. Mais songe que je suis ici avec une très légère permission et que je ne puis compromettre mes services. J'aimerais cependant mieux, sans les circonstances, rentrer tout à fait en service....

Je te le rappelle, il faut un Sous-Inspecteur à l'île d'Elbe. Mais il faut que tu partes; peut-être si tu tardais, ne verrais-tu plus tes enfants, ton mari avant longtemps, et que deviendrais-tu, ma malheureuse amie?

Si au moment où tu recevras la présente, les hostilités étaient pleinement déclarées, tâche d'avoir un passeport comme Napolitaine, le marquis de Gallo peut t'en donner un, ou comme Autrichienne par le Comte de Coblentz, tu viendrais alors par Livourne.

Je ne veux pas laisser mes enfants entre des mains étrangères; quelque mal qu'ils puissent être dans une ville assiégée, au moins je veillerai sur eux.

Tu vois ma position, elle est affreuse, la tienne serait-elle plus belle si, sans toi, ton époux et tes enfants étaient bloqués dans cette île....

Léopold-Sigisbert Hugo ne put pas attendre le retour de sa femme, il partit avec ses enfants pour l'île d'Elbe et il prit son service à Porto-Ferrajo d'où il lui écrivit le 29 Messidor an XI (18 juillet 1803) une de ses plus longues lettres. J'en extrais les passages essentiels.

EN CORSE ET A L'ILE D'ELBE

... Avant de te donner de mes nouvelles, je vais te satisfaire sur les demandes que tu me fais relativement aux enfants. Abel grandit beaucoup et se porte bien. Sa tête est entièrement guérie. Eugène grandit aussi, mais il a la tête de moins que son frère : toujours d'une bonne santé, il est tout rond. L'un et l'autre dorment dans une grande salle ouverte pendant tout le jour et communiquant à ma chambre à coucher, qui n'en est séparée que par la porte. Voici le plan du logement au 1er étage : 1° chambre d'entrée, où est le bureau ; 2° chambre de Claudine, où couche Victor ; 3° cuisine ; 4° chambre de la femme de charge du propriétaire ; 5° chambre fermée renfermant des effets ; 6° ma chambre à coucher ; 7° salle où couchent les enfants ; 8° escalier. On les lève à huit heures ; ils déjeunent avec des fruits ; quelquefois avec une soupe de pâtes d'Italie, selon qu'ils l'aiment mieux. Ils vont chez leur capucin à l'école à neuf heures ; on va les chercher à midi. Ils s'amusent depuis midi jusqu'à deux heures et demie, dans la cour ou à l'ombre, dans le voisinage, avec les enfants de leur âge ; il y en a dans la maison qui appartiennent au secrétaire général par intérim du commissariat de 1er gîte. On a soin de leur donner à manger à leur retour. Ils retournent en classe à 2 heures et demie jusqu'à 5, heure à laquelle nous dînons. Après dîner, on les promène et tout le monde les caresse. Eugène est à son tour le favori des dames ; ses beaux cheveux blonds tombent en boucles sur ses épaules et ses joues toujours vermeilles annoncent la santé.

Le caractère des deux aînés est fondé sur beaucoup de douceur et de sensibilité ; on en fait tout ce qu'on veut par des caresses, on les rebute sans retour par des brusqueries. Ils se plaisent bien ensemble, se contrariant quelquefois un instant, mais cela n'a pas de durée, car ils s'aiment bien. Jamais, tu le sais, je ne souffre de rapports l'un contre l'autre, je les traite également et je ne permets pas qu'on établisse entre eux la moindre rivalité ; ce que je donne à l'un n'est jamais que la moitié ou la ressemblance de ce que je donne à l'autre.

Victor est bien portant, mais faible : la dentition est pour lui une opération très difficile, et je crains qu'il n'ait des vers. J'ai demandé de l'herbe grecque dont les Corses font le plus grand cas et en ce moment il doit m'en être arrivé de Bastia. Il a encore quelques croûtes à la tête, mais elles sont peu de chose. Du reste, il dit le nom de ses frères, beaucoup d'autres petits mots, le sien entre autres. Il fait quelques pas seul, mais avec trop de précipitation pour les continuer plus longtemps. Toujours content, je l'entends rarement crier; c'est le meilleur enfant possible. Ses frères l'aiment beaucoup.

La vie que je mène est aussi uniforme que celle de mes enfants. Je travaille le matin depuis sept heures jusqu'à neuf; de neuf à onze, je règle les objets de mon état; de onze à midi, je travaille un peu à la langue italienne; de midi à deux heures, je m'occupe de ma correspondance générale et particulière; de deux à cinq, j'apprends quelque chose qui te surprendra. Je dîne alors et, s'il ne survient personne, je passe la soirée à lire.

Je ne connais ici que les fonctionnaires publics, civils et militaires; je ne vais chez personne et vis très retiré chez moi. Ni en Corse ni à l'Elbe, on ne m'accusera d'avoir des coteries. L'expérience m'a instruit pour les hommes. Mon amour pour ma femme me fait éprouver plus de plaisir à penser à elle qu'à rechercher des connaissances qui lui donneraient du chagrin; aussi, malgré un fond de mélancolie que la grande gaîté de mon caractère laisse toujours apercevoir, je prends, dit-on, de l'embonpoint. Cela peut être, mais les chaleurs le feront fondre bientôt.

Quant à mes dépenses, je les modère beaucoup; je n'en fais d'autres que celles d'entretien et de ménage, elles ne passent pas cinquante écus par mois. J'ai ensuite les gages des domestiques et le logement : ce qui va à 220 en tout.

Voilà, ma bonne amie, comment se passe mon temps. Tout le monde me gronde de ce que je sors peu; tout le monde s'étonne que tu ne viennes pas et que j'aie avec moi les enfants. Cela fait jaser, il m'en revient quelque chose et je ne dis mot....

Les *Mémoires* du général Hugo complètent, pour l'emploi de son temps, ce qu'il écrivait à sa femme. Malgré ce qu'en pensaient certaines personnes, il ne se décidait pas à admettre que l'envoi de la demi-brigade dans les deux îles fût dans les intentions du gouvernement une punition. Si elles avaient été telles, « on s'était étrangement trompé sur le résultat.... Chacun satisfaisait ses goûts ou s'en formait d'analogues à sa position. C'est ainsi qu'au milieu des plaisirs honnêtes de tout genre, on cherchait encore des délassements dans la culture des belles-lettres; quelques personnes se livraient à l'étude de la nature, qu'une société d'émulation favorisait.... On avait formé à Bastia un théâtre de société, qui facilement eût rivalisé avec les meilleures troupes de nos départements. On dansait souvent, on s'amusait partout, et les fêtes se succédaient en quelque sorte. Si le séjour de Porto-Ferrajo n'était point aussi gai, il n'était cependant pas dépourvu d'agréments. Les chefs civils et militaires y tenaient assez souvent une maison très agréable. »

Léopold-Sigisbert Hugo ne fut pas détourné par ces distractions du désir de revoir sa femme : il était temps, et pour lui, et pour elle, et pour leurs enfants, de mettre fin à l'absence qui faisait jaser.... « Mon épouse n'ayant point obtenu ma sortie de la 20ᵉ demi-brigade, je lui écrivis quelques mois après son départ, de venir me rejoindre à l'île d'Elbe et j'allai au-devant d'elle jusqu'à Livourne. Mes enfants au nombre de trois, et encore tous petits, étaient restés près de moi ; je leur donnais tous les soins que leur âge exigeait ; mais je ne pouvais être auprès d'eux comme une mère, parce que les devoirs de mon état et le commandement d'un corps réclamaient la majeure partie de mon temps. »

Mme Hugo ne manqua pas de se rendre à l'invitation de son mari. Elle apprit assez vite tout le mal qu'une trop longue séparation peut causer. J'ai sous les yeux la copie de la requête qu'elle adressa en 1814 (ou en 1815) aux président et juges du tribunal de première instance de l'arrondissement de Thionville, où son mari commandait la place, pour obtenir le retour de celui-ci au foyer conjugal. Ce document judiciaire, où seule une des parties expose ses griefs, ne doit être consulté qu'avec discrétion ; mais la vérification de certains de ses détails et le jugement de séparation auquel il aboutit contre le général prouvent, sinon son exactitude absolue, du moins sa sincérité et sa véracité.

Le mariage de l'exposante ayant été le résultat d'une inclination réciproque, elle espérait toujours passer des jours heureux et tranquilles sous l'autorité de son mari, qui n'avait cessé alors de lui témoigner l'amour le plus vif, l'estime la plus parfaite. Mais, après avoir vécu six ans dans la meilleure intelligence, le général Hugo, qui était devenu chef de bataillon de son régiment, y eut une affaire désagréable et désira que sa femme se rendît à Paris pour en arrêter les suites. Pendant l'absence de Mme Hugo, le régiment de son mari reçut l'ordre de se rendre à l'île d'Elbe. Là le général Hugo fit connaissance avec une fille Thomas (Cécile), qui ne possédait rien au monde, et dont le père venait d'être chassé pour malversations de l'hôpital de Porto-Ferrajo où il était employé comme économe ou infirmier. Et bientôt l'influence et l'obsession de cette malheureuse firent oublier au général ses devoirs de père et d'époux. Cependant Mme Hugo ignorait la conduite de son mari. Etant parvenue après neuf mois de séjour dans la capitale à arranger la malheureuse affaire qui l'y avait appelée, elle s'empressa de le rejoindre. Le général eut l'air de la recevoir avec affection, mais, peu de jours après son arrivée, il insista auprès d'elle pour qu'elle repartît avec ses enfants, lui donnant pour raison qu'il fallait les mettre en sûreté, la forteresse où il se trouvait étant menacée par les Anglais, et ajoutant que le général Rusca, qui y commandait, lui avait dit qu'au premier coup de canon il en ferait sortir les femmes et les enfants, qui alors se trouveraient errants dans l'île et bientôt au pouvoir des Anglais. Il lui disait de plus qu'il fallait qu'elle retournât à Paris solliciter de l'emploi pour lui, car il était sûr d'être réformé et de quitter son régiment. Il prétendait même que le bâtiment qui avait apporté les ordres avait été pris par l'ennemi, mais qu'il savait cela par voie indirecte. Mme Hugo fut vaincue par toutes ces raisons et se décida à repartir, ne se doutant guère que son mari désirait son absence afin de vivre plus en liberté avec sa maîtresse. Mme Hugo, arrivée à Paris, s'occupa de suite de sollicitations pour son mari, mais, peu de temps après, les protecteurs de son mari ayant été proscrits, elle se vit arrêtée dans ses démarches. Alors elle voulut rejoindre son mari, mais il écrivit qu'il était nommé député pour le couronnement de Napoléon et qu'il allait venir à Paris. Mme Hugo l'attendait avec impatience lorsqu'elle reçut de lui une lettre, datée de Livourne, où il lui annonçait qu'il avait reçu contre-ordre à Turin et qu'il retournait en Corse. Mme Hugo, étonnée que son mari ne lui eût pas écrit de Turin cet événement fâcheux et qu'il eût mis cent lieues de plus entre lui et elle avant de l'en instruire, commença à ouvrir les yeux, et prit de suite ses dispositions pour le rejoindre, mais elle fut obligée de suspendre son départ, la peste s'étant déclarée à Livourne où elle devait nécessairement s'embarquer pour éviter le danger d'être prise par les Anglais dans une traversée plus longue....

MÉSINTELLIGENCES CONJUGALES

Il ne semble pas que Mme Hugo eût donné une suite
immédiate à la découverte qu'elle avait faite à Porto-Ferrajo.
Une lettre de son mari, datée du 8 mars 1804, lui rappelle
des promesses, abonnement à un journal et envoi de rhum,
dont elle ne s'était pas acquittée. Elle ajoute :

Adieu, Sophie. Rappelle-toi quelquefois que rien ne
peut me consoler de ton absence ; que j'ai un ver rongeur
qui me mine, le désir de te posséder ; que je suis dans l'âge
où les passions ont le plus de vivacité et que ce n'est pas
sans murmurer contre toi que je sens les besoins de te serrer
contre mon cœur.

Pregusse est bien heureux, il est aimé de sa femme et il
la possède. Moi je ne possède rien que le chagrin, la douleur
et l'ennui.

Adieu, je suis tout à toi.

L'absence de sa femme et de ses enfants n'était pas la
seule cause qui engendrât pour Hugo « le chagrin, la douleur et l'ennui. » Il s'y ajoutait des désillusions et des dépits
de carrière dont témoigne la lettre qu'il écrivait de Porto-
Ferrajo le 3 Floréal XII (23 avril 1804).

L'organisation vient d'arriver, ma chère Sophie. Je pars,
si les vents sont bons, demain pour la Corse avec Coppé qui
est l'adjudant-major du 4ᵉ bataillon, de celui que je vais
commander....

J'ai reçu à la fois par le dernier courrier, et après en avoir
été privé pendant cinq consécutifs, deux lettres de toi.
Je les ai couvertes de mille tendres baisers ; elles m'ont
beaucoup donné de tranquillité et de plaisir. Celle du 6 ventôse m'offrait un tableau bien touchant. Les progrès d'Abel,
les tentatives du bon Eugène, les farces du petit Victor, tout
cela me fait une bien vive impression et puisque tu es heureuse de les avoir et qu'ils te donnent de la satisfaction, continue à jouir de ce bonheur. Je sens bien chaque jour ce que
leur privation me cause ; celle que j'éprouve de ne t'avoir
plus ne m'est pas moins sensible, mais à quoi me servirait-il
de me plaindre ? Je me résigne : ce qui ne me contente pas
tout à fait....

J'ai écrit à Barbier, je te l'ai mandé dans une de mes dernières lettres. J'ai été affecté de ce que lui avait dit
M. Cailliez, je t'avoue même, jusqu'aux larmes. Cela m'a
donné matière à repasser ma vie militaire et je me suis dit

avec douleur : Hélas! que de titres pareils pour être exilés des emplois, puisqu'on pense ainsi dans les bureaux! Chaque fois que le temps changera et que d'honorables cicatrices me rappelleront le jour où je les ai reçues, je devrai donc regretter d'avoir montré plus de zèle que tant d'autres qui n'ont pas reçu une égratignure! C'est un crime que l'obéissance! L'obéissance est imputée à mal quand elle a eu pour objet de se soumettre à des fonctions pénibles et qu'on n'a pu s'y refuser sans encourir l'emprisonnement et la destitution. Pourquoi n'a-t-on pas donné un chef de l'Etat-Major à Mascar quand on l'a chargé d'un commandement de cinq, six et sept mille hommes pendant toute la guerre de la Vendée? Je n'aurais pas eu la peine d'en remplir gratuitement les fonctions outre celles de mon grade, un des plus pénibles de ceux des officiers subalternes. Pourquoi sur un camp aussi nombreux que celui qui dans l'an IV et l'an V était placé près de Paris m'a-t-on créé pour ainsi dire sous le titre d'adjudant-divisionnaire et, sans traitement, le chef du grand État-Major? Pourquoi, ne pouvant pas trouver d'officier plus propre à oublier tous ses plaisirs, a-t-on donc voulu que je remplisse ces fonctions délicates de rapporteur au Conseil de guerre, le plus important de la République? Ce sont là des raisons qu'on ose donner! Ah! si mon pays ne réclamait pas encore les services de ceux qui pendant la guerre la plus active n'ont pas seulement eu un jour de repos, comme je défroquerais cet habit, comme je me soustrairais à ces dégoûtantes intrigues de bureau! Quel homme peut montrer des services plus purs, plus beaux, j'ose le dire, que les miens? Pas un instant de reproche à me faire et mon crime est d'avoir été deux ans rapporteur à Paris! O ma conscience, si tu ne me soulageais pas, comme je serais malheureux! Je le quitterai un jour, ce service, où l'amour de mon pays m'a fait tant de fois honorablement distinguer, mais je le quitterai sans qu'on puisse me faire un reproche; je lui serai fidèle jusqu'au dernier instant.

Je n'écris pas ces réflexions amères sans avoir le cœur gonflé, non de ce que le gouvernement ne m'a point appelé à un emploi que je n'ai pas sollicité, mais de ce que la souillure s'attache à des services purs.

Ne vois personne; ne cherche point de protecteur. Mets ordre à tes affaires; c'est dans ton sein, dans celui de ta famille, que je veux trouver le bonheur, heureux si on ne cherche pas encore à le troubler pour moi! Je vais dans un pays où l'on paie peu, mais où l'on vit à meilleur compte qu'ici; je songerai à ce que je dois à ma famille dont tu fais bien pour moi la plus précieuse partie....

MÉSINTELLIGENCES CONJUGALES

On vient d'arrêter, la nuit passée, beaucoup de personnes d'ici ; ce sont tous des citoyens marquants dans le pays. On prétend qu'il y avait parmi eux des intelligences avec les Anglais dont le but était de livrer l'île à ces implacables pirates. Cela n'est pas très aisé à exécuter avec une aussi bonne garnison et sans la participation des chefs de troupes, qui certainement ne voudraient voir les ennemis que pour se mesurer vigoureusement....

La lettre suivante, datée de Porto-Ferrajo le 10 Floréal an XII (30 avril 1804), doit être rapprochée de l'affirmation que Mme Hugo énonçait, dix ans après, dans sa requête civile. Elle montre combien il est difficile (et inutile d'ailleurs) de se faire une opinion, sinon sur la réelle incompatibilité d'humeur, déjà profonde et irrémédiable, qui existait entre les deux époux.

Tu sens donc comme moi les funestes effets de notre triste séparation, tu sens donc comme moi qu'il ne faut pas laisser écouler les plus beaux jours de la jeunesse dans l'absence ; tu sens que, quand on aime bien, rien ne remplace un objet cher au cœur. Quatre cents lieues, voilà l'énorme distance qu'il faut que tu franchisses pour arriver à moi tant qu'une guerre affreuse interdira la libre navigation des mers. Serai-je assez insensé ou assez exigeant pour vouloir encore une fois qu'elle cesse d'exister entre nous deux ? Je ne prononce rien, mais je pense que si ta résolution de séjourner près de moi n'est pas plus ferme, et pour plus de durée que la dernière fois, il vaut mieux que tu restes à Paris ou à Nantes que de sacrifier un millier d'écus à des caprices. Si, au contraire, tout se réunit pour te faire désirer ton retour près de moi, que tu sois bien décidée à n'y pas rester un seul moment sans moi, reviens, reviens, ma chère Sophie, reviens alors dans les bras d'un époux qui t'adore, mais qui a physiquement et de cœur le plus grand besoin de toi. Mais ne viens que pour rester, tu seras bien aimée et peut-être plus heureuse si tu veux l'être que cela n'a encore été. Ma première lettre, qui sera sans doute datée de Bastia, te donnera plus de développement à ce sujet.

Je pense partir demain, escorté par un corsaire de quatre pièces de canon. Si les vents sont bons, nous serons rendus sous douze ou quinze heures.

Les assurances de ton amour, les espérances de te prendre enfin sans crainte de nouvelles séparations, me redonnent

pour toi un degré de plus de tendresse; je ne te cache pas
que j'avais besoin de cette bonne lettre du 8 Germinal.

J'ai été bien content de ce que tu me dis sur le compte de
mes chers et bons petits enfants. Envoie-moi des exemples
d'Abel....

Que penser? Que dire? Où est la vérité? Il est rare que
dans les querelles de ménage, à moins qu'il n'y ait, d'un
seul côté, des torts grossiers, avoués ou patents, la vérité
ne soit pas faite de nuances délicates où la justice trouve difficilement son équilibre et une sage mesure. J'incline, pour
ma part, à croire qu'il y avait entre Léopold-Sigisbert Hugo
et sa femme des différences de tempérament et que leur
brouille fut due surtout à des raisons physiologiques : il est
à peine nécessaire de lire entre les lignes des lettres du chef
de bataillon pour y trouver un aveu qui explique et, je le
dirai au risque d'offenser des pudeurs hypocrites, qui excuse
une partie de sa conduite.

Sa femme lui écrivait moins. N'y avait-il pas dans ce
silence un blâme tacite? Il en prenait son parti plus aisément qu'autrefois. Qu'on en juge par le ton dégagé de cette
lettre envoyée de Bastia le 29 Prairial XII.

Ma foi, ma bonne amie, j'avais renoncé au plaisir de
t'écrire; puisque je ne reçois aucune de tes lettres, me disais-
je, elle ne reçoit sans doute aucune des miennes, il est donc
inutile d'écrire. En effet, voilà deux mois passés que je n'ai
reçu de tes lettres et quand il m'en parvient deux à la fois,
je reconnais aux cachets blancs et rouges que celle du
18 Germinal a été lue par d'autres que par moi. L'autre est
du 7 Floréal.

T'assurer que l'une et l'autre m'ont fait le plus grand
plaisir, ce n'est te peindre que très faiblement les sentiments
qu'elles m'ont fait éprouver. Malgré cela, je dois te l'avouer,
ils ne sont plus si vifs que dans le principe, que pendant ta
première absence, quoiqu'ils le soient cependant encore
beaucoup. Mais ton dernier départ m'a fait tant de mal, il
était si fort contre mon gré que j'en suis encore étonné et
qu'il faut souvent, très souvent même, que je t'excuse dans
mon cœur.

Sophie, comment avec un esprit aussi pénétrant et aussi
juste que le tien, as-tu pu réduire ton mari à supporter ton
absence sans murmurer? Nous vieillissons loin l'un de l'autre

MÉSINTELLIGENCES CONJUGALES

et si la paix ne se fait avec les Anglais, je ne consentirai ni à ton voyage ni à un déplacement pour moi. Il faudra, si tu consens à revivre avec moi, ou me conserver entièrement pour toi, ou te voir préparer des chagrins. Oui, je veux être à toi seule, mais pour être à toi seule, il faut que jamais je n'éprouve ni froideurs, ni rebuts. Autrement, il vaut mieux vivre séparés.

Et moi aussi je parle raison. Quand je t'ai épousée, j'ai mis à ta disposition entière mon être et tout ce que je possédais. Nous nous sommes chamaillés, et pourquoi? Pourquoi, Sophie, dans une de tes dernières lettres m'en faisais-tu présager autant?

Vois cette lettre, Sophie, juge à la franchise avec laquelle je t'écris, combien le mot « j'aime » a de force dans ma bouche. Voilà longtemps que je ne le prononce plus, voilà déjà huit mois que dure cette absence de trois mois; penses-tu qu'à mon âge et comme tu me connais, il soit prudent de me laisser abandonner à moi-même? Il est vrai qu'ici tu as le stylet pour garant de ma fidélité et que tu dois penser qu'avec la plus grande envie de caresser une femme, on doit s'en abstenir dans la crainte de perdre la vie dans ses bras mêmes.

Que ce raisonnement ne t'afflige pas. Je n'aime, et je dis bien vrai, je n'aime toujours que toi seule. Je fréquente ici la société du général de division Colli dont l'épouse embellit beaucoup la maison. J'aimerais mieux te voir au milieu des dames qui la fréquentent que de lire que tu t'ennuyes à Paris. Il y a ici du plaisir à goûter : on peut, excepté les femmes, les avoir tous. Reste à savoir si les goûts qu'on contracte dans la grande ville ne dérangent pas un peu les idées que je me fais des plaisirs de ce pays-ci, car si je me le rappelle bien, je me plaisais à Porto-Ferrajo et tu n'y as pas trouvé un seul moment de plaisir, excepté celui d'y reprendre tes enfants et de me les enlever.

On bourdonne ici des bruits de paix. Puisse-t-elle se faire, et pour la tranquillité de la France et pour nous autres habitants de la Corse à qui rien ne peut parvenir! Il est dû six mois aux officiers. Je suis réduit à 200 francs pour tout bien et il m'est dû environ 700 francs....

Adieu, ma Sophie, pardonne le ton grondeur de ma lettre; il ne provient que de ce que je suis fâché de ne t'avoir pas.

Le « ton grondeur » de cette lettre montrait que le mari, qui disait avoir « ses raisons », n'était pas « content. » Mais est-ce en forcer le sens que d'y trouver un aveu? « Oui, je

(47)

veux être à toi toute seule, mais pour être à toi toute seule, il faut que je n'éprouve ni froideurs ni rebuts. » Menace ou excuse, cette phrase est, de quelque façon qu'on l'interprète, singulièrement significative : jeune, ardent..... et seul, ce mari de trente et un ans en a assez de sa solitude. Il ne s'en cache pas. Son amour prend la forme d'un « attachement, » qui ne puise plus dans *La Nouvelle Héloïse* des accents passionnés. Ses lettres ont un ton positif et pratique : l'amant a fait place à un mari désabusé, qui établit avec un calme mal résigné les comptes et les mécomptes de sa vie conjugale.

Bastia, le 25 Brumaire XIII
(16 novembre 1804).

Abel doit avoir aujourd'hui six ans. Il y en a sept, Sophie, que tu es ma femme et, à tout bien calculer, je n'en ai passé que quatre avec toi. Enfin aujourd'hui sonne ma trente unième année.

Quand, repassant le temps qui s'est écoulé depuis que je te connais, je me rappelle les tourments que nous nous sommes faits, les malheurs qui nous ont accablés de toute manière et la constante adversité que j'ai éprouvée partout, j'ai peine à croire que tout cela s'est passé dans le court espace de s pt ans. Né avec un caractère qui ne m'a point créé d'ennemis et qui m'a attaché beaucoup de personnes, je t'ai vue malheureuse avec moi, rechercher de t'en éloigner pour des prétextes spécieux et m'abandonner au feu des passions de mon âge. Si, par un fatal entêtement, le seul défaut essentiel de tes compatriotes, tu ne t'étais obstinée à me créer des torts quand tu étais près de moi, n'y serais-tu pas encore? Nous ne serions pas l'un et l'autre au bout de nos ressources; avec le désir de nous étudier et de faire quelque chose l'un pour l'autre, nous nous fussions réciproquement rendus heureux.

Où sommes-nous maintenant l'un et l'autre? Tu te trouves au sein de tes enfants, qui sont une consolation constante pour toi, mais tu vis dans les inquiétudes. Déjà tu sais ce qui se passe à Livourne: nos lettres ne passent plus par Gênes. Les Anglais d'un côté, la peste de l'autre : voilà notre position. Tout est soumis ici à la plus stricte quarantaine : la maladie fait des ravages affreux et le cordon établi par la reine d'Etrurie pour empêcher la sortie des malheureux Livournais met à exécuter ses ordres une juste, mais affreuse sévérité. Déjà Pise a gagné, à ce qu'on nous assure, ce

MÉSINTELLIGENCES CONJUGALES

terrible fléau ; le 62ᵉ est campé hors de la ville de Livourne, il n'est resté dans cette ville infortunée que le détachement nécessaire pour le service de la place. Si l'île d'Elbe est en quarantaine, les troupes y sont sans argent et sans ressources.

Depuis ta lettre du 27 Thermidor, je n'en ai plus reçu de toi. Notre revue est passée par le général Morand et pour cette fois, je suis non seulement noté parfaitement, mais il rappelle au ministre que c'est pour la seconde fois qu'il a demandé de l'avancement pour moi. Il a écrit au prince Joseph, au ministre même, pour leur demander le grade d'adjudant-commandant pour moi. Je désire beaucoup qu'il réussisse à me tirer de ce pays-ci, car non seulement j'y suis fort exposé aux maladies qui nous avoisinent, mais encore à la vendetta corse, ayant été membre et rapporteur d'une Commission militaire qui a condamné cinq embaucheurs du pays à la peine capitale.

Je t'avais prié d'engager Herbin de ma part à demander au chef du Bureau de l'Infanterie quels étaient les motifs pour lesquels, malgré les demandes du prince Joseph et des généraux, on m'avait toujours écarté : comme il est sur les lieux, et que peut-être il est lié avec le chef, il pourrait en apprendre beaucoup....

Sans la maudite poste de Livourne, j'aurais prié l'honnête M. Poggliali de te faire passer de l'argent et d'en tirer sur moi. Je crains bien qu'il ne succombe et que je perde le collier que je lui ai confié et que je voulais faire remettre au général Radel pour toi, s'il eût passé à Livourne....

Le dernier voyage m'a ruiné en argent et en effets. Le général Morand m'a noté pour une gratification : si elle ne m'est pas accordée, j'aurai toutes les peines du monde à me remettre au niveau. Tu auras sans doute été satisfaite de la part que je t'ai faite sur mon traitement....

Avec la lettre écrite de Bastia le 25 Pluviôse XIII (février 1805) la pensée du chef de bataillon se précise sur tous les sujets dont sont faites ses angoisses. Il parle

> ... avec la liberté
> D'un soldat qui sait mal farder la vérité.

On nous fait espérer, ma bonne amie, qu'une poste va partir pour la France, et je m'empresse d'en profiter. Il n'en arrive pas depuis assez longtemps et cela me prive de tes nouvelles et de celles de ma famille.

Le général en chef, non content de m'avoir parfaitement

(49)

noté dans sa revue de cette année et de m'avoir recommandé
à la bienveillance du gouvernement, a ajouté à ces preuves
de son obligeance particulière pour moi une lettre au prince
Joseph et une au ministre de la Guerre. Il a de plus demandé
une gratification de 1 500 francs pour moi afin de me faire
indemniser de mon dispendieux voyage de Plaisance, des
pertes que tu as éprouvées et de celles que les Anglais m'ont
causées en prenant Nicolas. Je tiens cela de bonne source :
j'ai vu et lu les lettres et, pour t'en donner une preuve plus
sensible, je t'envoie copie de celle adressée à S. E. le ministre
de la Guerre. Croirais-tu que, malgré ce brillant appui et ces
recommandations présentes, je n'ai conçu aucune espérance? Je dirai plus : si d'ici à deux ans je ne suis pas tiré
de la classe des chefs de bataillon, je n'en aurai plus d'autre
que celle d'y terminer ma carrière.

Je puis bien avouer à ma femme que je cesserais d'avoir
de l'ambition si à quelques moyens militaires qui peuvent
la justifier, et à quelques services que je peux lui donner
pour appui, je ne joignais ce besoin de m'avancer. Tu
connais l'état de mes affaires. Chaque jour ici de nouvelles
dépenses de tenue et représentation et cela, joint à l'irrégu-
larité des payements, m'a depuis trop longtemps mis dans
l'impossibilité de rien envoyer à ma famille. Crois-tu que ma
conscience ne m'en fasse point un reproche secret? Et
cependant je sais fort bien que je ne le mérite pas. Cela
me donne de l'humeur, je la répands partout et souvent ma
gayté n'est qu'affectée pour cacher le véritable état de mon
âme.

Il est vrai qu'au moment de mon départ pour l'Italie,
j'aurais pu t'envoyer mille francs s'ils m'eussent été payés
comme on me les avança pour le voyage. Il est vrai que je
suis rentré ici avec deux cents francs et j'étais payé d'avance
pour vingt jours. Nous avons fait de faux calculs en nous
séparant et surtout en comptant trop sur des espérances.
Comment toi, qui vivais à Paris, as-tu pu ne rien deviner de
ce qui devait se passer incessamment? Tu serais restée ici,
tu y aurais tous les effets, tu t'y occuperais avec plus de
liberté et nous y ferions plus aisément des économies avec
ma famille que je n'en puis faire seul; c'est une vérité.

Il n'est pas très gai pour moi d'être sans femme; il est
même très dangereux d'être seul ici. A mon âge, et je pense
aussi au tien, on serait mieux ensemble, car de côté ou
d'autre on peut faire des sottises, s'en mordre les doigts et
ce résultat n'est pas du tout régalant. Cependant tu habites
la France, les mers te séparent de moi et il n'y a aucune
apparence que nous fassions de sitôt la paix avec les Anglais.

MÉSINTELLIGENCES CONJUGALES

Il faudra donc que les dix ans se passent sans que je te revoie et je ne réponds pas de ce que je pourrai faire malgré les plus beaux raisonnements pendant un si long espace ; si je me suis marié, ce n'est pas pour vivre seul ou avec d'autres femmes que la mienne.

L'épouse du général Morand doit venir très incessamment en Corse ; le sénateur Casabianca doit y venir aussi ; ce seront autant d'occasions sûres et, si mes espérances d'être employé en France sont tout à fait déçues, tu feras une grande sottise d'y rester, car alors je serai ici pour au moins cinq ans encore....

Il se plaint, dans la lettre qui suit, de ne pas recevoir de nouvelles de sa femme (18 Ventôse XIII). Il espère pouvoir, dans une vingtaine de jours, lui envoyer le « fameux collier » et son portrait, fait par une femme qui a « autant d'amabilité que de talent, » la cousine de l'inspecteur aux revues de l'île. Il l'embrasse « du meilleur de son cœur, » ainsi que ses enfants, « dont tout le monde parle. »

C'est assez sec, mais il y a encore loin de ce refroidissement à une rupture et, si le ménage se désunit, il ne se sépare pas. Mme Hugo sait ou elle soupçonne ce qui se passe dans l'île d'Elbe : elle est renseignée, attristée, mais, à cause des enfants, prudente et patiente. Pourtant elle ne se résigne pas à jouer la comédie d'une tendresse qu'elle n'a plus. Elle se réfugie dans le silence, qui est souvent la ressource des âmes blessées. Pendant trois mois, elle ne donne pas de ses nouvelles ou, du moins, son mari n'en reçoit pas et, plutôt que de l'accuser, il met cette abstention au compte d'une poste irrégulière. Il ne veut plus (3 Prairial an XIII) qu'elle fasse pour lui des démarches dont il sent l'inutilité ou la hâte dangereuse. D'ailleurs il ne désespère pas d'obtenir sur place, à Ajaccio, des influences promises peut-être à un plus heureux résultat. « Je vois ici très souvent la tante de Mme Bonaparte la mère et par conséquent de l'Empereur : je fréquente ici une partie de la famille, mais il faut se garder de rien demander ; il n'est pas temps encore. »

Le 9 Prairial (an XIII) il répond à la lettre que sa femme lui a écrite le 3 Floréal.

LE GÉNÉRAL HUGO

Je suis enchanté, ma chère Sophie, que l'envoi de mon portrait te fasse plaisir. Mme Garre, à qui je l'ai laissé lors de mon départ de Bastia, doit sans doute en être partie maintenant pour Paris. Elle m'a promis de m'envoyer le tien en retour, et, comme cette idée est partie d'elle, tu penseras qu'elle m'aura comblé de joie. La manière dont ce portrait est fait te prouvera qu'Isabey seul peut, pour la ressemblance, rivaliser avec Mme Garre; elle a peint à Bastia sept ou huit de ses amis et amies et a toujours fait des chefs-d'œuvre. Ce n'est pas là le seul talent de cette aimable dame; elle en joint beaucoup d'autres à un esprit très cultivé....

Si les voyages continuels que j'ai faits ne m'avaient toujours laissé sans le sol, au point même de m'endetter de 500 francs envers mon quartier-maître (chose qui ne m'était jamais arrivée), je t'aurais, ma bonne amie, bien plus souvent envoyé de l'argent. J'ai mis pour toi, le 22 Germinal, 300 francs à la poste; je les ai affranchis le 3 de ce mois, j'ai profité de l'offre d'une lettre de change de 240 pour t'envoyer tout ce que je possédais : au point que je reste avec dix écus. J'ai payé un fort acompte au quartier-maître; j'ai fait le voyage d'Ajaccio ici, plus coûteux, je t'assure, que si j'avais été de Marseille à Lyon. Mes effets s'usent et à l'exception d'un frac, d'un chapeau, je ne me suis rien acheté que quelques chemises depuis ton départ. Ici tout est à un prix excessif; une aune de drap bleu se vend 70 francs, une cravate revient à 6 et elle est fort ordinaire; tout suit cette malheureuse proportion. Mon linge s'use, les blanchisseuses l'abîment en le raccommodant et au lieu de durer comme il durait dans mon ménage, il s'use moitié plus vite....

Et maintenant, et enfin, voici un aveu, un aveu qui s'excuse et qui accuse, mais un aveu tout de même. Aucune lettre de Léopold-Sigisbert Hugo n'est plus profondément humaine que cette confession écrite à Bastia le 22 Prairial de l'an XIII. Elle dit tout avec une franchise dans l'accent qui met à nu les causes de la mésintelligence croissant entre les deux époux. Il a des torts, qu'il reconnaît, sans parler pourtant de la « fille Cécile Thomas, » mais, à l'entendre, et même à le croire, comme il mérite d'être cru, peut-on dire que tous les torts soient de son côté?

Enfin une lettre de toi, ma bonne amie, vient de me consoler: je ne savais que penser de ton silence. Aujourd'hui que la cause m'en est connue, je me livre à tout le plaisir que

MÉSINTELLIGENCES CONJUGALES

je ressens et je m'empresse à te donner des nouvelles et à t'envoyer d'abord cent écus (dont le port est payé).

Je n'ai pas le cœur dénaturé et le souvenir de mes enfants et de leur mère, s'il me cause des regrets bien cuisants, n'en est pas moins pour moi une source continuelle de larmes douces et de jouissances pures. On peut bien, à mon âge et avec un tempérament malheureusement trop ardent, avoir pu s'oublier quelquefois, mais la faute n'en fut jamais qu'à toi; sans tes refus irréfléchis, sans ta seconde absence, jamais peut-être tu n'eusses eu une crainte à concevoir. Les conséquences de pareilles actions ne sont rien quand un mari conserve un cœur tendrement attaché et surtout quand il n'est pas forcé de les renouveler souvent et longtemps de suite. Toi qui me connais mieux qu'un autre, pourquoi n'as-tu pas laissé le remède près de moi? Enfin, puisque tu es assez sage pour reconnaître qu'en moi le tempérament doit avoir plus de force que la raison, pourquoi ne pas hasarder un dernier voyage, je dis un dernier voyage, car je ne veux plus de fantaisies, ni d'espérances; tu avais peut-être raison, mais franchement je ne l'ai jamais cru, je n'ai vu dans ton départ qu'une volonté ferme de me fuir, d'éviter des caresses qui t'étaient importunes, de te soustraire à des scènes de ménage que ta tête bretonne rendait beaucoup trop longues.

Je suis trop jeune pour vivre seul, trop bien portant pour ne pas être porté aux femmes; j'aime, je dirai plus, j'adorerai encore la mienne, si la mienne veut se convaincre que j'ai besoin de son amour et de ses complaisances. Mais je ne puis être sage qu'avec ma femme; ainsi, ma chère Sophie, je crois qu'il vaudrait mieux que je te fisse un enfant de plus que de te délaisser pour une autre, que de les voir grandir loin de l'œil d'un bon père. Je me crois assez de qualités de cœur pour faire le bonheur de celle qui voudra me juger sans préventions; sous les rapports physiques, je ne dirai la chose qu'à toi, je n'ai jamais été mieux qu'à présent; sous les rapports de l'instruction, j'ai beaucoup acquis depuis ton absence. J'embellirai ces qualités par l'amour le plus pur et le plus tendre si ma Sophie de Châteaubriant veut me rendre mon épouse et mes enfants. Je suis en Corse pour toute la guerre. Il n'y a pas de doute à cela; ainsi, si elle dure encore un an ou deux ou trois, vois si cette absence pourra me convenir.

Mes projets d'économie sont un peu trop brillants pour n'être pas chimériques; mon logement conviendrait à toute ma famille parce que, pour recevoir les officiers de mon bataillon, il faut qu'il soit grand. Je dépense en pension, en défaut d'entretien, plus que je ne dépenserai avec elle. Ce sont donc de vraies sottises que de faire deux ménages ; l'expérience m'a convaincu que cet abus est infiniment nuisible à la bonne harmonie et à la fortune de deux époux.

Le général Morand, qui me veut tout le bien possible, et qui le veut fermement, demande au ministre de la Guerre une place d'adjudant-major d'un bataillon de chasseurs corses pour Louis. J'écris à Louis de te voir en passant à Paris et de te servir de protecteur pour la route si tu veux revenir. Mme Morand, le sénateur Casabianca partent incessamment de Paris pour la Corse. Vois si ce ne sont pas là les plus brillantes occasions pour faciliter ton retour.

Ainsi, Sophie, vois moins dans cette lettre franche un aveu de fautes que la nécessité d'en empêcher la continuation par ta présence. Sois sûre que je serais incapable de tout acte qui me dégraderait à mes propres yeux, que je ne cherche de femmes que par besoin, mais que mon cœur est tout à toi et ma tendresse inviolable pour mes bons enfants. Rassure-toi, rassure-les sur tes larmes, et viens en verser avec eux de plaisir et de joie dans les bras d'un époux qui t'aime et à qui tu cesseras dès lors de pouvoir reprocher rien....

Tranquillise-toi donc, ma Sophie, relis cette lettre moins pour t'en affliger que pour y reconnaître que je ne sais que peindre avec vivacité les sentiments qui m'animent.

Baise Abel, baise Eugène, baise Victor, pour leur papa ; ne pleure plus et aime-moi bien, car je le mérite toujours.

Cette lettre, dont la liberté s'excuse par la franchise d'un mari qui se croit volontairement abandonné et qui même a été rebuté, dut produire sur Mme Hugo un effet contraire à celui qu'il en attendait. Pour la première fois, dans la correspondance qu'ils échangeaient depuis huit ans, il renonce à la tutoyer. Le « vous » qu'il emploie dans sa réponse de septembre 1805, s'il n'a pas d'amertume, exprime une sécheresse significative. Au point de vue des rapports conjugaux, il a tout dit, et il l'a dit de telle sorte qu'il y aurait à insister une indélicatesse choquante. Mais il semble que Mme Hugo se plaigne, malgré les explications qu'elle a reçues, de la situation matérielle qui lui est faite, et c'est surtout à ces plaintes que la lettre répond.

Après un très long silence de votre part, Sophie, je reçois votre lettre de reproches en date du 20 de Messidor. J'ai fait pour vous ce que j'ai pu, et vraiment je n'ai pu faire davantage. Vous penserez de mes sentiments pour vous et pour mes enfants tout ce qu'il vous plaira; je n'ai diminué mon attachement ni pour eux ni pour vous. Je me félicite heureusement que si j'ai été assez malheureux jusqu'à présent pour ne pouvoir distraire depuis votre départ qu'une somme de 1 205 francs (car je comprends tout, et vous entendez que le port, comme les 50 francs de Claudine, doivent être comptés quand vous mettez tout en ligne de compte), mes dettes payées actuellement vont me permettre de faire davantage que je n'ai fait, si on me laisse l'hiver à Ajaccio. Faites les réflexions qu'il vous plaira, accusez-moi, dites-moi des sottises si vous voulez, il n'en faudra pas moins payer 100 francs par mois pour ma pension et pour un repas, quelque chose pour des extras indispensables, 15 francs pour les gages et le service de mon domestique, un prix fort pour un logement, mon blanchissage, l'entretien dans un pays où tout est d'une cherté horrible, et où cependant chaque jour on exige davantage en tenue. Calculez tous les voyages que j'ai faits depuis votre départ, mon retour en Corse, mon voyage à Plaisance, de Bastia ici. Je ne puis voyager comme un particulier; il faut que j'aille à petites journées, que je conserve la même tenue, que je loue partout des chevaux et des mulets pour moi qui ne puis marcher, pour mes effets que je ne puis porter. Voilà cependant ce qu'il en est et ce que vous ne calculez pas.

J'ai longtemps eu le dessein, et j'ai craint en cela de vous mortifier, de vous céder par devant le conseil la somme que la loi m'autorise à vous faire payer sur mes appointements. Je le ferai tôt ou tard, et par mesure de précaution, car il peut d'un moment à l'autre arriver ici un bâtiment de guerre ou des ordres. Que deviendriez-vous avec les enfants si cette mesure n'était pas prise?

Vos réflexions sont plus fondées que vos reproches. Il y a vingt de mes lettres dans lesquelles je vous ai représenté que deux ménages nous ruinaient. Vous m'avez donné des raisons que vous croyez bonnes et jamais je ne vous parlerai de revenir près de moi, voulant vous laisser pour toujours maîtresse de rester où vous êtes ou de revenir quand il vous plaira.

Quant aux fonds que je puis vous envoyer, je ne puis vous dire ni les époques ni les sommes, car je vous envoie tout ce que je puis économiser et le fais même à tel point que je me dépouille de tout. Vous avez fait des économies sur ce que vous avez eu à dépenser, vous en auriez fait davantage si j'avais pu en faire moi-même. Vous promettre les miennes, et tenir mes promesses, voilà, Sophie, ce que je puis faire pour vous.

Quant à tous ces mots de désespoir que l'avenir vous fait insérer dans votre lettre, vous ne pouvez pas tous me les attribuer. Rappelez-vous que, quand je dus vous épouser, vous me fîtes espérer qu'il vous revenait quelque chose de votre père. Il n'en a rien été; si cela n'a point été de votre faute, tous les reproches ne peuvent non plus tomber sur moi. J'ai pu à différentes fois placer en terre quelques petites sommes et vous n'avez pas voulu, tantôt parce que vous n'aimiez pas mon pays, d'autres fois parce que vous espériez du vôtre, et tout a été dépensé.

Je vous répète que je ne suis point homme à abandonner ma famille, mais je ne puis faire plus que ce que je vous promets.

Je vous embrasse.

Quand on embrasse avec cette froideur, l'amour est mort dans les cœurs.

CHAPITRE IV

A LA POURSUITE DE FRA DIAVOLO

LE COMMANDANT EN ITALIE, SOUS LES ORDRES DU ROI JOSEPH ‖ EN GARNISON A NAPLES ‖ OPÉRATIONS DE POLICE ‖ SILENCE DE MADAME HUGO ‖ PRÉOCCUPATIONS MATÉRIELLES ‖ LÉOPOLD HUGO NOMMÉ MAJOR AU ROYAL-CORSE ET GOUVERNEUR D'AVELLINO ‖ ARRIVÉE DE MADAME HUGO ET DES ENFANTS.

LES événements allaient se charger de donner à Léopold-Sigisbert Hugo une destination qui devait exercer sur sa vie une profonde influence. « Nous reçûmes à Ajaccio, dit-il dans ses *Mémoires*, l'ordre de nous embarquer pour Gênes, et là celui de nous rendre à marches forcées sur l'Adige, pour faire partie de l'armée d'Italie, ou 8ᵉ corps de la grande armée, aux ordres de M. le maréchal Masséna. » Partit-il seul? La requête de Mme Hugo prétend le contraire. « Mme Hugo, ne pouvant exposer ses trois enfants aux dangers de la guerre, fut obligée d'attendre le moment favorable pour se réunir à son mari, tandis que la malheureuse qui cause tous ses malheurs le suivait partout, en lui faisant regarder comme preuve de son dévouement ce qui n'était pour elle qu'un moyen d'existence, puisque, sans l'argent du général, elle en était réduite à travailler pour vivre et qu'elle savait bien qu'il n'y avait que sa présence et son obsession continuelle qui pouvaient prolonger la faiblesse d'un père de famille, vertueux au fond, mais égaré par les artifices de cette misérable. »

Cette campagne de l'an XIV, où Léopold-Sigisbert Hugo fut

« attaché à un petit commandement, » en qualité de chef du 8ᵉ bataillon de grenadiers, lui donna pourtant l'occasion de se distinguer. Il n'en retrace dans ses *Mémoires* que les faits auxquels il a directement concouru. Ses lettres à sa femme complètent, en même temps que ce récit, le *Victor Hugo raconté*, où la défense du village de Caldiero et la prise du célèbre partisan Fra Diavolo[1] sont narrés avec abondance et complaisance. C'est de Bassano, le 8 Frimaire XIV, 9 heures du soir, qu'est datée la première lettre de mon dossier.

Il y a aujourd'hui un mois qu'à l'heure qu'il est, ma chère Sophie, j'étais encore dans la position où j'avais combattu toute la soirée, entouré de soldats morts et attendant un ordre pour aller prendre un instant de repos. Aujourd'hui je me trouve, après une marche des plus forcées, après avoir fait 130 milles dans quatre jours, arrivé dans Bassano où une division ennemie descendue du Tyrol a échappé à la grande armée, qui a passé il y a huit jours pour se jeter dans Venise. Cette division a été prise tout entière et nous couvrons le pays maintenant, en attendant de nouveaux ordres.

Logé dans une belle maison, chez un riche négociant, je vais cette nuit sommeiller dans un bon lit. Mais avant de me donner au repos, je pense que j'ai devant moi de l'encre et du papier et qu'il vaut mieux dormir une heure de moins pour que tu en passes quelques-unes plus tranquillement. Je t'écris donc, je me porte très bien et t'annonce que j'ai reçu une lettre de M. Foucher avec une des tiennes. M. Foucher est à Milan. Je vais lui répondre et faire pour lui tout ce que mon zèle pour obliger peut me porter à faire. Tu m'as bien parlé de tes motifs pour ne plus le voir, mais tu ne me les as pas détaillés, de sorte que, m'étant fâché sans en connaître la raison, je fais maintenant la même chose pour me raccommoder. Il est bien vrai que tout ce qu'il me dit des enfants me flatte, m'offre un tableau que j'aime à me représenter et qu'entré par cette porte en raccommodement, il m'ôte tout moyen de le gronder. Ainsi, il y a quelques années, Abel déjà fut le protecteur d'une femme qui m'avait fait le cadeau de Diogène; j'oubliai mon courroux en faveur de l'appui et le commandant d'Aix fut apaisé.

La guerre va-t-elle finir? Une trêve suspendra-t-elle

---

1 On ne peut pas avoir une idée exacte de la part prise par Léopold-Sigisbert Hugo à la capture de Fra Diavolo sans consulter le récit, fait, d'après les archives italiennes et sur des documents inédits, par M. Edouard Gachot (*La Nouvelle Revue*, février 1902). Hugo a exagéré son rôle.

A LA POURSUITE DE FRA DIAVOLO

bientôt son cours? C'est ce que je ne sais pas. Mais il me semble voir aux couleurs de l'aurore que le jour pourra bientôt paraître serein. En effet on ne peut pas toujours se battre et comme il faut, quand on s'est battu, que tout ce qui s'est fait conduise à la paix, pourquoi ne l'espérerions-nous pas? Napoléon est maître de Vienne; la conscription s'avance; notre armée est maîtresse de l'Italie; des armées d'observation sont formées, que faut-il de plus aux coalitions pour hâter leur ruine? Veut-on pour nous plus de gloire, pour l'ennemi plus de malheurs? Qu'on retrace à l'Europe une guerre de dix ans, où la France en proie aux dissensions civiles paraissait devoir s'écrouler sous le poids qui cherchait à l'écraser, et l'Europe verra que les coalitions nous agrandissent et forment pour l'avenir de vieux soldats et de nouveaux généraux.

Je désire la paix sans avoir jamais craint la guerre. Je la désire, parce qu'elle est utile au bonheur de tous les individus qui ne s'enrichissent pas au milieu du carnage et des fléaux qui l'accompagnent. Je n'ai jamais rien voulu tirer de la guerre, je l'ai commencée pauvre et je la finirai de même; que tu aies ce qui t'est nécessaire, et je serai content de bien peu de chose.

Nous devons, nous nous attendons à toucher une gratification d'entrée en campagne, elle sera de 600 francs et je te la ferai passer tout entière. Tu voulais savoir ce que je désirais te donner par mois et je t'ai répondu 150 francs; il m'en restera 135, et vraiment il me les faut bien, tant pour payer mes domestiques que pour m'entretenir. J'ai employé ce que j'ai touché et ce qui me restait à acheter deux chevaux et leur équipage. L'un est fort, bien fait, mais vieux; l'autre est jeune, mais taille de hussard; son poil gris fait que je le changerai parce que c'est une mauvaise couleur. Ainsi sois tranquille à l'avenir sur ce point....

Je n'ai pas de nouvelles de Louis [1], qui doit être à la grande armée.

De Goritza — un nom que la dernière guerre a rendu à l'actualité et à la gloire — Hugo écrit le 7 Nivôse an XIV (décembre 1805).

Je viens de toucher ici douze cent soixante et quelques lires de Venise, j'ai une douzaine de sequins et une quaran-

---

1. Louis-Joseph Hugo, né le 14 février 1777, était le frère cadet du général. Il fut général lui-même. Son récit d'un épisode de la bataille d'Eylau est un des beaux chapitres du *Victor Hugo raconté* (XV).

taine de ducats, il m'est dû le mois de Frimaire et mon indemnité de légionnaire du 4ᵉ trimestre an XIII et du 1ᵉʳ de cette année ; et avec ces fonds et un espoir d'en avoir bientôt d'autres, je suis au désespoir, parce que je ne puis trouver une poste qui veuille se charger de fonds.

Je vais vendre mes douze cents lires de Venise pour une douzaine de louis ; je n'en perdrai conséquemment que 13 sur ma gratification d'entrée en campagne qui se monte à 25. Voilà le fruit de l'agiotage ; on nous paie en mauvaise monnaie et nous ne pouvons encore la changer !

Le 8ᵉ corps d'armée part d'ici et se porte en Syrie sous les ordres de Sa Majesté l'Empereur. Le quartier général de notre corps d'armée est déjà à cinquante lieues et c'est là seulement que je pourrai charger tout ce que je pourrai t'envoyer.

Ne crois donc pas, ma chère amie, si tu tardes un mois à recevoir des fonds, qu'il y ait mauvaise volonté de ma part. Le colonel est témoin de mon désespoir et tous les camarades le sont de mes efforts. Compte sur eux. Emploie les bons offices de l'amitié si tu conçois des inquiétudes et sois assurée que je vais, à quelque prix que ce soit, faire une somme pour te l'envoyer.

Je peux partir d'ici après-demain, nous marcherons pen dant dix jours avant de connaître notre destination définitive.

On vient de fondre les quatre en trois. Pregusse, qui ne s'est pas distingué dans cette campagne, est envoyé au dépôt. Mon bataillon, qui s'est couvert de gloire à Caldiero[1] est fondu dans les trois autres et le second, celui de Pregusse, m'est donné pour la campagne. Ainsi, tu le vois, tout n'est pas rose dans le métier et je ne me plains pas des épines parce que j'ai la bonne philosophie de croire que les choses ne pouvaient aller autrement.

Embrasse mes bons petits enfants pour moi, compte sur ma parole pour ce que je te dis plus haut. La nuit s'approche, je t'embrasse et monte à cheval pour mon cantonnement.

---

1. « Quelle qu'ait pu être ma façon de penser, et sur Moreau et sur la conspiration qui le fit perdre à la France, elle n'influa jamais sur ma manière de remplir mes devoirs. J'en donnai une preuve éclatante à la bataille de Caldiero, le 8 Brumaire, bataille dans laquelle, forts d'environ 30 000 hommes, nous attaquâmes 80 000 Autrichiens.... Je ne dirai point que c'est tout à fait à la conduite de mon bataillon, dont, au commencement de l'affaire, la force était de 850 hommes, que l'on dut la révocation de l'ordre déjà donné de repasser l'Adige : ce serait trop de présomption de ma part! mais il eut l'honneur d'y être pour beaucoup : car on ne contestera point que c'est à l'opiniâtreté avec laquelle il conserva Caldiero, qu'on a dû l'avantage de fermer à l'ennemi tout débouché par ce point important, et peut-être d'empêcher l'archiduc Charles de s'apercevoir du mouvement rétrograde de presque toutes nos divisions » (*Mémoires*, I, 113, 118).

A LA POURSUITE DE FRA DIAVOLO

Si une lettre datée de Padoue le 13 janvier 1806 n'offre pas d'intérêt particulier, il n'en est pas de même de celle que Hugo écrivit de Vairano le 13 février.

J'ai reçu hier au bivouac ta lettre du 10 Nivôse et celle qu'Abel y avait insérée; l'une et l'autre m'ont procuré beaucoup de plaisir, mais j'en aurais bien davantage si je pouvais tranquillement y répondre. Nous n'avons cessé de marcher depuis que je t'ai écrit et certainement nous avons beaucoup fatigué; j'attendrai donc un jour de repos dans quelque ville pour le faire à mon aise et envoyer à Abel une lettre en échange de la sienne.

Depuis avant-hier nous sommes dans le pays de Naples; hier et ce matin on s'est battu. Je ne sais si la nouvelle qu'on débite est vraie, mais on assure qu'un de nos généraux de division a été tué hier à Gaeta. On se canonne devant Capoue. Nous avons à combattre des Suisses, des Anglais et des Napolitains; de ces derniers les uns sont des troupes réglées, les autres des insurgés.

Un de tes châteaux en Espagne, ma chère amie, est celui de tes économies. Nous avons fait une campagne infiniment ruineuse; tous mes effets sont usés et nous éprouvons des difficultés infinies à les remplacer. Nous avons traversé le royaume d'Italie et les Etats du Pape et il n'est pas possible d'y voyager plus désagréablement. Nous y recevions nos vivres en nature en place de l'indemnité qu'en France nous recevons en argent, de sorte que pour nous c'était comme rien. Tu connais les auberges d'Italie; nous voyagions plusieurs régiments ensemble et nous payions au prix de l'or les mauvais aliments qu'à peine nous y pouvions trouver. Mais je tiendrai ma promesse envers toi et je saisirai toutes les occasions sûres pour te faire passer des fonds. J'ai dans mon porte-manteau ceux que je te destine pour frimaire, mais je n'ai aucun moyen de les charger, et j'attends même avec la plus vive impatience que tu m'accuses la réception des 301 francs que je t'ai adressés de Trévise.

Malgré nos grandes et continuelles fatigues, je continue heureusement à me bien porter. Mais nous ne sommes pas au bout; la conquête du royaume de Naples, de la Sicile peut-être, encore à faire, voilà un nouveau champ à parcourir. Il ne faut pas, comme tu l'as fait pendant notre dernière campagne, te livrer à de continuelles inquiétudes. J'ai mon devoir à remplir; des hasards, des dangers pourront encore se présenter, mais il faut espérer et ne pas croire sans cesse à des malheurs.

Le prince Joseph commande notre armée, je suis parvenu

à le voir, à lui parler. Il m'a donné pour raison de l'oubli dans lequel je suis resté l'affaire de Guestard et m'a dit, avec assez de vérité, qu'il ferait quelque chose pour moi. J'ai des droits réels à une récompense ; le général Duhem a demandé pour moi de l'avancement au maréchal Masséna pour ma conduite à Caldiero, j'ai rappelé ma conduite à S. A. J. et j'espère.

Dis donc à Abel que je lui écrirai aussi une lettre ; embrasse-le, ainsi qu'Eugène et Victor. Il ne faut pas douter que j'aie infiniment de plaisir à les revoir, à vous revoir tous. Adieu ; porte-toi bien, ma chère Sophie, je t'embrasse de tout mon cœur.

En mars 1806, Hugo est à Naples. Il écrit, le 11 mars, à sa femme une lettre qui nous renseigne sur sa vie militaire, mais qui, une fois de plus, revient sur le départ précipité de l'île d'Elbe, dont Mme Hugo devait donner plus tard une version très différente. Entre la requête de la femme, rédigée en vue d'un divorce, et les reproches du mari, écrits dans des lettres intimes, je serais porté à croire que Mme Hugo avait eu tort de partir avec tant de hâte si la fille Cécile Thomas n'avait pas compté parmi « la foule de défauts » qui motivaient ses griefs.

Je viens de recevoir, ma chère Sophie, la lettre que tu m'as écrite en date du 7 février. Tu auras vu par celles de mes lettres qui ont précédé la présente, que je n'avais pas eu de séjour à Ancône et même qu'avant d'arriver dans cette ville, nous avions reçu ordre de nous diriger à marches forcées sur Rome, et de là sur le pays de Naples. Je t'y ai dit que j'avais devancé le régiment pour y aller saluer le P. J. et je t'ai fait part de mon entrevue. Je ne t'ai donné aucun détail sur les beautés de l'ancienne capitale du monde, parce que le tableau que j'aurais pu t'en faire aurait toujours été beaucoup au-dessous de tout ce que tu as pu lire sur cette ville célèbre. Je me suis également abstenu de te parler de ce que j'ai vu de curieux sur ma route et me suis contenté en t'écrivant d'ici de te dire quelques mots sur le Vésuve. Je ne t'en dirai pas davantage aujourd'hui, parce que je pense que cela pourrait t'intéresser fort peu.

Mon régiment fait partie de la garnison de Naples. J'ai déjà dîné chez le Prince. Mais il m'a parlé comme à tout le monde. J'ai considéré comme très politique cette manière d'agir et je n'ai pas voulu parler davantage que ne le faisaient tous les autres. D'ailleurs ici c'est une Cour, et avant d'en parler le langage, il faut étudier et l'apprendre.

Le Prince se donne beaucoup de peine et travaille beau-

A LA POURSUITE DE FRA DIAVOLO

coup. Comme il n'est pas sorti de son caractère de douceur et de bonté, il donne tous ses soins à l'armée et à l'administration du pays conquis, avec les signes distinctifs de ce caractère. J'ai même cru remarquer qu'il était généralement aimé et, s'il y avait ici moins de canaille, peut-être son éloge serait-il universel....

J'avais mal lu ce que tu me disais dans ta lettre au sujet des cent millions. Je ne sais si notre armée en aura sa part, mais, en s'emparant des Etats Vénitiens, elle ne l'a pas déméritée. Quoi qu'il en soit, nous n'y comptons guère, et tu peux ranger tes châteaux en Espagne dans la classe des plus inutiles. Tu peux en faire autant du chapitre des économies, car tu te trompes grandement si tu penses que nous vivons sur le pays ennemi. Le maréchal Masséna avait fait en Italie la défense aux officiers de rien exiger de leurs hôtes et aux hôtes la défense de rien donner aux officiers ; cette défense a été renouvelée ici par le Prince. Ainsi nous avons été obligés de nous nourrir en route et en campagne, fort chèrement et comme nous avons pu. Heureux quand, à prix d'argent, nous avons pu nous procurer quelque chose : ce qui n'a pas toujours réussi, aussi plus d'une fois ai-je été obligé d'emprunter un morceau de fromage au premier venu. Cette campagne, extrêmement plus fatigante que sanglante, a ruiné l'habillement des officiers et des soldats et il a fallu tout consacrer à son entretien ; malgré cela, nous sommes peu élégants. Ainsi, si tu veux songer à des économies, apprends que tu peux seule en faire sur les cinquante écus que je te fais parvenir, car, obligé de payer la musique, d'entretenir mes chevaux, de payer deux domestiques, mon entretien, ma pension, mon blanchissage, il ne me reste jamais un sol. Aussi ne me voit-on ni au café, ni au spectacle, trop heureux en n'y allant pas de pouvoir joindre les deux bouts. Le calcul ci-joint te le prouvera.

Gage des deux domestiques	18 francs.	
Leur service payé à la compagnie .	12	—
Musique.	15	—
Blanchissage	de 9 à 10	—
Ports de lettres	de 5 à 6	—
Pension : 50 sous par jour.	75	— } pour un seul repas.
Entretien et ferrage 6 francs par cheval par mois.	12	—
Entretien	2	—
Total	150	—
A toi	150	—
Total	300	—

(63)

LE GÉNÉRAL HUGO

Quand je touche mon traitement de légionnaire, je le mets à mon entretien; sans cela, je serais l'officier le plus nu de tous. Voilà cependant la vérité; voilà à quoi m'a réduit ton funeste départ de l'île d'Elbe, la ruine de mon ménage et la misère. Aussi quand tu me parles de te rejoindre, oublies-tu donc ce qu'il en coûterait pour un tel voyage, ignores-tu que je ne saurais où prendre de l'argent pour le faire? Et quand, dans une supposition, je m'en trouverais assez, n'aurais-je pas à craindre que tu ne me retrouvasses cette foule de défauts qui t'ont si promptement décidée à me quitter et que tu ne me quitterais pas une seconde fois? Il vaut donc mieux que tu donnes à Paris tes soins à l'éducation des enfants et, quand des temps plus heureux luiront pour nous, nous pourrons songer à nous réunir. Tu es tranquille, rien ne te tourmente; tu es une fois plus heureuse que moi.

J'ai reçu des nouvelles de maman et de Julie; toutes deux se plaignent de n'en avoir pas reçu de toi et me demandent ce qu'elles doivent faire de ta malle qu'elles ont en dépôt. Je t'avais souvent engagée à la leur demander; en outre qu'elle contient beaucoup de livres classiques, qui pourraient servir à l'éducation d'Abel, il y a aussi dedans des papiers qui devraient être chez moi. Je ne conçois pas ton indifférence pour avoir près de toi des choses qui peuvent être utiles. La voiture pourrit à Marseille, ainsi que mes selles et mes brides; l'affaire de Lyon n'est pas plus avancée, et certes ce n'est pas moi qui suis sans cesse sur les quatre chemins à suivre les choses qui exigent de la tranquillité! Cependant ce sont nos intérêts communs.

Je n'attends qu'un moment pour t'envoyer des fonds. Je pense qu'ils partiront avant dix ou quinze jours. J'ai vu ici M. Foucher. As-tu des nouvelles de ton grand-père, de ta tante, de ton frère? Donne-moi des détails sur l'état des yeux d'Abel, embrasse-le ainsi qu'Eugène et Victor pour moi.

De Naples, le 27 mars 1806.

Naples est tranquille et le Royaume le serait en entier si quelques bandes de brigands ne rendaient les communications difficiles. On devait me donner, sur ma note d'officier « brave, actif et incorruptible, » le commandement d'une colonne mobile, mais il n'y en a encore eu qu'une d'organisée.

Le général Radet, inspecteur-général de la Gendarmerie impériale, est venu ici pour créer les légions nécessaires à la sûreté du pays; comme il m'est très affectionné et que je le vois souvent, il m'a promis de sonder quelqu'un à mon égard, afin que dans le cas où, soit par d'anciens souvenirs, soit pour l'affaire de Caldiero, il voulût faire quelque chose pour moi, je ne fisse aucune démarche prématurée pour passer dans la gendarmerie comme chef d'escadron. C'est un emploi sédentaire qui me permettrait d'élever ma famille, mais aussi ce serait une retraite et le nec plus ultra de mes espérances pour l'avenir. Il est vrai que là j'aurais moins à craindre les embarquements et que, quand bien même je serais appelé à cet emploi dans le Royaume de Naples, je ne perdrais pas l'espoir de passer en France. Je réfléchirai et ce qu'apprendra le général Radet, quand il en sera temps, servira de base à ma détermination.

Je tâcherai de te faire passer avant huit jours une somme de trois ou de cinq cents francs, selon ce qu'on nous payera. Les fonds sont chez le quartier-maître, mais comme M. Albert s'est donné la mort, que l'autre quartier-maître M. Laurent a abandonné son poste, il y a le diable à régler et cela suspend nos paiements. On ne parle plus de l'expédition en Sicile ; cependant nul doute qu'elle aura lieu.

Je ne songe aucunement à te faire venir, et bien certainement tu dois en sentir la raison. Tu m'as fait perdre le désir de ta réunion à moi avant que je n'aie un emploi stable, ou avant qu'une paix générale bien cimentée ne me le permette. Réduits l'un et l'autre à très peu de chose, il faut que nous patientions pour ne pas nous ruiner tout à fait. Si j'entre dans la gendarmerie, alors je t'écrirai ce qu'il faudra faire : bien entendu que tu viendras avec une tout autre résolution que de repartir au bout d'un mois, car cela comblerait la mesure....

D'avril à septembre, les lettres de Léopold-Sigisbert Hugo se succèdent : elles nous initient aux préoccupations de sa carrière et de son ménage : il craint pour l'une et pour l'autre, il n'est pas heureux. Loin du théâtre des grandes opérations où l'on acquiert de l'avancement, de l'argent et de la gloire ; loin de sa femme, dont les silences prolongés accusent une « coupable insouciance, » et de ses enfants, qu'il ne connaît en quelque sorte pas, il s'ennuie. Il a trente-trois ans, une jeunesse ardente, du tempérament, de l'ambition, et rien ne lui réussit. Mais il ne perd pas toute espérance et un sûr instinct l'avertit que, si l'Empereur lui garde rancune de ses relations avec les généraux Moreau et Lahorie, son frère Joseph, qui lui témoigne de la bienveil-

LE GÉNÉRAL HUGO

lance et auquel il est sincèrement attaché, pourra quelque jour relever sa fortune.

Du 10 avril 1806.

Je t'adresse, ma chère Sophie, une lettre de change de la somme de 615 francs et 60 centimes à 70 jours de date. J'aurais bien désiré pouvoir en trouver une à un terme plus court, mais ici le payeur n'a pas d'effets sur la trésorerie, la poste n'est plus entre les mains de l'administration impériale et j'ai préféré prier le général Radet de me faire avoir celle que tu trouveras ci-jointe, en quelque terme qu'elle fût. En en touchant le montant, tu te trouveras alignée jusqu'au 30 mars inclus, car outre la somme qu'elle porte tu dois recevoir deux louis de Mme Foucher, ce qui te fera 663 fr. 60 en tout....

Ce qui peut nous arriver, c'est d'aller au siège de Gaeta, mais au moins on s'y bat contre des ennemis et non contre le climat. Il n'y a plus que ce seul point de l'Italie qui résiste; une fois pris, la Sicile seule pourra nous occuper.

L'organisation de la gendarmerie napolitaine continue. Chercherai-je à y entrer en profitant de l'amitié du général Radet, ou resterai-je dans mon *home*? Je sais bien que si je fais quelques démarches et que je réussisse, c'est me rendre les moyens de revivre avec ma famille; je sens enfin que c'est tout à fait prendre ma retraite. On demande également quels sont les militaires blessés qui veulent prendre des commandements des places dans le Royaume de Naples. Je ne me suis encore offert pour rien, et peut-être ne sera-t-il plus temps quand je voudrai m'offrir. Si j'avais le bonheur d'être plus âgé, je me serais déjà mis sur les rangs, mais je suis encore le même, je n'ai pas moins de vigueur qu'il y a quelques années et ce serait m'exposer encore à des reproches de tempérament. Combien de femmes à ta place voudraient avoir un pareil reproche à faire! Il est vrai que je me porte bien, peut-être trop bien puisque ce peut être dans l'abondance d'un pareil bien qu'on peut trouver des forces pour chercher à se porter plus mal.

Il y a bientôt un siècle que je n'ai reçu de tes nouvelles, je désire que ce soit une preuve que tu t'amuses. Moi, je m'ennuie! Je n'ai ici ni livres, ni sociétés. Me coucher de bonne heure et m'ennuyer dans mon lit, voilà le sort où ma solitude me réduit. Les chefs se voient ici très peu entre eux, parce que leurs logements sont tous éloignés les uns des autres. Vervins loge avec moi et nous mangeons ensemble : voilà le seul plaisir que je puisse avoir....

(66)

A LA POURSUITE DE FRA DIAVOLO

... Notre régiment forme toujours la garnison de Naples et il n'y a rien qui annonce s'il doit la former longtemps, rien qui fasse présumer s'il en doit partir. Cependant l'expédition de la Sicile aura lieu aussitôt que les moyens de transport seront réunis et que les troupes nécessaires seront rendues aux points où elles devront être embarquées....

On a découvert le 13 une conspiration dont l'objet était d'égorger tous les officiers français dans leurs logements pour avoir ensuite meilleur marché de la garnison. Mais la police a déjoué les trames du brigandage, et beaucoup de personnes ont été mises en arrestation.

Le prince Joseph actuellement roi, mais non proclamé, est absent de sa capitale : il est allé visiter l'armée en Calabre. Tout annonce qu'il y a été bien reçu et il le mérite bien. Trois compagnies de grenadiers protègent sa marche et forment son escorte; on pense généralement ici que l'Empereur viendra installer son frère. Peut-être sera-ce l'époque des récompenses dues aux vainqueurs de Caldiero!

Comment se portent les enfants? Si c'est un devoir pour toi de m'en donner des nouvelles, c'est un besoin pour moi d'en recevoir. Mais, à moins de maladie grave, je ne puis concevoir la raison de ton silence. Dans tous les cas ne devrais-tu me faire écrire?

Cherche un peu dans mes lettres de Marseille si tu y trouveras l'adresse de la maison que j'y occupais rue de Paris. Car, si je le puis, je tâcherai de savoir en quel état sont mes selles, mes brides et mes harnais et de les faire venir à Naples, si je reste quelque temps dans le pays....

Du 4 mai 1806.

Il y a déjà quelque temps, ma bonne amie, que je suis dans les plus vives inquiétudes sur le silence que tu gardes envers moi. Je crains que tu ne sois tombée assez dangereusement malade pour ne pouvoir m'écrire ou qu'il ne te soit arrivé quelque chose de fâcheux que tu craignes de m'apprendre. Ce qui cependant me tranquillise un peu, c'est que tu as dans Paris quelques amis qui, dans le premier cas, pourraient m'instruire de ta position, laquelle alors serait vraiment désespérante à cause de mon éloignement.

Quelquefois encore je me flatte que ton silence provient d'un voyage que tu aurais fait pour te rapprocher de moi, mais je ne puis adopter cette idée, parce que tu ne le ferais sans doute pas sans m'en donner avis et sans t'assurer si les communications sont libres ou si tu peux espérer un long séjour dans Naples avec moi. Quoi qu'il en soit, je ne le conjecture que pour calmer mes inquiétudes, et je sens que je les calme bien peu.

L'ex-roi de Naples a livré, m'assure-t-on, la Sicile aux Anglais, dont le pavillon flotte déjà sur les remparts de Gaeta, sans doute livré aussi à leur puissance. Quand fera-t-on l'expédition? C'est ce que je ne prévois pas encore. Quand l'Empereur viendra-t-il? Les événements qui se préparent dans le Nord semblent nous annoncer que ce ne sera pas de sitôt.

En attendant, le nouveau Roi parcourt son royaume, faisant le bien partout, s'attachant tous les cœurs et recevant les bénédictions d'un peuple qui lui deviendra fort attaché. Ce n'est point un prince, ce n'est point un roi, disent les Calabrais, c'est un ange que l'Empereur nous a donné. Puissent-ils conserver ces sentiments et rendre par leur soumission et leur amour Napoléon Joseph le plus heureux des souverains!...

Du 9 juin 1806.

Il m'est impossible de deviner les causes qui me font rester ici plus d'un mois sans recevoir de tes nouvelles. J'avais besoin, ma bonne amie, de savoir si tu avais reçu ma lettre de change, et depuis qu'elle est partie je n'en ai pas la moindre nouvelle. Cependant j'ai la seconde en main et pour la mettre à la poste j'aurais désiré avoir quelque certitude. Les journaux arrivent ici très régulièrement, nous avons ceux du 29 mai et la dernière lettre que j'ai reçue de toi est du 22 avril. Je ne fais là-dessus aucune réflexion, mais l'intérêt de tes enfants devrait te défendre un aussi long silence.

Le Vésuve est en éruption depuis le 31 mai, il a fait beaucoup de mal. La lave qu'il a vomie s'est approchée de 400 toises de la mer, elle couvre 3⅕ de mille en largeur et s'élève à 15 et 20 pieds dans les parties les plus basses. Il est tombé à Benevent une pluie de petits graviers brûlés dans les environs du Vésuve, une autre d'eau bouillante sur les côtes et dans Naples, une de cendres, qui a fait beaucoup de mal aux récoltes vers Castellamare. L'éruption a été magnifique; c'est une des plus belles horreurs de la nature.

Le régiment couvre les côtes du golfe de Naples et n'a dans cette ville que quelques petits détachements. J'y suis resté quelque temps pour aider le général Radet.

Je n'ai adressé aucune demande à Sa Majesté. Elle compose avec raison ses régiments avec ceux des officiers et

(68)

soldats de l'ancienne armée napolitaine, qui ont des titres à sa bienveillance. Elle a donné beaucoup de commandements d'armes ; elle nomme aux emplois dans la gendarmerie, mais comme il y a beaucoup de concurrents protégés, je ne me suis pas soucié d'en augmenter le nombre pour une place de chef d'escadron. Je me proposais seulement de lui demander une sous-inspection et l'on assure que les commissaires de guerre seront chargés de tout.

J'ai eu en communication le rapport de la bataille de Caldiero et j'ai vu que M. le maréchal m'avait cité[1]. J'ai vu de plus que dans les demandes à la suite j'étais porté pour de l'avancement, mais dans ce dernier état il y a une erreur d'autant plus facile à relever, qu'en me citant dans le rapport, on dit le chef de bataillon Hugo et que, dis-je dans ce dernier état, on ne demande, au 20e, de l'avancement que pour le capitaine Hugo, et il n'en existe point de ce nom au régiment. Tâche de savoir de M. Tabarie si ce rapport a été mis sous les yeux de l'Empereur et s'il y a quelque chose à espérer. Nous ne sommes guère que sept ou huit officiers cités dans ce rapport....

Du 9 août 1806.

Je t'écris, non pour te répondre, puisque depuis ta lettre du 1er juin je n'en ai reçu aucune de toi, mais pour te faire part de mes inquiétudes. Je me règle toujours par les journaux et quand je lis aujourd'hui ceux du 24 juillet je ne puis m'empêcher de dire que tu as été 54 jours sans m'écrire. Ton silence me ferait un tort des plus grands si je ne m'étais résolu à agir sans te consulter. Dans le fait, si je te demandais des conseils, où en serais-je avant d'avoir la réponse ? Ou c'est le diable qui s'en mêle, ou tu ne m'écris pas.

La résolution que j'ai prise pourra influer beaucoup sur mon sort futur et conséquemment sur celui de mes enfants. J'en espère du succès ; comment prendre le temps de t'en informer si je reste dans le doute même de ton existence ?

Malgré les nombreux mouvements de notre armée, le régiment n'en a fait aucun. Toutes les troupes ont été portées sur les Calabres révoltées ; nous sommes restés à

---

1. « Un officier général, dont je n'ai pu distinguer les traits à cause de la grande obscurité de la nuit, m'avait fait appeler et m'avait adressé les mêmes questions que l'aide de camp dont je viens de parler. Satisfait de mes réponses il me dit, sans doute pour m'encourager davantage : « Bien, mon ami, vous serez colonel et officier de la Légion d'Honneur. » Etait-ce M. le Maréchal ? Je dois le croire, puisque je fus, m'a-t-on assuré, trois fois cité dans son rapport sur la bataille » (*Mémoires*, I, 118).

LE GÉNÉRAL HUGO

faire le service d'artillerie sur les côtes du golfe. Si donc je n'ai pas reçu de tes nouvelles, c'est que tu n'as point écrit. Le temps débrouillera les choses, et je crois bien que ce ne sera pas à ton avantage.

J'embrasse les enfants et toi aussi, malgré ta coupable insouciance.

Du 19 août 1806.

... J'ai des choses importantes à te faire connaître, des arrangements à te faire prendre, beaucoup de choses à régler pour moi-même et dans lesquelles j'ai besoin de ton opinion. Si tu ne m'écris pas, je ferai tout sans t'en rendre participante et je finirai par ne plus t'écrire que quand j'aurai de tes lettres à répondre.

Donne-moi donc de tes nouvelles ou dis-moi avec franchise que tu ne veux plus m'en donner : je saurai alors quel parti prendre. J'ai dans ce moment plus d'inquiétude de ton silence que d'humeur et de mécontentement....

Adieu, Sophie, je désire n'avoir aucun reproche à te faire.

Du 9 septembre 1806.

Les nuages qui s'étaient éclaircis ont été remplacés par d'autres. On avait dans le principe cherché à opposer à la demande que j'avais faite d'un bataillon dans la garde du roi que j'avais eu une affaire avec les officiers de mon régiment; j'ai détruit par un exposé véridique les effets de la calomnie; on ne peut point faire un crime à un officier de ce qui devrait l'honorer.

Mes espérances paraissaient déjà fondées, elles l'étaient par quelques mots dictés par Sa Majesté, par sa bienveillance pour moi, par l'estime dont je jouis dans l'armée, par l'appui des colonels généraux de la Garde : pouvaient-elles l'être davantage? La chose paraissait sûre, des personnes instruites la regardaient comme faite. C'est au dernier moment que j'ai connu que je devais cesser d'espérer, ou que je ne devais espérer que très peu.

Les motifs qu'on m'a donnés ne m'attaquent pas personnellement. Je ne suis écarté que par mes liaisons avec le G. L. [1]. Cependant on me veut du bien, on a de l'estime pour

1. Sans doute le général Lahorie. « Lié avec le colonel désigné pour l'infanterie et l'ayant rencontré au Palais lors d'une visite du corps, le jour où les nominations sortirent, je lui demandai si je passais sous son commandement. *Voyez le capitaine-général*, me dit-il pour toute réponse. Je m'adressai alors au

moi et le temps à venir pourra me le prouver; il fallait donc m'opposer des liaisons avec un homme qui ne m'a point écrit depuis plus de quatre ans, qui ne m'a parlé dans ses lettres que de mes intérêts particuliers. Que veux-tu? Je ne puis rien répondre à une pareille opposition, sinon que j'ai fidèlement servi et qu'on ne peut rien me reprocher.

J'attendrai donc avec patience encore quelque temps. Si l'organisation se complète sans que je m'y trouve compris, j'attendrai que nos régiments aient entièrement quitté le service de France. Si alors je n'éprouve aucun avantage de mon changement, je réclamerai ma retraite, j'irai vivre dans l'obscurité et sans doute j'y assurerai à ma famille plus d'aisance que mon état ne lui en fait espérer.

Je ne puis me résoudre à rien encore. Le temps seul doit guider mes pas. Tu vois combien peu je puis faire pour toi, puisque je te dois tout depuis avril jusqu'à ce jour; le premier argent que je toucherai sera pour toi. Mais le luxe des garnisons et les mouvements écrasent les officiers. Quand j'aurai ma retraite, si je suis forcé à la prendre, je serai plus à mon aise.

Porte-toi bien, ma bonne amie, embrasse mes enfants pour moi. Si mon sort ne change pas, quel avenir leur préparerais-je si je restais militaire? Mon attachement à mon Gouvernement, à mes devoirs, à l'honneur, ne pouvant rien pour mon avancement, il faudra donc que je me jette dans la retraite à trente-trois ans!

La patience de Léopold-Sigisbert Hugo servit son avancement, dont il parlait à sa femme dans deux courtes lettres du 6 et 9 novembre 1806. Sa nomination comme major, le 30 novembre 1806, dans le régiment du Royal-Corse réalisa le « changement de sort » qu'il espérait. Il fallait « réorganiser et discipliner » ce corps, qui, « composé d'hommes levés dans les départements du Liamone et du Golo, était connu dans l'armée pour son extrême valeur, mais n'avait pas une réputation brillante sous le rapport de la tenue, de la discipline et de l'instruction théorique. » La bienveillance et la fermeté, « déjà connue pour inébranlable, » du major

général Saligny qui occupait cette haute dignité. Le général répondit à ma question qu'il paraissait avoir prévue : « Le roi a pour vous beaucoup d'estime et d'attachement, *mais, pour des motifs qui ne vous sont point personnels,* il n'a pu vous admettre dans sa garde. Quand il en sera le maître, il ne vous oubliera point. » Une pareille réponse me parut devoir être attribuée à la haine qui me repoussait partout et à la source élevée d'où elle partait » (*Mémoires*, II, 123).

LE GÉNÉRAL HUGO

Hugo réussirent dans la tâche difficile qui lui avait été confiée.

Ses occupations et ses responsabilités lui firent négliger quelque peu sa correspondance avec sa femme, qui, si peu exacte elle-même, lui adressa les reproches qu'elle avait si souvent mérités! Il lui répondit, de Naples, le 9 janvier 1807.

J'ai reçu, à mon retour ici, une lettre de toi à laquelle j'allais répondre quand j'en ai reçu une autre par laquelle tu m'annonces l'arrivée de la lettre de change. Tu te plains, ma bonne amie, dans cette dernière, de la brièveté de ma correspondance : il vaut mieux peu que rien et dans le fait j'ai eu beaucoup de peine à trouver des moments disponibles depuis quelques mois.

J'aurais pu, à la vérité, t'écrire de quelques-uns des points que j'ai parcourus, mais mes lettres ou ne te seraient pas parvenues ou ne te seraient arrivées que fort tard. J'ai donc pensé qu'il valait mieux que tu reçusses un mot que d'attendre les instants de loisir pour faire de longues épîtres....

Je t'ai en vain priée de faire venir près de toi une malle que j'ai à Nancy et qui contient des papiers et des livres; faudra-t-il que j'autorise ma sœur à l'ouvrir et qu'elle y trouve ta correspondance et la mienne avant et après notre mariage? C'est déjà à ta paresse que j'ai dû le plaisir de retirer 50 sols de ma voiture, de mes selles et brides. Cependant tu devrais regarder mes intérêts comme étant les tiens!

Je m'attends à repartir sous peu de jours. Je vais tâcher avant mon départ d'obtenir pour Abel une place à l'école militaire du Royaume; peut-être en obtiendrai-je une aussi pour Eugène.

Francis[1] s'ennuie dans la marine qui ne lui offre aucune perspective. Je vais tâcher de le placer dans la gendarmerie du Royaume comme quartier-maître. Il demeure à Boulogne. Voilà son adresse : M. Hugo, officier payeur de la flottille, rue Tant-perd-tant-paye n° 55, chez M. Carpentier. Je te la donne, parce qu'au besoin il pourrait, quand il en sera temps, être ton compagnon de voyage.

Embrasse pour moi les enfants; dis à Abel que j'espère le récompenser de ses progrès dans ses études en lui remettant moi-même l'uniforme de l'école militaire du Royaume de Naples. Dis à Eugène que, s'il est bien sage,

---

1. François-Juste, frère du général Hugo, né le 3 août 1780.

A LA POURSUITE DE FRA DIAVOLO

il pourra obtenir la même faveur et à Victor qu'il aura
beaucoup de bonbons.
Je t'embrasse de tout mon cœur.

Le Royal-Corse fut envoyé, pour relever le 32° de ligne,
à Avellino, chef-lieu de la province de Principato-Ultra,
« une des plus belles provinces du Royaume, » dont on
remit au major Hugo le commandement provisoire. Elle
était « infectée de *comitives* toutes très fortes, » qui para-
lysaient le commerce de la Pouille et inquiétaient les
gardes civiques. Le major y rétablit l'ordre : il y fut aidé,
s'il faut l'en croire, par la « réputation gigantesque » que
la destruction de Fra Diavolo lui avait faite. Après une
expédition heureuse aux sources de l'Ofanto, il reçut le
commandement de la province d'Avellino à titre définitif
et en même temps le brevet de colonel du Royal-Corse. « Deux
pareilles grâces à la fois le portèrent à redoubler de zèle. »
La pacification complète qu'il avait rendue à la province
et l'excellente tenue de ses trois bataillons, complétés par
des Napolitains, « devenus aussi bons soldats que les
Corses, » lui valurent d'être nommé l'un des maréchaux du
Palais et Joseph, qui « tenait de plus en plus sa parole de
lui faire du bien, » le promut au grade de commandeur de
son ordre royal.

Ainsi ses affaires militaires paraissaient entrer enfin dans
une voie heureuse; pouvait-il en être de même de ses
affaires conjugales?

Il fit venir sa femme et ses trois enfants, dont le voyage à
travers l'Italie illumine de ses souvenirs radieux un chapitre
du *Victor Hugo raconté*. Leur séjour dura quelques mois à
peine. La mère, s'il faut tenir pour exacte la requête civile
à laquelle j'ai déjà fait des emprunts, n'y trouva pas les
distractions et les surprises qui amusèrent ses trois fils.
« Mme Hugo ne dévoilera point à la justice les mauvais
traitements qu'elle eut à essuyer, toujours par les conseils
de cette créature, ne pouvant invoquer l'appui des tribunaux
pour des lois qui ne régissaient pas son état civil. Mme Hugo
fut forcée de céder à son mari et de retourner en France

attendre des circonstances plus favorables pour se faire rendre justice, en espérant encore du temps et de la raison que le général Hugo ne sacrifierait pas ce qu'il avait de plus cher à une passion honteuse par l'objet qui l'inspirait et qui pouvait causer sa ruine. »

Quoi qu'on pense de cette accusation, un fait n'est pas douteux : le voyage de Mme Hugo n'avait pas abouti à une réconciliation. Rentrée en France, elle n'avait pas écrit à son mari une lettre de rupture, mais elle lui avait adressé des reproches contre lesquels il se défendait, sans nier l'évidence et avec une habileté tantôt résignée et tantôt agressive, dans une lettre du 7 mai 1808.

Je viens de rentrer ici à Avellino pour y rester quelques jours et j'y ai reçu, en arrivant, deux lettres de toi.

Le contenu de la première m'étonne d'autant plus que M. Breyer n'a pas éprouvé une heure de retard et que, de préférence à tous les créanciers du régiment, il a été payé à vue. J'ai déjà moi-même remboursé les 1 000 francs à la caisse.

J'écris sur le moment à M. Breyer afin de savoir s'il veut te faire payer ou non. Écris-moi de suite si tu as reçu ton premier trimestre. Par une lettre d'Ariano[1] je t'annonce que j'ai porté la pension à 3 000 francs par an, et que tu dois te faire payer sur ce pied à partir du 1er avril. J'ai donné aussi avis à M. Breyer, et en le priant de te faire payer le 1er trimestre à 200 francs par mois, je l'invite à te faire aussi payer le second à 250 par anticipation.

La seconde lettre aurait dû m'offrir quelques passages agréables ; elle en contient quelques-uns, mais la nouvelle que tu me donnes les efface tous. J'aime à croire que tes inquiétudes sont sans fondement ou seront sans suite. Le mal dont tu me parles est sans contredit bien à craindre, mais il ne l'est pas dans son principe et des soins donnés par quelqu'un d'habile peuvent t'en débarrasser promptement. J'aimerai beaucoup à l'apprendre et surtout à savoir que tu es dans le cas de ne rien négliger pour le rétablissement de ta santé.

Je n'ajouterai aucune réflexion à celles que tu fais ; il faudrait qu'elles fussent à ton détriment ou au mien. Tu es forte de ta conscience ; la mienne ne me reproche rien et, pour donner plus raison à l'un qu'à l'autre, il faudrait jeter tous

---

1. Arrondissement de la province d'Avellino.

les torts d'un côté. Laissons au temps à apaiser le souvenir d'aussi fatales circonstances. Élève tes enfants dans le respect qu'ils nous doivent, avec l'éducation qui leur convient; mets-les à même de rendre un jour des services. Rattachons-nous à eux puisque nous nous sommes prouvé les difficultés de nous rattacher l'un à l'autre. Si nos divisions ont altéré pour eux l'espoir d'un bien-être à venir, il faut qu'ils le retrouvent dans leur éducation et dans mes services.

Porte-toi mieux; écris-moi plus souvent et par l'estafette surtout, quand tu éprouves des retards. Il n'est pas dans ma pensée de t'en faire naître aucun. J'ai dans le cœur tous les principes d'un homme d'honneur, je les manifeste par ma conduite et ce n'est pas ma faute si tu n'as pas voulu y retrouver les sentiments qui y sont pour toi.

Je t'embrasse ainsi que les enfants,

Hugo.

CHAPITRE V

EN ESPAGNE
(1808-1815)

DEUX mois après, le gouverneur d'Avellino dut quitter l'Italie. Le roi Joseph, son protecteur, appelé par son frère à régner sur l'Espagne et sur les Indes, réclama, ou plutôt demanda obligeamment, ses services. Un refus eût été un acte d'ingratitude. Le major Hugo savait ce qu'il perdait : pourtant il n'hésita pas.

« Un mois ne s'était point écoulé, a-t-il écrit, depuis le jour où Joseph avait quitté Naples, laissant la reine Julie son épouse, régente du royaume, lorsque je reçus, par un courrier extraordinaire, une lettre de ce prince. S. M. me proposait de venir le rejoindre et me faisait connaître que, s'il convenait mieux à mes goûts de rester à Naples, elle m'en laissait le maître, que j'y conserverais mes emplois dans la Cour et dans l'armée, ainsi que son estime particulière, fondée sur le souvenir de tout ce que j'avais fait pour sa cause.

Quelque brillante que fût alors ma position, je n'oubliai point que je la lui devais; quelques espérances dont on dai-

EN ESPAGNE

gnât me flatter encore, quelques offres de fortune même que l'on me fît au moment de mon départ, je n'hésitai pas un instant à tout abandonner pour me rapprocher du prince auguste auquel je devais ma carrière[1]. »

Il partit le 3 juillet 1808 pour l'Espagne, en donnant pour première adresse à sa femme la poste restante de Bayonne. Il lui renouvelait l'assurance qu'il prendrait les mesures nécessaires pour éviter les retards dans les paiements qu'il lui devait et il terminait par ces mots : « Je t'embrasse ainsi que les enfants, dont je te recommande l'éducation. » La séparation dura trois ans.

Ce que fut, pendant ces trois ans, la vie de Léopold-Sigisbert Hugo, le tome II de ses *Mémoires* le raconte avec une richesse de détails dont tous les faits qu'il commente ne sont pas également dignes. Ce tome II, paru en 1823, est précédé d'un *Précis historique des événements qui ont conduit Joseph-Napoléon sur le trône d'Espagne*, dont l'auteur est Abel Hugo : on n'en saurait trop louer la précision et le mouvement. Les *Mémoires* proprement dits abondent en récits et en anecdotes, dont les plus importants, comme l'entrevue avec Napoléon, l'histoire du moine Concha et la lutte contre l'Empécinado, ont passé, sous une forme ramassée et vivante, dans le *Victor Hugo raconté*. Il n'y a pas à y revenir.

Les lettres que Léopold-Sigisbert Hugo écrivait à sa femme étaient surtout des lettres d'affaires, dont le ton, de l'une à l'autre, devenait plus bref et plus cassant.

Du 10 octobre 1808, à Vittoria :

J'ai reçu la lettre que tu m'as écrite le 17, et je m'empresse d'y répondre. Je recevrai avec plaisir les lettres que Victor et Eugène m'écrivent; je verrai par là et leur bon cœur et leurs progrès.

J'attendrai que je puisse te donner des détails sur mon existence actuelle. L'état des affaires n'a pas permis à S. M. de régler sa maison telle qu'elle doit l'être, mais aussitôt qu'il y aura quelque chose de décidé, je t'en ferai part.

Ma lettre d'avis pour la vente ne m'est pas encore par-

1. *Mémoires* (I, 185).

venue; j'ai écrit et fait écrire, et j'attends les réponses. Comme il faut un peu de temps pour aller et revenir d'ici à Naples, je ne suis pas encore étonné de ne les avoir pas reçues.

Je suis bien aise que tu aies touché les 1 500 francs. Je pensais que les 300 piastres faisaient 1 599 francs; c'est du moins ce que je les ai payées ici. MM. Ternaux ne m'ont pas encore accusé la réception des 6 000 francs, je pense cependant que cette somme leur est parvenue, puisqu'ils t'ont payé celle de 1 500 francs, qui était partie postérieurement.

J'ai le dessein, si la vente m'est assurée, d'en former d'abord une rente égale sur la tête de chacun des enfants, sauf à y ajouter par la suite selon les circonstances et ma fortune. Si elle ne l'est pas, je n'y perdrai que l'attente, puisque j'ai la certitude qu'on m'indemnisera si je n'y suis pas compris[1].

Les enfants recevront donc une éducation qui me permettra de pousser leur carrière et de cette manière ils ne se ressentiront point de la rupture que nous avons établie entre nous. Il faudra qu'ils ignorent cette rupture et être assez prudents pour ne pas les en rendre participants par des éclats injurieux contre l'un ou l'autre. Nous nous sommes prouvé que nous ne pouvions pas vivre ensemble, mais l'intérêt de nos enfants l'ayant emporté sur la nécessité d'un acte public de séparation, tu devras les élever dans un égal respect pour moi comme pour toi.

Envoie-moi la note des sommes que tu as reçues cette année de MM. Ternaux.

Victoire est morte chez maman. Louis sera ici sous peu de jours.

Adieu, je vous embrasse tous,

Hugo.

Léopold-Sigisbert Hugo, auquel sa femme demandait des ressources pour l'entretien de son foyer, avait, d'un mois à l'autre, changé de ton. Une fois de plus le « tu » avait disparu pour faire place à une « Madame » que n'accompagnait aucune formule de politesse. Pendant de longs mois la brève appellation de « Sophie » sombre elle-même dans le naufrage du ménage divisé.

---

1. Ce passage est peut-être une allusion à la gratification de 40 000 ducats que Joseph, avant de quitter Naples, avait allouée aux principaux officiers de sa maison. Le major Hugo avait cru qu'il était compris sur l'état signé par le roi, mais il eut le regret de constater que, en lui donnant cette assurance, le général Gage s'était trompé (*Mémoires*, t. I, 187, n. 1).

Cliché Hachette.

VICTOR HUGO ADOLESCENT

Par Dévéria.

(Collection de M. Louis Barthou.)

EN ESPAGNE

Je vous adresse, Madame, une reconnaissance de cinq cents francs. C'est pour le moment, au milieu des brillants avantages que vous me supposez, tout ce dont je puis disposer; je suis fâché de ne pouvoir faire davantage.

Je ne puis faire que cette courte réponse à votre longue lettre. Ne m'achetez rien et portez-vous selon vos désirs.

Accusez-moi la réception des cinq cents francs.

Le 6 décembre 1808, Hugo fut nommé colonel du Royal-Étranger, où l'on trouvait « des Suisses, des Hongrois, des Bohémiens, des Polonais, quelques Russes, quelques Danois, deux ou trois Égyptiens, et autant d'hommes nés en Angleterre. » Cet avancement ne modifiait pas sa situation pécuniaire autant que sa femme le croyait : il s'en expliquait avec elle dans une lettre du 22 décembre.

Je viens, Madame, de recevoir votre lettre du 17 décembre. Vous pouvez tirer sur moi pour la somme de douze cents francs; je m'étonne qu'ayant pu trouver des personnes qui acceptassent votre billet, vous ne l'ayez pas fait plus tôt.

Vous parlez très à votre aise de mes avantages. Je sais fort bien, moi, que depuis mon départ de Naples, je n'ai pas touché un sou d'appointements; je sais fort bien que je ne fais qu'aller et venir : que pour l'entretien de mes chevaux et de mes mules, qu'il m'a fallu acheter bien cher, je suis obligé d'entretenir des domestiques, dont le moindre veut avoir soixante francs par mois.

Ce n'est pas pour répondre à vos jérémiades, à vos injures, à vos ennuyeuses raisons, que je me décide à payer votre lettre sur moi; mais parce que, ce que vous ne savez pas, les postes ne passant point ne se chargent également pas de fonds. Je ferai comme vous avez fait, Madame, j'emprunterai pour payer vos billets, puisque votre orgueil ne vous permet pas d'aller prendre chez MM. Ternaux les fonds que j'étais convenu à Naples de vous payer tous les mois. Tranchons donc, Madame, faites comme ma dernière lettre vous le prescrit, tirer sur moi le premier de chaque trimestre une somme de neuf cents francs, à dix jours, vingt jours de vue, comme vous l'entendrez, et j'y ferai honneur. Je n'ai que ce moyen pour vous envoyer des fonds.

Je ne vous proteste point d'attachement, parce que je suis loin de croire au vôtre; je ne regarde cette manière de ter-

(79)

miner votre lettre que comme le « très humble et obéissant
serviteur. »

Ne me reparlez plus des six mille francs; si quelque
boulet, pour votre bonheur ou pour le mien, venait à
m'emporter, vous sauriez alors à qui ils appartiennent.

Du 27 mars 1809.

Les lettres que vous aurez reçues de moi postérieurement
à celles que je vous ai écrites le 23 décembre et le 12 janvier
vous auront fait connaître mes intentions et ce que je vous
y annonce aura sans doute surpassé vos espérances.

Depuis fort longtemps, je n'avais reçu de vos nouvelles
lorsque votre lettre du 24 février m'est parvenue. Malgré
cela, je vous ai écrit pour vous annoncer que je portais
votre pension à quatre mille francs, payables d'avance par
trimestre chez MM. Ternaux; je pense qu'avec cette somme
vous pouvez vous occuper tout à fait de l'éducation des
enfants.

Vous pouvez m'écrire tous les quinze jours, si vous en
avez le temps; je répondrai à vos lettres.

Portez-vous bien.

D'Avila, le 9 mai 1809.

Je n'ai eu besoin ni de vos menaces ni de remontrances,
puisque je n'ai reçu de vous aucune lettre depuis celle du
11 novembre, pour faire suivre à votre position le sort de la
mienne. C'est par le principe qui me dirige et m'a toujours
dirigé que j'ai calculé vos besoins et les dépenses que l'éducation des enfants doit nécessairement occasionner. J'ai
doublé la somme que par écrit vous aviez exigée de moi et
vous pensez m'obliger à l'augmenter par vos menaces; vous
vous trompez....

Je n'ai point reçu de lettres des enfants du 1er janvier. Je
réponds à celle d'Abel! ses progrès me font plaisir. Je n'ai
pas lu sans intérêt les détails qu'il me donne sur le compte
de ses petits frères.

Adieu, je souhaite que votre santé soit bonne.

D'Avila, le 2 juillet 1809.

Mon frère tient une lettre de change de 3 236 francs au
profit de MM. Ternaux sur M. Dupin, banquier à Paris. Cet
argent est destiné à payer à MM. Ternaux les deux trimestres

expirés et à payer également le troisième, dans lequel nous entrons aujourd'hui.

Je tiens entre mes mains une lettre de change de 6 000 réaux, environ 1 600 francs sur Bayonne. Je la passerai à votre ordre ou à celui de MM. Ternaux, lorsque je serai certain qu'elle aura été remise à MM. Cheveau. Cette somme vous est destinée et ne comptera point dans les 4 000 francs de votre pension : mon intention est que vous l'employiez à payer vos dettes et à faire aux enfants les cadeaux que je leur dois pour leurs progrès et leur bonne conduite. Je pense qu'Abel aura reçu mes réponses.

Hugo.

La lettre écrite d'Avila le 22 juillet 1809 a, quoique « Sophie » revienne, la même sécheresse brutale.

Je vous ai déjà écrit différentes lettres, Sophie, et vous n'avez répondu à aucune; si vous ne me répondez pas, je vois bien que c'est parce que j'ai assuré la régularité de votre pension et que vous ne vous trouvez pas dans le besoin d'argent. Voudrez-vous bien m'accuser réception de la lettre de change de 6 000 réaux que je joins à la présente et en faire l'emploi déterminé par ma dernière?

Donnez-moi des nouvelles des enfants et faites-moi savoir si Abel a reçu la lettre que je lui ai écrite dans la vôtre.

Nommé maréchal de camp le 21 août 1809, le général Hugo autorise le 10 avril 1810 MM. Ternaux frères, banquiers à Paris, à remettre, aux termes convenus, à sa femme, qu'il autorise également à leur en donner décharge, les fonds qu'il leur a confiés. Le 14 mai, il lui annonce une lettre de change de 6 000 francs et sa lettre (de Ségovie), qui ne commence par aucune formule de salutation, se termine par le « Je vous embrasse ainsi que mes enfants, » enfin retrouvé. Le 26 mai, c'est une invitation de remettre vingt-cinq louis à Mme veuve Martin, une des sœurs du général, que nous retrouverons. Le 2 août, longue lettre d'affaires. Il en résulte que le général a avancé, sous diverses formes, à sa femme une somme d'une trentaine de mille francs et qu'environ 18 000 francs sont à sa disposition.

(8ı)

LE GÉNÉRAL HUGO

Vous pourrez voir, ajoute-t-il, si vous pouvez payer de suite le domaine dont je vous ai parlé et s'il vous reste 20 000 francs (déduction faite des fonds dont vous avez besoin pour une année) vous pourrez tirer sur moi, à un ou deux mois de vue, pour vingt mille autres et je vous enverrai le restant en lettres à trois mois. Je vous répète que le domaine peut être de 60 000 francs, payables en trois ou quatre mois. Si vous en trouviez un, un peu plus cher, il faudrait qu'il y eût plus de temps pour le paiement. Vous pouvez donc conclure pour le premier selon mes premières intentions; je ne pense pas qu'il vous faille d'autre autorisation, puisque vous n'avez pas cessé d'être mon épouse.

Je ne vous limite pas dans vos vues : votre intérêt est au moins égal au mien : c'est celui de nos enfants, mais je vous répète que votre acquisition doit être susceptible d'amélioration et d'augmentation.

J'ai soumissionné en Espagne un bien de 20 000 livres de rente. S. M. me protège beaucoup pour que j'en sois le propriétaire, mais, malgré cela, je tiens à un domaine en France....

Je suis bien aise que vous ayez versé à Mme Martin les fonds que je lui destinais. Quand votre sort sera plus heureux, vous donnerez un coup d'œil à sa situation : on doit cesser de haïr les gens quand le malheur les accable.

Je vous ai souvent écrit de récompenser les enfants en mon nom. J'ai reçu leurs lettres et j'en ai été très content; si les affaires se tranquillisent, je pourrai aller les voir.

Adieu, Sophie, portez-vous bien. Je vous embrasse, ainsi que les enfants.

Mon adresse est : au général Hugo, gouverneur de la province de Guadalaxara et de la Seigneurie royale de Molina.

Cette lettre est intéressante à plus d'un titre. Elle marque un apaisement. Si elle nous met loin des effusions lyriques par lesquelles Léopold-Sigisbert Hugo exprimait, quelques années avant, à sa femme son amour passionné, quoique infidèle, elle ne nous conduit pas encore à la rupture, faite d'une haine commune, que provoquera le scandale public de cette infidélité. Les deux époux ne s'aiment plus, mais ils se tolèrent. Le général invite même sa femme à étendre sa bienveillance jusqu'à sa sœur, la veuve Martin Chopine, dont le rôle deviendra odieux envers ses enfants Eugène et Victor. Il s'intéresse à ses fils; il suit leurs progrès, il veut

EN ESPAGNE

être renseigné sur leur caractère et sur leur éducation : il
n'a pas dans son éloignement l'indifférence paternelle qu'on
lui a injustement reprochée. Il peut maintenant, après avoir
connu des jours pénibles, subvenir à leur entretien, et il ne
s'en fait pas faute. La protection de Joseph est en train de
faire de lui un grand personnage. Successivement gouverneur d'Avila et de Segovia, il commande la province de
Guadalaxara et la Seigneurie royale de Molina d'Aragon :
ces titres ronflent superbement au-dessous de sa signature.
Son avenir est ou paraît assuré. Il n'est plus un soldat de
fortune qui tire le diable par la queue : il est dans les honneurs et il a de l'argent. Il veut devenir propriétaire : l'idée
d'un domaine le hante. Joseph avait donné un million de
réaux en cédules hypothécaires aux personnes dont il était
le plus satisfait et qu'il espérait retenir ainsi en Espagne
par l'acquisition de biens nationaux. Le général Hugo avait
eu l'intention de soumissionner la Dehesa d'Avila, mais il
fut victime d'un acte de favoritisme dont une fraude fit
bénéficier un autre demandeur. Il essaya ailleurs, sans plus
de succès. Ses adversaires le dénoncèrent au Roi comme
n'ayant pas l'intention de se fixer en Espagne et comme
s'étant formé en France un « domaine considérable. » Pour
répondre à la première imputation il soumissionna, sans
l'avoir vu, le domaine de San Pedro de La Dueñas dans la
province de Ségovie. Il s'en explique dans ses *Mémoires*
(II, 157). Mais ses souvenirs le servaient mal en 1823 quand
il ajoutait : « Je n'avais fait ni même songé à faire en France
aucune espèce d'acquisition. Si, plus tard, je songeai à m'y
former une propriété, ce fut lorsque je doutai que nous puis-
sions nous maintenir dans la Péninsule. » Ses lettres à sa
femme, des mois d'août et de septembre 1810, démentent
cette affirmation. Le 21 août, il renouvelait l'intention qu'il
avait exprimée le 2. Le 21 septembre, il persiste et il précise :

J'ai reçu le 17, Sophie, votre lettre du 6 août. Je pense que
depuis cette époque vous en aurez reçu de moi beaucoup
d'autres; deux contiennent des lettres de change pour
30 000 francs. Vous voyez que je persiste dans l'intention
que je vous ai manifestée : ainsi, c'est à vous de régler cette

affaire. J'ai calculé qu'en réalisant toutes les lettres de change antérieures vous pouviez avoir, votre pension d'un an mise à part, 20 000 francs devant vous. Je vous en envoie 30 000 et vais incessamment vous compléter la somme de 60 par les 10 000 qui vous manquent encore....

Donnez 60 francs par mois au pauvre Concha [1] et de suite un secours de 100 francs. S'il est acquitté, comme c'est indubitable, et que le gouvernement ne lui donne aucune récompense, il devra s'adresser à M. le duc de Santafé pour avoir les moyens de faire sa route et de venir me rejoindre.

Je vous embrasse, ainsi que les enfants que je félicite de tout mon cœur sur leurs progrès.

Au printemps de 1811, Mme Hugo et ses enfants partirent pour l'Espagne. Quand ils arrivèrent à Madrid, où ils s'installèrent au palais Masserano, ils n'y trouvèrent pas le général « obligé de s'absenter pour quelques jours par les nécessités supérieures de son inspection » (*Victor Hugo raconté*). Il revint au bout de six semaines. La joie qu'éprouvèrent Eugène et Victor à le revoir se « tourna bien vite en chagrin » parce que dans l'intérêt de leurs études, qu'avaient interrompues les longues vacances du voyage, il les mit au collège des Nobles. De l'aveu même du *Victor Hugo raconté* ils ne le virent que très rarement pendant l'année qu'ils y passèrent. « Le général, toujours sur les chemins, ne faisait à Madrid que des apparitions. »

Quelles étaient ses relations avec sa femme ? Le 5 août 1811 il lui écrivait : « Je n'ai fait que courir depuis ce matin et j'aurais été te voir si je ne devais me trouver de bonne heure à la Casa del Campo. J'ai vu le général Lafon Olaniac et il donnera l'ordre pour que les fonds soient de suite versés à tes soins. Le Roi est informé que nous sommes contents : je l'ai vu et lui ai parlé. Ce soir, après le dîner de S. M., j'irai te voir. Je t'envoie une caisse de bougies. Adieu, mon amie, crois à mon attachement. » Que valaient cet attachement et cette amitié ? Il faut, sinon pour se former une

---

1. La curieuse aventure de ce moine a trouvé sa place dans les *Mémoires* (II, chap. xix et xxii) et dans *Victor Hugo raconté* (chap. xi). Elle aurait pu fournir à Mérimée le sujet d'une piquante et vivante nouvelle.

opinion impartiale, du moins pour entendre les deux parties, consulter la requête civile de Mme Hugo au tribunal de Thionville.

Dans la même année (1808), Joseph Bonaparte se rendit en Espagne et y appela le général Hugo, qu'il venait de faire colonel et maréchal du Palais. Il partit de Naples emmenant cette fille déguisée en homme, qui sûrement avait déjà le projet de jouer le rôle brillant qu'elle a joué depuis en Espagne. Les affaires dans ce pays ne lui permettant pas d'y entrer avec le général, elle s'arrêta à Aix-en-Provence et c'est de là qu'elle partit quelque temps après pour rejoindre le général qui venait d'être nommé gouverneur d'Avila. En arrivant dans cette ville, elle eut l'audace de prendre le nom et titre de comtesse de Salcano; elle s'installa dans la maison du général, vécut publiquement avec lui, commanda dans sa maison comme aurait pu le faire la légitime épouse. Mme Hugo, ayant été informée de ce scandale, partit pour Madrid avec ses trois enfants, espérant que son arrivée pourrait faire cesser tous ces désordres. Son mari avait été fait général depuis quelque temps et se trouvait alors à Guadalaxara près Madrid, toujours avec la soi-disant comtesse dans sa maison. Mme Hugo écrivit à son mari les lettres les plus amicales, ne lui parla point de sa conduite, eut même l'air d'ignorer. Elle prétexta une indisposition qui pourrait la retenir un mois à Madrid afin de donner le temps au général d'éloigner cette fille de sa maison, mais cette misérable aventurière fit des scènes, menaça de se poignarder et força le général de lever le masque. Il eut la faiblesse de faire écrire par un de ses amis à sa femme, à la mère de ses trois enfants, qu'il ne voulait plus vivre avec elle, qu'il vivait depuis quatre ans en ménage avec Mme de Salcano et qu'il ne s'en séparerait jamais, que si elle invoquait quelque autorité pour le forcer à se conduire autrement, il disparaîtrait et que jamais elle n'entendrait parler de lui. Mme Hugo, atterrée par cette douloureuse lettre, hésitait à demander protection et à faire connaître les torts de son mari que, depuis quatre ans, malgré tout ce qu'elle en souffrait, elle avait religieusement cachés même à ses amies les plus intimes; il lui semblait affreux d'accuser le père de ses enfants. Mais le général Hugo se dévoila lui-même, comme il l'a fait dernièrement ici; les scènes les plus scandaleuses faites à sa femme instruisirent bientôt tout Madrid. Mme Hugo, forcée de se défendre, convainquit bientôt tous les gens honnêtes qu'elle était la victime la plus opprimée et la plus patiente, qu'il n'y avait que l'exal-

tation de l'amour maternel porté au plus haut degré qui
avait pu lui faire renfermer dans son sein, sans se plaindre,
tant d'angoisses, tant d'injures non méritées; mais là,
comme à Naples, aucune loi protectrice ne pouvait prêter
son appui à Mme Hugo et rappeler le général à ses devoirs.
La seule voie de la persuasion restait aux amis intimes du
général, aux personnes considérables par leur rang et leur
dignité, qui l'employèrent inutilement. Une fois seulement,
on crut avoir réussi. Le général se trouvait depuis trois jours
loin de cette femme et de son funeste ascendant; il revint
franchement à sa femme, avoua ses torts, promit de vivre à
l'avenir en bon époux et bon père et de renvoyer la cause de
tous les malheurs de sa femme. Malheureusement un événement militaire l'obligea de quitter subitement Madrid. Il
retrouva cette malheureuse et ses horribles conseils. Alors
Mme Hugo fut forcée, après avoir souffert les traitements
les plus inouïs, de revenir en France, avec la promesse de
Joseph Bonaparte que, dans l'espace de dix-huit mois,
deux ans au plus, il trouverait le moyen de séparer le
général de cette femme et de le ramener à ses devoirs. Son
Excellence le comte de La Forêt, alors ambassadeur de France
en Espagne, actuellement ministre des Affaires étrangères à
Paris, voulut bien transmettre à Mme Hugo cette promesse
de Joseph Bonaparte, et quoique le général prétendît,
comme il le fait aujourd'hui, que sa femme avait à lui des
fonds considérables qu'il lui avait envoyés pour acheter une
terre en France, cette prétention fut jugée si dénuée de fondement que son traitement de Cour, qui était de 12 000 francs
par an, fut alloué à Mme Hugo pour vivre pendant son
séjour en France.

Même si l'on fait la part, dans ces griefs, de l'exagération
dont une revendication judiciaire est rarement exempte, ils
démontrent que la vie commune était devenue intolérable
entre les deux époux.

Cliché Hachette.

THIONVILLE : L'ÉGLISE VUE DES REMPARTS

D'après une lithographie. (Bibliothèque Nationale. Estampes.)

CHAPITRE VI

LA DÉFENSE DE THIONVILLE
(1814-1815)
LES AFFAIRES DU MÉNAGE

UNE RUPTURE INÉVITABLE ‖ MADAME HUGO RENTRE EN FRANCE AVEC EUGÈNE ET VICTOR (DÉBUT DE 1812) ET S'INSTALLE A PARIS ‖ LE GÉNÉRAL HUGO PASSE A LA GRANDE ARMÉE D'ALLEMAGNE ‖ IL EST NOMMÉ COMMANDANT SUPÉRIEUR DE THIONVILLE (JANVIER 1814); SA BELLE CONDUITE ‖ VIOLENTES DISCUSSIONS D'INTÉRÊTS ‖ SECONDE DÉFENSE DE THIONVILLE (1815).

LES événements militaires hâtèrent une séparation inévitable. Mme Hugo, accompagnée d'Eugène et de Victor, (Abel, page du roi, était resté avec son père) rentra en France au commencement de 1812 et elle revint habiter les « chères Feuillantines, » que le poète des *Rayons et des Ombres* a immortalisées.

Le général, qui joua un rôle important dans les Affaires d'Espagne, dont l'histoire occupe une grande partie du tome III de ses *Mémoires*, fit un séjour à Pau, où Abel, sous-lieutenant et collégien! fut placé comme interne au lycée. A la date du 24 septembre 1813, sa mère lui écrivit une lettre dont on ne saurait nier que les précisions apportent une force singulière aux griefs qu'elle articula quelques mois plus tard devant les tribunaux de Thionville.

Je ne te gronderai pas, mon cher Abel, de ne m'avoir pas donné plus tôt de tes nouvelles, parce que je pense que c'est plutôt légèreté, défaut de réflexion sur les inquiétudes que je devais avoir, que défaut d'attachement de ta part. Quoi qu'il en soit, mon cher ami, que cela ne t'arrive plus. J'ai eu de tes nouvelles indirectement par le général Motte, mais aujourd'hui qu'il doit avoir quitté Paris, personne ne m'en donnerait, si tu ne m'écrivais pas. Je ne pense pas que ton père puisse te le défendre, mais si cela était, ce serait une circonstance d'une conduite répréhensible sous bien d'autres rapports, et ton devoir alors serait de ne pas obéir, pas plus que tes frères ne devraient le faire, si j'oubliais assez les droits sacrés de la nature pour leur défendre d'écrire à leur père. Si cette défense t'a été faite, pour éviter des tracasseries, des discussions que les passions qui aveuglent ton père élèveraient entre vous, écris-moi à son insu. Je vois, mon pauvre ami, que tu as beaucoup à souffrir avec cette femme. J'ai pleuré souvent sur ton sort, sur celui même de ton malheureux père qui, s'il nous fait beaucoup de mal, s'en est fait et s'en fait encore plus à lui-même. Espérons, mon Abel, un meilleur temps et surtout que nos malheurs communs te servent de leçon. Vois où peuvent conduire le défaut de principes et des passions extravagantes. Quelle belle destinée ton père a gâtée! Tous les avantages qu'il pouvait retirer de son service d'Espagne sont perdus pour sa famille et pour lui-même. Il revient de là avec des dettes, car je crois bien qu'il n'a pas achevé de payer la maison qu'il avait achetée à cette femme. Et comment les paiera-t-il aujourd'hui qu'il rentre au service de France (comme tous ses camarades) dans le grade qu'il avait en entrant au service du Roi, car tu sais qu'il était chef de bataillon. Comment pourra-t-il payer 30 ou 36 000 francs qu'il doit encore devoir à M. Marie, avec 3 600 francs par an ; la moitié de ses appointements sera nécessaire seulement pour payer ses intérêts. Et comment vivra-t-il, et nous aussi, avec le reste? Si tu sais quelque chose relativement au paiement de cette maison, mande-le moi dans ta première lettre, car je suis bien inquiète à ce sujet. Il est affreux de voir un père de famille se dépouiller ainsi que tous les siens pour une femme semblable. Tes oncles se sont-ils bien conduits avec toi? Les voilà aussi obligés (d'après la décision de l'Empereur) de rentrer au service de France, Louis comme capitaine. Et Francis, qui n'était pas militaire, quel parti va-t-il prendre? Toi-même, tu n'es plus militaire : que ton père va-t-il décider pour toi? Qui paye ta pension au Lycée de Pau? Il aurait bien mieux fait de t'envoyer ici tout de suite. L'Empereur a demandé qu'on lui envoyât tous les officiers qui étaient auprès du Roi. Tous ceux qui étaient ici sont

LA DÉFENSE DE THIONVILLE

déjà partis. Ton père va être forcé de s'y rendre comme les
autres. Fais tes efforts pour partir de Pau avec lui et venir
ici. Je voudrais bien t'envoyer un peu d'argent, quoique je
sois très mal à l'aise, car tu sais que l'argent que j'ai touché
à Bayonne était ce qui m'était dû. Je n'ai reçu depuis le
mois de novembre dernier que 2500 francs, malgré cela je
t'enverrai 50 francs par la poste, quand tu m'auras écrit si
tu pourras les toucher de cette manière et si tu restes à Pau.
Dis-moi aussi si ton père part et l'endroit où il ira. Tâche de
le voir au reçu de ma lettre et me marque ce qu'il compte
faire, si tu peux le savoir. Est-il retiré à Lembeye ou y est-il
employé comme militaire? Réponds-moi promptement sur
tout ce que je te demande. Adieu, mon Abel, je t'embrasse
de toute mon âme et désire te revoir bien vite. Tes frères
t'embrassent.

   Ton affectionnée mère,

SOPHIE HUGO.

Peu de temps après cette lettre, le général et Abel
rentrèrent à Paris.

L'expropriation du jardin des Feuillantines contraignit
Mme Hugo à s'installer, en décembre, rue du Cherche-Midi.
L'état de sa blessure au pied avait obligé le général à se
rendre aux eaux. Tandis que beaucoup de ses camarades
avaient sollicité leur retraite, il fut de ceux qui demandèrent
du service dans l'armée française. Envoyé à la Grande Armée
en Allemagne, il ne la rejoignit que pour revenir avec elle
sur le territoire français. Il resta quelque temps sans destination particulière. « J'avais soutenu, a-t-il écrit, la gloire et
l'honneur des étoiles de mon grade, et après plus de quatre
années passées dans des fonctions qui n'étaient, la plupart,
remplies partout que par des généraux de division français,
j'obtins du ministre français, pour toute récompense, l'ordre
d'aller servir comme major dans l'armée française. Je m'y
rendis avec la seule intention d'y combattre comme volontaire.... »

Les circonstances, l'amitié du brave général Béliard et
l'estime des maréchaux Jourdan et Kellermann lui épar-
gnèrent cette courageuse disgrâce. Il reçut le 9 janvier 1814
l'ordre de prendre le commandement supérieur de la place
de Thionville. « Fidèle à l'influence de l'honneur, » il la

défendit pendant quatre-vingt-huit jours avec « des talents, un zèle et une activité » auxquels une lettre du maréchal duc de Valmy rendit un complet hommage. « Vous avez prouvé qu'il n'y a rien d'impossible au dévouement et au courage, et votre conduite a été tout ce qu'elle devait être.... »

Ce certificat élogieux et mérité portait la date du 26 avril. Il ne réglait pas la situation du général, qui écrivait le 7 mai à son fils Abel une lettre d'un haut intérêt.

Mon cher Abel,

Je viens de recevoir de toi une lettre que tu as oublié de dater. Si tu as été aussi longtemps privé de recevoir des miennes, c'est que depuis le 17 janvier je me suis trouvé bloqué dans la forteresse que je commande et que j'ai eu à y soutenir les tentatives successives des Prussiens, des Russes et des Hessois. J'ai eu le bonheur de m'en tirer toujours à l'honneur et à l'avantage de nos armes.

Tu sais que le 11 septembre je fus rappelé au service de France dans le grade de major; que n'écoutant que mes sentiments comme bon Français, je n'hésitai pas à me mettre en route lorsque j'en reçus l'avis et que je me rendis au grand quartier général. L'Empereur venait d'en partir; tous ceux de mes camarades qui y arrivèrent pendant qu'il était présent furent continués dans leurs grades et furent payés. Je ne pus dès lors concevoir que des espérances, le major général fut informé de mon arrivée. On m'autorisa à porter les décorations d'officier général, on m'en donna les rations et le logement, mais je n'avais encore reçu ni solde, ni lettre de service, lorsque les ennemis menaçant les places fortes, le maréchal duc de Valmy m'envoya pour commander celle de Thionville. Je sais que les journaux ont annoncé cette nomination et que la chose n'a pu se faire sans l'autorisation du Gouvernement. Je sais que par un décret impérial tous mes camarades ont été continués dans leurs grades, même dans leurs dignités, mais depuis mon blocus, je n'ai encore rien vu qui ait annoncé ma confirmation. J'ai bien reçu des lettres de M. le comte de Damas, comme commandant pour le roi la forteresse de Thionville, mais le titre ministériel me manque encore et c'est ce qu'il faut solliciter du major général prince Berthier.

Sans solde comme toi depuis le 1er janvier 1812, je ne vis que d'emprunts. Je n'ai rien reçu ici, ni à Metz. Il a fallu me remonter et j'attends avec impatience le moment où je serai payé 1° de mes frais de poste, 2° de ma solde de major du 11 septembre au 9 janvier, époque à laquelle j'ai repris mes fonctions d'officier général, 3° enfin de celle de ce grade depuis le 9. Demande à Paris comment mes frais de poste de Saint-Jean-de-Luz à Kaiserlautern me seront payés et s'ils peuvent l'être par procuration entre tes mains. Informe-toi si mes camarades, à leur réintégration, ont été rappelés de leur différence de traitement et s'il leur a été payé quelque chose de ce qui leur était dû. Je sens bien qu'il sera difficile que le roi paye l'arriéré. Mais enfin j'aurais été payé peut-être si je n'avais pas été bloqué. La manière dont j'ai servi me vaudra sans doute la bienveillance de S. M. Si Thionville est rendue à la France, il n'est qu'une voix ici pour dire que je lui ai conservé cette place, que j'ai trouvée ouverte et sans aucune espèce d'approvisionnements. L'ennemi m'avait proposé de la lui vendre et il m'a été offert jusqu'à trois millions au nom du prince électoral de Hesse. Ton père a fait son devoir.

Et toi, il ne faut pas l'oublier. Si les officiers français au service du roi ont été conservés, il faut donner ton adhésion et solliciter ta mise en activité dans ce grade, dans l'artillerie ou la cavalerie légère. Il n'y a pas à perdre un instant, pas plus pour toi que pour moi. Informe-toi si le général Milhaud est à Paris et vois-le de ma part à ce sujet. Il est mon ancien et bon ami.

Mon cher ami, Nancy a été longtemps au pouvoir de l'ennemi. Cet événement malheureux a avancé la mort de ma bonne mère. Je l'ai perdue le 15 février.

Embrasse tes frères pour moi, j'aurais eu bien de la satisfaction à recevoir de leurs nouvelles.

Je t'embrasse aussi de tout mon cœur.

        Ton père,

Hugo,
Général de brigade,
commandant supérieur de la ville et du fort de Thionville.

Trois mois après, le 7 août, une lettre ministérielle, signée par le comte Dupont, ministre de la Guerre, était adressée, toujours en sa qualité de « commandant supérieur de Thionville, » à M. le général Hugo. Elle renouvelait les éloges du maréchal Kellermann : « Les détails que contient votre rapport général m'ont mis à portée d'apprécier la fermeté et la sagesse des mesures que vous avez prises pour

(91)

la défense de cette place. » Ce haut témoignage, conforme aux sentiments de la garde nationale et des habitants, n'eut pas la suite qu'il paraissait comporter. Le général Hugo ne fut pas maintenu dans le commandement de la place qu'il avait héroïquement défendue : il y fut remplacé en septembre par le général Curto.

S'il faut en croire ses *Mémoires*, après avoir remis le service à son successeur, « il partit pour se rendre dans ses foyers. » Ce pluriel ne pouvait pas comprendre le foyer conjugal. On lit dans le *Victor Hugo raconté* : « Mme Hugo vint l'y rejoindre un moment (à Thionville) pour régler des affaires d'intérêt. » Cette visite doit se placer entre la reddition de la ville et le départ du général en mai 1814. Les « affaires d'intérêt » qui avaient provoqué le voyage de Mme Hugo, accompagnée d'Abel, son fils aîné, étaient précisées dans la requête adressée au tribunal. Après avoir affirmé que le général, au lendemain de sa rentrée en France en septembre 1813, et « la fille Thomas, » établis à Pau, vécurent dans la même maison jusqu'au départ du général pour l'armée, l'assignation ajoutait :

Elle l'accompagna jusqu'à Paris où elle s'arrêta en changeant encore de nom et prit celui de dame Almeg, sous lequel elle s'est fait connaître pendant six mois qu'elle a habité Paris. Aussitôt que les communications ont été rétablies, cette aventurière est accourue dans cette ville (Thionville), s'est dite hautement cousine de Mme Hugo, avec qui elle prétendait avoir vécu familièrement à Paris jusqu'au moment du départ de cette dame pour la Bretagne, qui avait eu lieu, selon elle, lors de l'arrivée des étrangers dans cette ville. Mme Hugo n'a pas seulement songé à quitter Paris et elle n'avait jamais adressé la parole à cette fille que depuis trois semaines qu'elle y a été forcée. Elle s'est annoncée aussi comme dame Almeg, épouse d'un colonel aide de camp du général, qui avait eu le malheur d'être grièvement blessé et fait prisonnier à la bataille de Vittoria et cet homme, dont elle a l'audace de se dire la femme, (qui avait été attaché à l'état-major du général en Espagne en qualité de lieutenant et l'avait quitté à Burgos par suite de mécontentements survenus entre lui et le général) n'a point été fait prisonnier et existe actuellement en France dans la plus affreuse misère, puisqu'il a été forcé un hiver de vendre jusqu'à son épaulette pour vivre ; ce qui pourra facilement se prouver à la justice si cette fille s'obstine à soutenir un roman qui pourrait la rendre passible des peines prononcées par la loi contre les faussaires. Déjà on assure qu'elle se vante d'avoir un passe-port obtenu à Paris sous le nom d'Almeg et qu'elle vient de passer bail du château d'Hus sous le même nom ; je ne puis croire à une audace qui la mettrait dans le cas d'être poursuivie par le ministère public. Cette fille Thomas, à son arrivée dans cette ville, s'installa encore dans la maison du général, cohabita et vécut publiquement avec lui ; elle commanda en maîtresse souveraine ; enfin elle usurpa la place d'une véritable épouse.

Depuis vingt jours l'exposante, accompagnée de son fils aîné, s'est rendue dans cette ville pour vivre avec son mari ; elle espérait y être traitée maritalement et obtenir la protection et l'assistance que la loi prescrit aux époux ; elle a été reçue avec dédain et mépris, mise à coucher dans l'antichambre, tandis que la fille occupait la chambre à coucher de l'appartement et se renfermait toutes les nuits sous clef avec le général dans cette partie du logement. Mme Hugo fut assujettie les premiers jours à manger à la même table que la fille Thomas et forcée sous peine de mauvais traitements de lui faire accueil. Mme Hugo se plaignit avec ménagement, elle exposa avec modération le danger auquel s'exposait son mari de vivre avec une concubine dans la maison conjugale, qu'il oubliait sa dignité, que c'était un attentat aux mœurs, et qu'il se rendait passible des peines prononcées par l'article 339 du Code Pénal.

Les démarches de l'exposante devinrent infructueuses et la médiation des amis du général inutile. Le sort de Mme Hugo devint chaque jour plus déplorable. Son mari ne quitta plus la chambre où couchait cette fille, il s'y enfermait souvent sous clef seul avec elle plusieurs heures dans la journée, au grand scandale de toute la maison, et lorsque quelques affaires pressantes rendaient la présence du général nécessaire, après avoir essayé d'ouvrir, on l'appelait, et comme souvent il ne répondait pas, alors on lui disait à travers la porte qui le demandait et pourquoi ; et s'il jugeait que cela en valût la peine, un instant après il sortait. Cette scène scandaleuse s'est renouvelée plusieurs fois avant l'arrivée de Mme Hugo et depuis, notamment le 1ᵉʳ juin dernier. Au reste il mangeait dans cette chambre et y faisait manger ceux qu'il invitait à sa table. Son épouse fut congédiée, obligée avec son fils de manger à une table particulière, servie par les domestiques qui ne recevaient d'ordre que de cette fille Thomas et à qui elle avait déclaré qu'elle était seule maîtresse dans la maison et qu'ils ne devaient point obéir à Mme Hugo qui, ayant un jour demandé qu'on fît son lit, reçut pour réponse qu'on ne pouvait le faire sans la permission de Mme Almeg.

L'exposante épargnera à la justice le détail des injures graves, des sévices et mauvais traitements qu'elle a éprouvés depuis qu'elle est arrivée en cette ville. L'intérêt qu'elle porte à son mari, celui de ses enfants, l'empêchent de présenter le tableau de tous ses malheurs, auxquels son mari a mis le comble en l'abandonnant avec son fils sans pourvoir en aucune manière à ses besoins dans le logement qu'il a quitté en lui faisant les menaces les plus violentes si elle essayait de le suivre, et cela pour aller vivre au château d'Hus avec sa concubine, qui est censée avoir loué le château ; la justice connaîtra facilement la fraude, puisque cette malheureuse ne possède rien au monde. Il est bien affligeant pour Mme Hugo d'être dans la nécessité d'invoquer l'autorité des lois pour obliger le général Hugo à recevoir son épouse, à la traiter maritalement et à congédier l'être vil et abject avec lequel il se plaît à vivre en concubinage. L'ordre social le veut impérativement, le maintien des bonnes mœurs l'exige, la loi l'ordonne puisqu'elle prononce des peines contre le mari qui entretient une concubine.

C'est à ces causes, Messieurs, que l'exposante a l'honneur de vous supplier de l'autoriser à ester en justice à la poursuite de ses droits, en conséquence lui permettre de faire citer par-devant vous, en une audience extraordinaire et à huis clos qu'il vous plaira de fixer, le général Hugo pour s'entendre condamner, après informations préalables, en vertu de l'article 339 du Code Pénal ; pour voir dire et ordonner en vertu des articles 212, 213 et 214 du Code Civil, qu'il sera tenu sous les peines de droit de recevoir l'exposante dans la maison conjugale, le condamner à l'y recevoir et l'y traiter maritalement en lui accordant la protection, les secours et l'assistance auxquels sont obligés les époux ; condamner en outre le général Hugo à payer à l'exposante par forme de provision alimentaire la moitié de ses appointements pour assurer son existence et celle de ses trois enfants jusqu'à ce que la contestation soit jugée et que le général ait obéi au jugement qui le condamnera à recevoir sa femme et à la traiter convenablement, enjoindre en outre au général Hugo de chasser d'auprès de lui la fille Thomas se disant femme Almeg, sinon autoriser l'exposante à la faire expulser, sauf au ministère public à requérir dans sa sagesse ce qu'au cas il appartiendra [1]. »

Autre cloche, autre son. Le 14 juillet 1814 le général Hugo adressait à sa sœur, Mme veuve Martin, la lettre suivante :

Mme Tréb. m'ayant attaqué le 4 juin devant les tribunaux pour obtenir une provision de 3 000 fr., je l'ai attaquée le 11 en divorce et elle s'est sauvée le surlendemain 13, sans que personne ne sache rien. En me demandant ces 3 000 francs, elle croyait que je ne savais pas qu'elle venait d'en prendre 4 000 chez M. Anceaux. Cette femme est insatiable d'argent.

Tu parles de communauté, comme si avec Mme Trébuchet, qui n'a jamais fait qu'à sa tête et qui fait des scènes partout lorsqu'on la contrarie, il était possible de se conduire comme avec une autre femme.

J'ai fait connaître à Foucher, qui m'écrit au nom du démon, que je consentirai à transformer en demande de séparation de corps et de biens celle que j'ai faite en divorce, mais à des conditions que je lui établis. Il faut dès lors compléter l'inventaire, car le démon me rendrait des comptes à sa fantaisie. Vois Werguin, à qui j'écris une longue lettre et qui entend les affaires.

Quant aux preuves pour le divorce, je n'en manquerai pas, mais je veux bien encore faire ce sacrifice et l'ajouter à ceux sans nombre que déjà j'ai faits. Ainsi je me bornerai à une simple demande en séparation, si je la trouve raisonnable. Quant au conseil de vivre avec elle, tu sais bien que cela est impossible : je ne l'ai jamais tant abhorrée. Porte-toi bien et donne-moi souvent de tes nouvelles.

  Tout à toi.
  Ton frère,

        HUGO.

Cette lettre prouve à quel point d'exaspération en étaient arrivés les rapports entre les deux époux. Les questions d'argent aggravaient les difficultés qu'avait fait naître l'incompatibilité de leurs caractères et de leurs tempéraments.

Mme Hugo était-elle la « femme insatiable » contre

---

1. La pension de retraite accordée le 20 janvier 1832 à la veuve en secondes noces du général Hugo justifie sur la question du nom l'affirmation de la requête par une rectification significative : « Lisez : Thomas (Marie-Catherine), fille de Nicolas Thomas et de Rose Saetroni, née le 5 novembre 1783. »

(95)

LE GÉNÉRAL HUGO

laquelle s'élevait la haine du général? Le *Victor Hugo raconté* nous la montre « peu expansive de sa nature, très ferme et presque sévère pour tout ce qui touchait à la vie positive et matéreille... ayant contracté dans le gouvernement de sa maison une sorte d'autorité virile. » Elle avait deux enfants à sa charge et elle ne disposait pas de ressources personnelles. A qui aurait-elle pu demander les moyens de vivre? De son côté, son mari affirmait à son fils Abel, dans une lettre intime et sincère, qu'il ne « vivait que d'emprunts. » La situation était difficile et l'on peut penser que sur cette question d'argent, embarrassés tous les deux, ils n'avaient tout à fait tort ni l'un ni l'autre. Quant au reste, il serait injuste de donner à la lettre du général un sens qu'elle n'a pas et qu'elle ne peut pas avoir. S'il a, ou s'il dit avoir, des « preuves pour le divorce, » il ne s'agit pas de la vertu de sa femme contre laquelle il n'a jamais élevé aucun reproche, mais seulement de son caractère et d'un entêtement breton qui ne rendaient aisées ni la vie commune ni même les explications sur l'impossibilité de vivre en commun. En acceptant de transformer sa requête en divorce en une demande de séparation de corps et de biens, le général ne faisait qu'une concession apparente. Ses torts, à lui, étaient avoués et patents. Ils rendaient la vie commune impossible. En lui donnant le conseil de la reprendre, Mme Martin, à laquelle il faut tenir compte de son intervention, montrait plus de générosité que de clairvoyance. La rupture était inévitable : il s'écoula pourtant encore trois ans et demi avant qu'elle ne fût judiciairement consommée.

Le nom du général Hugo devait être, une seconde fois, associé à la défense de la place de Thionville, où la nouvelle du retour de Napoléon avait, en mars 1815, causé une fermentation générale : « Sûr de sa conscience de bon citoyen et de guerrier fidèle à sa patrie, » il n'avait arrêté aucun plan de conduite lorsqu'il reçut, le 31 mars, l'invitation de se rendre sur-le-champ auprès de Son Excellence le prince d'Eckmühl.

Ce prince, plus vaillant que complimenteur, l'ayant admis à son audience, lui dit devant un cercle nombreux : « Général, vous allez partir dans un quart d'heure pour Thionville. Les vœux les plus honorables vous y rappellent; la garnison, les habitants, les autorités, le général commandant la division; il n'y a qu'une voix pour que vous en repreniez le gouvernement : c'est un bel hommage rendu à vos talents et à votre conduite! »

Cet ordre inattendu, ces vœux unanimes, le consentement de Napoléon, remplirent le cœur du général de mille sentiments divers. Ces témoignages éclatants d'estime, de confiance et d'attachement décidèrent de sa conduite. Il accepta la défense d'une place qu'il avait déjà défendue avec tant de succès, où il était appelé par le vœu honorable des habitants, et il quitta la capitale pour se rendre à Thionville [1].

La garnison, les officiers, les autorités et les habitants n'avaient pas eu tort de mettre leur espoir dans l'activité, qu'ils avaient déjà éprouvée, du général Hugo. Il ne fut pas inférieur à sa réputation. Moins soucieux des régimes politiques que de la patrie, il ne servit qu'elle et, « sans scruter de vieilles opinions, » il appela autour de lui pour la défense tous ceux qui pouvaient la servir utilement. Il ne quitta la place que le 13 novembre [2] pour ne pas assister à l'entrée des Prussiens le 20. Cette seconde défense, plus longue que la première, ajouta à la gloire, déjà si éclatante, de son nom.

1. *Mémoires*, III, 369.
2. Les *Mémoires* qui suivent jour par jour les mouvements de la place sont formels sur cette date, tandis que, à l'exemple de *Victor Hugo raconté*, tous les auteurs parlent inexactement du 21 septembre.

CHAPITRE VII

DRAME DE FAMILLE

QU'ÉTAIENT devenus, pendant l'absence du général, sa
femme et ses enfants? On pense bien qu'après les
scènes qui s'étaient passées à Thionville en 1814,
Léopold-Sigisbert Hugo n'entretenait plus avec sa femme
des relations d'aucune sorte. Ces scènes eurent un autre
effet. Elles décidèrent le père, revenu à Paris en septembre,
à enlever les deux fils à leur mère et à les conduire à la
pension Cordier, rue Sainte-Marguerite, « sombre et enserrée
entre la prison de l'Abbaye et le passage du Dragon,
enfumée, martelée par ses forgerons. » Ce n'est donc pas en
septembre 1815, comme l'affirme à tort Edmond Biré, si
sévère aux erreurs des autres, que se fit l'internement
d'Eugène et de Victor : il y avait déjà près d'un an à cette
époque qu'ils étaient les pensionnaires de M. Cordier et de
M. Decotte, associés dans la même exploitation.

Cette décision étonna par sa brusquerie Eugène et Victor,
qui avaient pris goût à l'éducation en liberté dont leur mère
avait fait un système et dont ils avaient déjà une très
longue habitude. C'était d'ailleurs pour les séparer de leur

DRAME DE FAMILLE

mère, ce « démon abhorré, » que le général les avait remis à
M. Cordier. Quand il quitta Paris le 31 mars 1815 pour aller
soutenir le second siège de Thionville, il renouvela cette
intention dans la lettre qu'il écrivit à Mme veuve Martin :

> Ma chère Sœur, une commission très honorable pour moi
> m'oblige à m'absenter de la capitale. Je te confie le soin de
> mes deux jeunes enfants, placés chez M. Cordier, et sous
> aucun prétexte je n'entends qu'ils soient remis à leur mère
> ni sous sa surveillance. C'est à toi seule que je les confie et
> c'est à toi que M. Cordier doit en répondre. Je te donnerai
> souvent de mes nouvelles ; donne-m'en des leurs, de celles
> de Louis et des tiennes. Je t'embrasse de tout cœur.
>
> Ton frère,
>
> Le général Hugo.

Veuve de René-François Martin Chopine, la sœur du
général s'acquitta avec plus de sévérité que de bienveillance
de la délégation dont il l'avait chargée avant d'aller remplir
à Thionville « la commission très honorable » que lui avaient
value sa réputation et les circonstances. Elle refusa tout
d'abord de dire aux enfants où était leur père et ils durent
passer par son intermédiaire pour lui envoyer la note de ce
qui leur était nécessaire [1]. Cette tante, surnommée Goton
par le général, ne se fit pas aimer de ses neveux, qui l'appe-
laient « Madame » sans la payer d'une tendresse dont elle ne
leur donnait pas l'exemple. Elle était économe des fonds
qu'elle avait reçus pour leur « entretien » et ils se plaignaient
avec une dignité irritée, non seulement d'être mal entretenus, mais encore des « procédés les plus inconvenants »
qu'elle employait pour « pousser à bout leur patience, » de
ses « basses injures, » de ses mensonges, des « scènes
dégoûtantes » qu'elle leur faisait. Quoique se disant d'un
« âge à savoir se défendre, » ils invoquaient l'autorité et
l'intervention de leur père pour être traités comme ils méritaient de l'être par leur conduite et par leur application,
dont ils donnaient des preuves [2]. Cette lettre, signée par les

---

1. M. Louis Belton, déja connu par une importante étude sur le général
Hugo, a consacré au séjour de ses fils à la pension Cordier une brochure où
abondent des renseignements d'un haut intérêt (Blois : Duguet et Cie, 1923).
2. Belton, *loc. cit.*, 5-6.

deux frères, était écrite par Eugène. Il faut reconnaître que cette rédaction nuit à son autorité, car il serait injuste de ne pas faire sa part à l'exagération dont l'aîné des deux enfants ne pouvait manquer, même dès cette époque, d'être coutumier. Aussi le général, qui n'acceptait pas toutes ces doléances, prenait-il avec fermeté le parti de sa sœur contre ses fils, derrière lesquels il soupçonnait — était-ce à tort? — l'influence persistante de la mère.

Ma chère Goton,

J'ai reçu seulement hier ta lettre du 10 du mois dernier et celle y jointe de mes deux plus jeunes enfants. Je t'avoue que j'ai été révolté de leur stile (*sic*) et de leur exigence envers toi. Ils semblent, ces messieurs, qu'ils se déshonore-raient en te donnant le titre de tante et en t'écrivant avec attachement et respect. C'est à leur maudite mère qu'il faut attribuer la conduite des enfants. Aussi je ne leur en donne pas toute la faute, mais il ne faut pas qu'ils s'imaginent qu'ils détruiront un vêtement neuf tous les six mois et que je le leur remplacerai par un autre. Il faudra faire boucher les trous avec des pièces et alors ils s'en prendront à eux seuls s'ils n'ont pas une tenue décente.

Mon intention est de leur faire faire à chacun une bonne capote pour l'hiver; je t'écrirai à ce sujet dans le commen-cement du mois prochain, si à cette époque je ne suis pas de retour à Paris.

Je suis toujours entouré de Russes et de Prussiens, mais comme la paix est signée, je pense n'avoir plus à craindre de bombardement. Donne-moi de tes nouvelles et crois à mon attachement bien affectueux.

Hugo.

16 octobre 1815.

Un an après, la situation n'avait pas changé, s'il faut en croire la lettre, écrite par Eugène et signée par lui et par Victor, qu'ils adressaient à leur père le 12 novembre 1816.

Mon cher papa,

Nous avons réfléchi sur tes propositions. Permets-nous de te parler avec franchise, comme nous l'avons fait, et ne nous réponds qu'après avoir pesé nos raisons.

Nous voyant en état de juger du prix des choses, tu nous

DRAME DE FAMILLE

offres vingt-cinq louis par an pour notre entretien. Nous les acceptons, pourvu qu'ils nous soient remis en mains propres, car alors, avec l'expérience que nous pouvons avoir acquise, et surtout avec l'aide et conseils de maman, qui, quoi qu'on en dise, s'entend en économie, nous sommes sûrs de pouvoir, au moyen de cette modique somme, nous entretenir plus décemment que nous ne l'avons été jusqu'ici en te coûtant certainement davantage.

Mais si l'argent est remis en d'autres mains, nous n'avons plus cette certitude; nous ne pouvons plus nous servir des moyens qui nous la procurent; nous ne pouvons plus *faire comme toi; proportionner nos dépenses à notre avoir et être d'autant plus à notre aise que nous aurons plus d'ordre et d'économie;* en ce cas, cher papa, tu nous permettrais de refuser.

Si tu consens à ce que nous te demandons, nous nous engageons, au cas que tu le crois nécessaire, à t'envoyer tous les trois mois le compte de ce que nous avons dépensé, sinon il faudra bien que nous nous résignions à rester comme ci-devant, soit que tu nous entretiennes, soit que tu charges quelqu'un de nous entretenir : ce qui n'est pas ton intention, comme ta lettre nous l'annonce.

Nous sommes étonnés, je te l'avoue, que tu ne comprennes point une phrase que tu nous as toi-même répétée cent fois pour une. Ta mémoire ne t'a pas mieux servi en un autre point : jamais maman ne nous a dit qu'elle t'eût apporté 40 000 francs de rente; au contraire, elle nous assurait que, lors de votre mariage, vous étiez tous deux sans fortune. Abel n'a aucun souvenir de ce que tu nous marques.

Quant à la fin de ta lettre, nous ne pouvons te cacher qu'il nous est extrêmement pénible de voir traiter notre mère de malheureuse, et cela dans une lettre ouverte qui ne nous a été remise qu'après avoir été lue.... Nous avons vu ta correspondance avec maman : qu'aurais-tu fait dans ces temps où tu la connaissais, où tu te plaisais à trouver le bonheur près d'elle, qu'aurais-tu fait à la personne assez osée pour tenir un pareil langage? Elle est toujours, elle a toujours été la même, et nous penserons toujours d'elle comme tu en pensais alors.

Telles sont les réflexions que ta lettre a fait naître en nous. Daigne réfléchir sur la nôtre, et sois assuré de l'amour qu'auront toujours pour toi

  Tes fils soumis et respectueux,

E. Hugo,
V. Hugo.

Cette lettre, dont il est impossible de nier la dignité, étonnante chez des enfants de quatorze et de seize ans, pro-

LE GÉNÉRAL HUGO

voqua, trois jours après, une réplique du père. Je n'en ai pas le texte, mais il est facile d'en deviner le ton par ce qu'il en écrivait lui-même à sa sœur le 20 novembre. Il s'était installé à Blois, où il vivait en concubinage public avec la veuve Almeg, qu'il traitait bien, trop bien d'ailleurs, comme si elle avait été sa femme légitime.

Je te remercie, ma chère Goton, de la lettre que tu m'as écrite par Louis et de la note que tu y avais jointe.

J'avais proposé aux enfants les six cents francs que j'affecte à leur entretien, afin de les intéresser à devenir soigneux, mais comme ils ne les ont acceptés qu'à condition que leur mère, dont ils disent bien connaître l'économie, en ferait l'emploi en leur faveur, je n'ai plus donné suite à ma proposition, et je leur en ai écrit le motif.

Il paraît qu'il leur faut des souliers. Ils ne m'en demandent, il est vrai, que six paires pour le moment, comme s'ils étaient absolument nuds-pieds. Je te prie de leur en faire faire à chacun une paire pour tous les jours et une autre paire pour les dimanches. On fera ressemeler leurs vieux.

Je ne te donne point d'autres commissions pour les enfants. Je leur ai envoyé un tailleur pour leur faire à chacun un habit, gilet et pantalon. Quand tu auras payé les souliers, tu m'enverras la note de ce que je te dois.

Mme Trébuchet demeure rue des Petits-Augustins, n° 18. Elle sera dès lors un peu moins dans les Lucotte, les Foucher, les conseils de guerre, etc.

Les enfants, en m'écrivant l'éloge de l'économie de leur mère, me disaient que, loin d'avoir répandu le bruit que je lui avais mangé 40 000 livres de rente, elle leur avait toujours dit que, lors de notre mariage, nous étions tous deux sans fortune. Je leur ai répondu qu'à la vérité leur mère n'avait rien et jamais rien eu, mais que moi j'avais mon état, qu'alors j'étais adjudant-major avec 2 400 francs de traitement, 800 francs de supplément pour Paris, 365 francs de fourrage, 1 440 francs comme capitaine rapporteur, ce qui, bien additionné, faisait 5 000 francs par an. Qu'outre cela j'avais un logement meublé, le chauffage, l'éclairage, et de plus des frais de bureau particuliers dont je faisais l'aumône à Foucher. Je leur écris cela dans une lettre ouverte.

Madame te dit bien des choses, et moi aussi. Nous t'embrassons de tout notre cœur.

Ton frère et ton ami,

H.

Blois, le 20 novembre 1816.

DRAME DE FAMILLE

Ainsi, le général continuait à envoyer à ses enfants des lettres « ouvertes, » sans tenir compte du regret qu'ils avaient exprimé de voir leur correspondance lue avant eux, malgré le caractère si intime des questions qu'elle soulevait. Ils faisaient allusion à la femme déjà trop connue d'eux, hélas! avec laquelle leur père vivait à Blois, à cette « Madame » qui disait bien des choses à la veuve Martin, sa belle-sœur de la main gauche. Isolés et abandonnés à la pension Cordier, ils auraient voulu passer les jours de congé avec leur frère Abel, mais leur père leur avait refusé cette satisfaction et ce n'est pas sans tristesse qu'ils lui écrivaient, le 26 décembre 1816 :

« Puisque toutes nos prières sont inutiles, nous ne te demandons pas de sortir avec Abel, malgré la bien douce satisfaction que nous aurions à l'embrasser, depuis si longtemps que nous ne l'avons vu, et nous tâcherons de nous résigner à passer ce Jour de l'An comme les autres, c'est-à-dire depuis deux ans sans voir nos parents.... Nous nous efforcerons toujours de satisfaire nos maîtres, puisque c'est le moyen de te contenter et de nous faire supporter notre situation avec moins de peine. »

Était-ce donc que le général se méfiait de son fils aîné et croyait-il Abel, âgé seulement de dix-huit ans, incapable de s'occuper de ses frères cadets? Peut-être. Mais sa méfiance visait surtout la mère, celle qu'il n'appelait plus que Mme Trébuchet, et avec laquelle se poursuivait le procès engagé d'abord devant le tribunal de Thionville. Il écrivait de Blois, le 5 janvier 1817, à Mme Martin, sa confidente et la surveillante de ses enfants :

Ma bonne amie, je t'envoye ci-joint le mandat de la somme que tu as payée pour les menus frais des enfants. Ce n'est pas sans peine que je remarque que l'on ne fait point ressemeler les souliers, ce qui double la consommation qui s'en fait et m'oblige à prendre sur mon nécessaire pour donner du superflu à mes enfants. Jamais on n'a vu user une paire de souliers tous les mois et dans des temps aussi durs et où les payements de demi-solde commencent à devenir irréguliers, sans qu'on ne fasse servir les empeignes à des ressemelages.

LE GÉNÉRAL HUGO

L'affaire de Mme Trébuchet me mine d'un autre côté et n'avance pas. Elle a lancé un roman devant le tribunal, et maintenant qu'il faut le prouver, elle en reste là. J'ai écrit à M. de La Maury de borner les informations aux injures que je lui ai faites à Paris et de ne pas doubler les frais par des enquêtes pour des faits que je ne conteste pas. M. de La Maury a fait entendre qu'il fallait, par des avances, stimuler le zèle de l'avocat; j'ai donné 300 francs, et depuis cela n'a pas été plus vite.

Voilà une quinzaine de jours que je n'ai de nouvelles de Louis.

Madame te dit les choses les plus honnêtes.

Je t'embrasse de tout mon cœur.

Ton frère et ton ami,

Le G. Hugo.

Cette lettre révèle avec une sincérité qui ne peut pas être suspecte la triste situation du général, dont il renouvelait l'aveu dans une lettre du 24 février :

Ma chère Goton. La raison pour laquelle je n'ai donné cette année d'étrennes à personne te sera facile à deviner : pour donner, il faut avoir. Or, comme on m'a diminué de plus de 1 800 francs, je trouve fort heureux de pouvoir encore soutenir tous mes frais et toutes mes charges par beaucoup d'ordre et d'économie. Mes enfants ne connaissent pas encore ce langage, mais je l'ai fait entendre à leur mère, à qui, depuis le 1ᵉʳ janvier, je ne donne plus que 80 francs par mois. C'est le cas pour elle de tirer de sa réserve.

Je t'embrasse de tout mon cœur.

Quoiqu'il se fût efforcé de faire entendre ce langage, non seulement à sa femme, mais aussi à ses enfants, ceux-ci, s'ils le comprenaient, n'en restaient pas moins aux prises avec les difficultés de leur jeune existence. Le 21 mai 1817, ils écrivaient à Mme Martin une lettre — elle est de la main de Victor, — où le respect apparent dissimulait mal une ironie presque insolente.

Madame,

Vous nous permettrez de vous rappeler que nous sommes sans argent depuis le 1ᵉʳ. Comme nos besoins sont toujours les mêmes, nous avons été contraints d'emprunter. Nous

DRAME DE FAMILLE

vous prions en conséquence de nous faire passer les 6 francs qui nous reviennent, savoir : 3 francs pour le 1er mai et 3 francs pour le 15, de nous envoyer un perruquier et de parler à Mme Dejerrier pour nos chaussures et les chapeaux.

Daignez, Madame, agréer l'assurance des sentiments d'estime et d'affection que vous méritez de notre part.

Vos très humbles et très obéissants serviteurs,

V. Hugo,

E. Hugo.

Cette lettre n'était pas faite pour arranger les choses. Mme Martin prévint le 1er juin ses neveux qu'elle ne leur donnerait plus les deux sous par jour avec lesquels ils faisaient face à leurs menus besoins : les chaises à l'église, la reliure de leurs livres, l'achat des instruments de mathématiques, le repassage de leurs canifs. A leur plainte, elle répondit d'une façon telle qu'ils ne voulurent plus avoir des rapports avec elle et ils en appelèrent à leur père, qui fixa le chiffre des subventions sur lesquelles ils pouvaient compter.

Ma chère amie. Je n'ai rien su encore de l'impression qu'a faite sur mes enfants la nouvelle que je leur ai donnée, touchant ce qu'ils auront à l'avenir à dépenser par mois. Abel, dans une de ses lettres, trouvait que c'était peu de chose et il croyait que la somme était de 50 francs pour chacun.

Je ne sais où en sont mes affaires de Paris. M. La Maury me donne toujours l'espérance de les voir finir, et cela dure depuis le mois de juin 1814.

Madame t'embrasse, et moi aussi,

Ton frère.

Blois, le 30 juillet 1817.

Abel, on le voit, avait pris parti pour ses frères, contre lesquels, au contraire, le général se montrait de plus en plus irrité, et qu'il traitait de « polissons, » dignes d'être mis en prison ou aux arrêts. Il s'étonnait qu'on leur défendît de voir leur mère. Les succès qu'ils venaient de remporter au concours général, au lycée et même, Victor, à l'Académie, n'étaient-ils pas des « preuves glorieuses » de leur application et de leur conduite? « Où tout autre se glorifierait de tels enfants, tu ne vois que des misérables, des polissons,

(105)

prêts à déhonorer ce nom que tu as rendu recommandable par ta carrière militaire.... Non, mon père, je te connais : tu as écrit cette fatale lettre, mais ton cœur ne l'a pas dictée. Tu aimes encore tes enfants; un mauvais génie, un démon de l'enfer, auquel tu devrais plutôt attribuer tes malheurs qu'à notre respectable mère, un démon qui sans cesse attaché à tes pas ferme tes yeux et ne te montre que des signes de haine où tu trouverais des preuves d'amour si tu osais t'approcher des cœurs qui te chérissent, un être familiarisé avec la calomnie et le mensonge a empoisonné à tes yeux l'action de mes frères. Tu as oublié tes enfants pour ne voir que des êtres fantastiques, méchants et haineux qu'on t'a présentés et tu as cédé à la colère qu'on t'imposait[1].... » Cette lettre, où « l'infâme créature » qui était la concubine avouée du général était attaquée avec une indignation si vigoureuse, produisit l'effet qu'Abel aurait dû en attendre. Il s'étonna pourtant du silence prolongé de son père. Ce silence était voulu, comme en témoigne cette lettre à Mme Martin.

Ma bonne amie, il y a longtemps que je te sais sans réponse; j'ai reçu une lettre de M. Pavés et j'en ai écrit plusieurs d'après ses conseils. Il me promettait que tout serait fini en novembre, nous sommes au 29 et je vois avec peine qu'il n'en est rien encore.

Je n'écris plus à Abel; une lettre impertinente qu'il m'a écrite m'a obligé de rompre tout commerce avec lui. Je n'écris jamais que peu de lignes à ses frères parce que tous, ainsi que lui, sont sourdement du parti de leur mère et que je n'ai que de mauvais procédés à espérer pour les énormes sacrifices qu'ils me coûtent tous et qui me ruinent.

Madame te dit les choses les plus affectueuses.

Nous t'embrassons.

Blois, le 29 novembre 1818.

Ces « énormes » sacrifices consistaient à accorder aux enfants 50 francs par mois, avec lesquels ils devaient tous les deux faire face à toutes les dépenses de leur entretien. Il est vrai que le général n'était pas riche. Mais il ne payait

1. Belton, p. 13.

pas exactement l'allocation promise. En décembre 1817 les deux frères, obligés de s'acheter un étui de mathématiques, s'étaient trouvés sans argent et ils n'avaient pas pu se procurer les livres nécessaires pour suivre leurs cours.

Le jugement qui prononça la séparation de corps et de biens contre le général, le 3 février 1818, après une procédure de quatre ans, n'était pas de nature à consolider sa situation pécuniaire. Ses charges générales n'en étaient peut-être pas augmentées, mais elles étaient fixées à un chiffre qui revêtait la forme obligatoire d'une décision judiciaire. Il écrivait le 22 février à sa sœur.

> Ma bonne amie. Mon affaire a été jugée le 3. Il faut maintenant que je m'occupe de régler la communauté, car, par le bête de contrat qu'on m'a fait signer dans le temps, il revient à ma femme la moitié de ma propriété de Madrid.
>
> Elle a réclamé la surveillance des enfants et l'a obtenue par le motif que je ne réside pas à Paris. Elle a obtenu de plus une provision de 3 000 francs, à charge pour elle de participer à l'éducation, à la nourriture et à l'entretien de ses enfants. Cela fait que je ne change rien à ma marche.
>
> Le jugement est certainement bien défavorable pour moi, et cela devait être puisque dans la crainte de la garder, je n'ai pas voulu qu'on me défendît. Malgré cela elle enrage ; quelqu'un qui l'a vue dit qu'elle fulmine contre le tribunal, contre moi, contre tout le monde. Ses fils ne m'ont rien écrit. Le jugement ne m'est pas signifié, de sorte que j'ai toujours trois mois pour en appeler, si cela me convient.
>
> Madame se porte bien, ainsi que moi. Nous faisons des vœux sincères pour que ta santé s'améliore, nous t'embrassons.

Pourquoi les enfants auraient-ils écrit à l'occasion de ce jugement? Ils avaient pris le parti de leur mère et ils ne pouvaient pas dire à leur père leur joie d'être rendus à celle qui, ayant fait leur éducation, avait acquis tous les droits à leur plus affectueuse gratitude. Mais ce qu'ils devaient à la tendresse de l'une ne leur faisait pas oublier les devoirs dont ils étaient tenus envers l'autorité de l'autre. Au moment de choisir une carrière, ils avaient opté pour le Droit, dont « la connaissance était indispensable pour être admis aux emplois de l'administration militaire et à la plupart des charges de

LE GÉNÉRAL HUGO

l'administration civile. » Ils avaient consulté le général, qui ne s'était pas pressé de répondre : il est vrai que leurs lettres soulevaient des questions d'argent dont il n'aimait pas à parler. En s'inscrivant à la Faculté, ils l'assuraient de leur intention de bien travailler. « Nous allons commencer notre droit; sois sûr, mon cher papa, lui écrivait Victor le 20 août 1818, que dans tous les temps nous nous ferons une étude de mériter ta satisfaction par nos travaux et notre conduite. Cette année même, ce n'est pas sans quelque honneur que nous avons terminé nos cours; nous ne doutons pas du plaisir que tu éprouveras en apprenant que nous avons obtenu des accessits dans nos classes et aux grands concours des quatre collèges[1]. »

Le Droit, à vrai dire, les tentait moins que la poésie dont ils avaient, l'un et l'autre, la passion; leur père s'émut des dangers que cette distraction pouvait causer à leur carrière, et il écrivait, le 28 avril 1820, au doyen de la Faculté de Droit cette lettre significative :

Monsieur le Doyen,

Je paie depuis deux ans à mes jeunes fils Eugène et Victor une pension pour qu'ils étudient en Droit à l'Université de Paris, mais je n'ai jamais pu apprendre d'eux s'ils suivent les cours avec exactitude et quelque distinction. J'ignore même si une entreprise littéraire que les journaux seuls m'ont apprise, et des motifs de laquelle l'un d'eux a fait l'éloge le plus touchant et le plus mensonger (puisque je paie régulièrement une autre pension à la personne pour le prétendu soutien de laquelle cette entreprise aurait lieu); j'ignore, dis-je, si l'entreprise dont je parle n'a pas entièrement arraché mes fils à leurs études. Aurez-vous l'obligeance, monsieur le doyen, de me faire connaître le nombre des inscriptions déjà prises et celles encore à prendre par eux, ainsi que votre opinion sur la manière dont ils se disposent à subir les premiers examens qui auront lieu?

Je vous prie, monsieur le doyen, d'agréer l'hommage de la profonde considération avec laquelle j'ai l'honneur d'être

Votre très humble et très obéissant serviteur,

Le général HUGO.

1. Belton, *op. cit.*, 19.

DRAME DE FAMILLE

L'entreprise littéraire dont parlait le général Hugo était *Le Conservateur Littéraire*, fondé en décembre 1819 et dont ses trois fils avaient, pour la plus grande partie, assumé la direction et la rédaction. L'allusion qu'il faisait « à la personne pour le prétendu soutien de laquelle cette entreprise aurait lieu » visait les termes de la bienvenue souhaitée par *Le Conservateur*, le journal de Chateaubriand, à l'essai de ses jeunes cadets. Ils louaient le caractère « intéressant et touchant » de cette « honorable entreprise, » faite par des « fils reconnaissants » pour « essayer d'acquitter une dette aussi sacrée que douce » envers une « mère distinguée » qui avait dirigé leur éducation et à laquelle « ils devaient une seconde vie.... Heureux jeunes gens d'avoir une mère qui ait senti le prix de l'éducation ! Heureuse mère de voir ainsi couronner ses soins ! » L'article, en parlant des trois frères, faisait une place particulière à « l'un d'eux, » comme disait le père dans sa lettre au doyen, « âgé de dix-sept ans, qu'on distingue par le nom de Victor, et qui est déjà connu par une ode sur la *Vendée* et par une satire sur le *Télégraphe*. »

Le général Hugo ne perdait donc pas une occasion de manifester la rancune qu'il gardait à son ancienne femme et il en voulait en même temps à ses enfants, qu'il voyait à peine quelques heures par an, de la tendresse fidèle et exclusive qu'ils lui avaient vouée. Pouvaient-ils faire autrement? Le *Victor Hugo raconté*, en répondant à cette question, excuse en même temps les indiscrétions qu'on pourrait être tenté de reprocher à ceux qui ont suivi son exemple : « Les enfants n'avaient jamais quitté leur mère ; elle ne les avait gênés en rien, elle les avait élevés en plein air, elle leur avait laissé choisir leur avenir, elle était pour eux la liberté et la poésie ; au lieu que leur père était pour eux une sorte d'étranger qui ne leur était apparu à Madrid que pour les emprisonner au collège des Nobles, à Paris que pour les emprisonner à la pension Cordier, et qui les condamnait aux mathématiques à perpétuité. »

Libérés des mathématiques, ils suivaient les cours de droit ou, du moins, ils en prenaient les inscriptions, puisque en décembre 1820 ils demandaient à leur père l'argent

LE GÉNÉRAL HUGO

nécessaire pour s'inscrire aux cours de la troisième année.

La situation du général ne s'était pas améliorée. Au mois de mai 1819 il avait réclamé contre la fixation de son rang au 11 septembre 1813, époque à laquelle il était rentré du service d'Espagne à celui de France, pour demander à être inscrit sous la date du 20 août 1809, qui était celle de sa nomination comme maréchal de camp en Espagne : il alléguait qu'ayant constamment combattu avec les armées françaises, il avait droit à cette dernière fixation. Il lui fut répondu qu'il était alors au service de l'Espagne puisque le grade de maréchal de camp lui avait été conféré par un décret de Joseph-Bonaparte et qu'ayant été dirigé à sa rentrée sur le quartier général de la Grande Armée sans confirmation de grade, il avait bénéficié « par une faveur spéciale et en considération de ses services » d'une ordonnance de Sa Majesté, qui l'avait classé parmi les maréchaux de camp à compter du 11 septembre 1813.

Abel, son fils aîné, réconcilié avec lui, s'intéressait à cette situation, comme le montre sa lettre du 13 janvier 1821 :

J'ai tardé à t'écrire parce que je pensais qu'un changement dans le personnel du Ministère me mettrait à même de te faire des propositions relatives à ton service militaire. On m'a plusieurs fois demandé quelles sont tes opinions et si l'on pourrait compter sur toi dans le cas où tu serais employé. J'ai toujours répondu que, si tu acceptais du service, ta conduite antérieure fournissait la preuve du dévouement que tu montrerais au Souverain. Je serais bien aise, mon cher papa, de savoir si tu voudrais reprendre du service, si l'on t'employait. J'ai besoin de cette certitude pour parler avec plus d'assurance et, comme tu entretiens mes frères du désir que tu as de demander ta retraite, je ne sais ce qu'il me faut dire. Tout annonce que le Gouvernement va enfin avoir égard au talent sans exiger d'autres opinions que celles de la fidélité, et alors tu ne serais probablement pas oublié [1]....

Le général Hugo fut-il oublié, ou le gouvernement, moins sensible au talent qu'aux opinions, le soupçonna-t-il de fidélité bonapartiste? Je ne saurais le dire, mais ce qui

---

1 Communiqué par M. Belton.

DRAME DE FAMILLE

est trop vrai, c'est qu'il ne fut pas réintégré et que ses affaires pécuniaires se ressentaient péniblement de cette situation.

Le 17 avril 1821, il écrivait à Abel :

Mes affaires, mon cher Abel, sont tellement réglées que je ne puis trouver dans la distribution de ma solde de disponibilité un centime, un seul centime, à retirer d'une dépense pour l'appliquer à une nouvelle, et cet état durera encore au moins quatre ans si je reste en disponibilité; je n'en pourrai prévoir le terme si je suis mis à la retraite ou placé en activité, parce que dans le second cas il me faudrait faire un gros emprunt pour dépenses de monture et de rééquipement.

M. Tanherat a dit à mon avoué qu'il se contenterait de vingt-cinq francs par mois. Si, comme je l'espère, le budget détruit la retenue proportionnelle, je veux bien payer par trimestre à M. Lebon la moitié de cette somme à partir du 10 août, pourvu qu'en la lui remettant vous payiez l'autre de la même manière. Je préviens M. Laporte, mon avoué, de cette proposition.

Je n'ai rien à répondre au reste de ta lettre, parce qu'il n'est pas de ton style.

Je t'embrasse ainsi que tes frères.

On devine à quel « style » le général Hugo fait allusion. Celle qu'il accusait d'être l'inspiratrice de ses enfants ne devait plus vivre que deux mois : Mme Hugo mourut le 27 juin 1821. Cette mort libérait le mari du « démon » qu'il détestait : il n'eut pas l'hypocrisie de la douleur.

Il est bien étonnant, ma bonne amie, écrivait le 15 août le colonel Louis Hugo à sa sœur, Mme Martin, que le général n'ait pas seulement fait part de la mort de sa femme à ses frères. Cette insouciance prouve combien il nous est peu attaché. Je suis porté à croire qu'il n'est pas malade et que la maladie dont il te parle n'est qu'un prétexte pour ne pas faire le voyage de Paris, attendu que depuis bien longtemps, il a pris le parti de ne rien faire que d'après les conseils de la misérable créature qui a fait le malheur de sa famille....

La « misérable créature » qui, on le voit, ne déplaisait pas moins au frère du général Hugo qu'à ses fils, n'attendit pas

(111)

LE GÉNÉRAL HUGO

longtemps l'heure de la régularisation. Trois semaines après la mort de sa première femme, le 20 juillet 1821, le général épousait à Chabris, dans l'Indre, « la dame Marie-Catherine Thomas y Sactoin, âgée de trente-sept ans, veuve du sieur Anaclet d'Almet, propriétaire, » ainsi qualifiée sur les registres de l'état civil de Nancy, tandis que la lettre de faire-part la dénommait « Mme veuve d'Almé, comtesse de Salcano. » Je dirai plus simplement que, parvenue à ses fins après dix-huit ans de concubinage et d'intrigues, la « fille Thomas » devenait la femme du général Léopold Hugo.

Le général ne semble pas avoir envoyé à son frère Louis une lettre de faire-part, puisque celui-ci écrivait à sa sœur Mme Martin le 17 janvier 1822 :

> Ma bonne amie,
>
> L'approche de la nouvelle année m'ayant déterminé à écrire au général, je viens de recevoir sa réponse. Elle est d'autant plus satisfaisante qu'il a comme moi pris le parti de ne pas parler de nos petits différends. Il me mande qu'il reçoit très souvent des nouvelles de ses fils, desquels il est content. A la vérité, il est des points qu'il n'a pas abordés avec eux et il a très bien fait.
>
> Je ne sais pas s'il t'a fait part de la détermination qu'il a prise, mais il paraît d'après ce qu'il me mande, que Mme de S. vient d'obtenir définitivement sa main. Si la chose est vraie, il faut bien en prendre son parti et faire contre mauvaise fortune bon cœur. L'ascendant qu'elle avait pris sur lui devait nous préparer depuis l'année dernière à apprendre d'un moment à l'autre cette nouvelle.

La sœur avait-elle été plus favorisée que le frère? Tout porte à le croire, et il est peu probable que la « chère Goton » eût été laissée dans l'ignorance de l'événement qui avait comblé les vœux de la « Madame » dont le général avait pris l'habitude de lui envoyer des nouvelles et des souhaits. Il avait fait légaliser par devant l'Officier Public de Chabris les « liens purement religieux » (ainsi s'exprimait la lettre de faire-part) qui l'unissaient à sa concubine, et le 30 mai 1822 — neuf mois après — il appréciait ainsi, dans une lettre à Madame Martin, le caractère de cette cérémonie.

DRAME DE FAMILLE

Tu sais bien, ma chère Goton, que, vieux mari depuis longtemps, je n'ai eu besoin de faire aucune des cérémonies d'usage entre les nouveaux mariés; il ne me manquait que le oui municipal, et je l'ai dit.

Nous n'allons pas à Paris pour une très bonne raison, c'est que la meilleure nous manque. Nous ne t'en remercions pas moins, mon épouse et moi, de l'offre que tu nous fais.

Nous t'embrassons de tout cœur, ma femme et moi.

Ton frère,

Le général HUGO.

La nouvelle belle-sœur, pour n'être pas en reste, ajoutait ce post-scriptum :

Ma chère sœur,

Je vous écris un mot sur la lettre de Hugo pour vous remercier de ce que vous me dites d'obligeant et d'affectueux. Quand vous pourrez un peu quitter Paris, nous vous engageons à venir passer quelque temps à la campagne avec nous. C'est le mois le plus agréable en ce que les jardins sont couverts de fleurs.

Votre sœur et amie,

Fᵉ HUGO.

CHAPITRE VIII

EN DEMI-SOLDE A BLOIS
LES DÉBUTS POÉTIQUES DE
VICTOR HUGO

RÉCONCILIATION ENTRE LE GÉNÉRAL HUGO ET SON FILS VICTOR ‖ JUGEMENTS DU GÉNÉRAL SUR LES POÉSIES DE SON FILS ‖ LE GÉNÉRAL COMPOSE DANS SA RETRAITE UN JOURNAL DES SIÈGES DE THIONVILLE ET UN POÈME HÉROÏ-COMIQUE ‖ PREMIERS SYMPTÔMES DE LA FOLIE D'EUGÈNE HUGO ‖ MARIAGE DE VICTOR AVEC MADEMOISELLE ADÈLE FOUCHER.

SI la mort de son ancienne femme avait laissé le général Hugo indifférent, ou même s'il avait ressenti les bienfaits d'une délivrance depuis longtemps et secrètement espérée, elle affecta douloureusement les enfants et surtout Victor, qui, amoureux d'Adèle Foucher, et ne pouvant plus vivre seul au monde, la demanda en mariage. La demande fut agréée, mais les parents de la jeune fille ajournèrent le projet jusqu'au moment où la position de ce jeune homme de dix-neuf ans serait un peu plus assurée. « Muni de cette promesse, il se mit au travail avec une ardeur nouvelle. Journal, odes, roman, théâtre, il fit de tout ou il essaya de tout. Pendant deux ans, il mena une existence active, haletante et fiévreuse, pleine de rêves, d'espérances et d'inquiétudes. Il avait un consentement, mais il lui en fallait un autre, celui de son père : l'obtiendrait-il ? Il restait à le demander au moment où il en aurait besoin. »

Ce passage du *Victor Hugo raconté* a laissé croire à tous

EN DEMI-SOLDE A BLOIS

ses commentateurs que Victor Hugo mit un long temps avant de correspondre avec son père, et M. Ernest Dupuy lui-même s'y est trompé. Il est vrai qu'un passage d'une lettre de Victor à Adèle, datée du 2 mars 1822, explique et provoque presque cette erreur. « Toi seule es digne d'un sacrifice, digne de tous.... Je suis fier et timide, et je sollicite : je voudrais ennoblir les lettres, et je travaille pour gagner de l'argent; j'aime et je respecte la mémoire de ma mère, et je l'oublie, cette mère, en écrivant à mon père. »

Ils n'avaient pas attendu, ses frères et lui, huit mois pour écrire à leur père. Dès le mois de janvier 1822, le général mandait, on l'a vu, à son frère Louis qu'il « recevait très souvent des nouvelles de ses fils, » dont il était très content. Ce témoignage est décisif, mais il en est de plus probants encore. Si la *Correspondance*, déplorablement incomplète, s'ouvre, pour les lettres de Victor à son père, sur une lettre du 4 juillet 1822, il s'en faut que ce fût la première qu'il lui écrivait depuis la mort de sa mère. Le moins que je puisse dire, d'après les documents que j'ai entre les mains, c'est qu'il lui avait écrit dès le mois de novembre 1821, soit quatre mois après le grand malheur. J'apporte, en effet, une contribution inespérée à l'histoire des relations du général Hugo et de son fils le plus célèbre, — tout un dossier inédit de lettres du père, qui vont du 19 novembre 1821 au 23 février 1826. Riches de documents et de faits nouveaux, elles commentent et elles expliquent la correspondance publiée de Victor, dont elles montrent le respect dévoué envers un père inconnu ou méconnu pendant une vingtaine d'années et qui, reconquis, va reprendre ses droits et exercer l'influence de son expérience et de son bon sens.

Le général Hugo, au moment où il écrivait à son fils Victor le 19 novembre 1821, habitait à Blois, comme locataire, une vaste maison de campagne, le Prieuré de Saint-Lazare, dont il devint propriétaire conjointement avec sa seconde femme, le 1er mai 1822.

Mon cher Victor, j'ai lu plusieurs fois ta lettre du 14. Je savais très bien qu'Eugène et toi vous ne suiviez pas vos cours avec assiduité et j'attendais que d'un jour à l'autre vous m'en fissiez connaître la raison. Je ne la vois pas tout entière dans l'excuse respectable que vous me donnez[1], mais je crois devoir la chercher dans les goûts, nés avec vous, pour la littérature, dans ton penchant pour la poésie, penchant qui m'a fait tant gronder votre oncle Juste, parce qu'il le détournait des devoirs de son état; penchant qui m'entraîne aussi bien souvent, mais que tu justifies par des vers vraiment admirables. Créé, non sur le Pinde, mais sur un des pics les plus élevés des Vosges, lors d'un voyage de Lunéville à Besançon, tu sembles te ressentir de cette origine presque aérienne et ta muse est constamment sublime dans ce que j'ai vu; mais, mon ami, que t'ont encore valu ces beaux vers? Ils t'ont détourné d'un état sans lequel on ne peut vivre quand on a tout perdu, et malheureusement tu as vu repousser toutes nos espérances du côté de l'Espagne et de Naples[2]. Cependant un riche mobilier, la solde gagnée, les indemnités pour frais faits, eussent dû paraître sensés; d'un autre côté, si tes vers t'ont donné quelques protecteurs, aucun d'eux ne paraît avoir rien fait pour toi. J'aurais voulu voir M. de Ch.[3], te faire attacher à son ambassade de Berlin; l'ancien rang de ton père ne te mettait point en dessous de cette prétention.

Mais, mon cher Victor, n'est-il donc aucune grâce à obtenir du gouvernement en votre faveur? Par moi surtout, qui n'en ai sollicité ni reçu une seule; par moi qui, depuis 1809, ai vu, quoique toujours victorieux, anéantir le fruit de mes anciens services et les nouveaux rester sans récompense. Sans quelque grâce du gouvernement, je ne puis rien faire de plus que ce que je fais, puisque sur 7 840 francs que je reçois par an, je puis prouver que 6 400 sont destinés à éteindre mes dettes, à faire votre pension et à payer ma portion d'une propriété que j'ai secrètement achetée de moitié[4]; et dans cette somme de 6 400 francs ne figurent ni mes déboursés envers M. Regnaud, ni ceux envers M. Leroy

---

1. Il est probable que les deux jeunes gens avaient pris pour excuse du relâchement de leurs études la maladie et la mort de leur mère.

2. Le général Hugo n'avait vu, en effet, se réaliser ou se maintenir aucune des espérances que la protection de Joseph Bonaparte lui avait données à Naples et en Espagne. Il avait tout perdu : pensait-il que l'activité de ses enfants aurait réussi à lui rendre une partie de sa fortune?

3. L' « enfant sublime » avait conquis l'amitié de Chateaubriand, qui lui aurait, d'après le *Victor Hugo raconté*, offert une place auprès de lui à l'ambassade de Berlin : il l'avait refusée pour ne pas quitter sa mère.

4. De moitié avec sa seconde femme, dont il ne parle pas encore à ses fils. Il est peu probable que les enfants ignorassent à ce moment le mariage de leur père, mais il s'écoulera des mois avant que leur correspondance y fasse allusion.

ni les frais de procédure ; aussi, je ne conçois comment je fais face à tant de charges qu'en examinant les habits que je porte et la vie retirée que je mène.

Vous vous rappelez tous que lorsque vous me demandâtes à conserver ce que votre mère laissait, j'y consentis avec empressement : papiers, effets, contrats, je n'eus point de réserve, mais je pensais que des sommes énormes qu'elle avait reçues de moi, quelque chose de bon, quelque propriété enfin, vous restait. Point du tout ; vous ne paraissez avoir hérité que de dettes et de vieilles dettes. Relisez le long état de ces sommes ; recherchez si votre mère a touché toutes celles qui lui ont été adressées par moi à Paris, toutes celles que le général Lucotte a dû lui remettre pour mon traitement de Cour. Je suis certain du paiement de tout ce que je lui ai fait remettre à Madrid, mais n'aurait-elle pas touché les envois dont je parle, et surtout d'une seule fois une somme de 30 000 francs dont je viens d'anéantir la dette? Avoir touché tant d'argent et ne vous avoir rien laissé serait une chose impossible ! Voyez donc, recherchez ; cela vous regarde, puisque je vous ai fait l'abandon que vous désiriez. Ne craignez surtout rien de moi : jamais ma loyauté et ma franchise ne se sont un instant démenties et je ne commencerais pas par vous.

Je vais vous envoyer par les messageries royales et à chacun, comme souvenir de famille, trois exemplaires du *Journal Historique de Thionville en 1814 et 1815* [1].

Ma santé se soutient, à quelques infirmités près, que je m'attacherai à détruire, s'il est possible, au printemps prochain.

Je vous embrasse tendrement tous les trois.

Votre père,

Le général Hugo.

Une lettre du général à son fils cadet, du 29 janvier 1822, prouve l'intérêt qu'il portait à ses travaux littéraires. Victor le tenait au courant. Il venait de composer une ode, intitulée *Le Dévouement*, qui s'inspirait d'un passage de Tacite sur les ravages causés par la peste. Cette ode suggérait à son

---

1. *Le Journal Historique du Blocus de Thionville en 1814, et de Thionville, Sierck et Rodemack en 1815* avait paru à Blois en 1819 chez Verdier, breveté du Roi. Cette brochure de 224 pages ne portait pas de nom d'auteur : elle avait été « rédigée sur des rapports et mémoires communiqués par M. A.-An. Alm, ancien officier d'état-major au Gouvernement de Madrid. » On comprend que le général Hugo, séparé de ses enfants en 1819, ne leur eût pas envoyé un ouvrage qu'il avait eu l'idée étrange d'attribuer au premier mari de la femme avec laquelle il vivait : Anaclet d'Almet !

père des réflexions et des conseils qui ne sont pas sans valeur.

Je réponds à la hâte à ta lettre du 24 que j'ai reçue hier, parce que j'y vois que tu destines ton ode à une des prochaines séances de l'Académie des Jeux Floraux, et que je désire que tu réfléchisses sur les irrégularités que j'y ai remarquées.

Je suis pleinement de ton avis : l'ode s'accommode mal des particularisations et surtout de l'insertion de noms peu poétiques; mais alors on peut dédier nominativement, l'ode va à son adresse et ne perd rien de son grand caractère. Tous les noms des médecins français qui se sont dévoués à Barcelone, mis en tête, ne gâteront rien, au contraire, quel qu'en soit le nombre. Voilà mon opinion; passons à mes notes.

Un auteur dit : Un vers est défectueux quand le premier hémistiche rime ou a quelque convenance de son avec le dernier; ou quand le dernier hémistiche d'un vers rime avec le premier du vers qui le précède; ou quand le dernier hémistiche d'un vers rime avec le premier du vers suivant; ou enfin quand les deux premiers hémistiches de deux vers qui se suivent riment ensemble.

Or revois mon cher Victor.

Strophe 3.

> Quand Dieu, las de *forfaits*, se lève en sa colère
> Il suscite un fléau formidable aux *cités*.

Pourquoi des *peuples en démence?* Je ne comprends pas cet hémistiche-là[1].

Strophe 7.

> Chacun reste *absorbé* dans un cercle éphémère
> La mère embrasse en *paix*, etc...
> Et les plaisirs du lendemain,
> Car tels sont les humains, plaindre les importune.

Strophe 11.

> Ils contemplent *de près* l'hydre non assouvie.
> Pour ravir ses *secrets* résignés à leur sort.

Le père avait raison contre le fils :

> D'un vil germe, ignoré des peuples en démence,
> Un géant pâle, un spectre immense
> Sort et grandit au milieu d'eux.

Cet « en démence » n'est pas très compréhensible.

EN DEMI-SOLDE A BLOIS

Strophe 13.

Le deuxième vers finit par la rime *bourreaux*, l'hémistiche du troisième par le mot *échafaud* et le quatrième vers par le mot *héros*.

Le même auteur dit : si les vers sont mêlés, la même rime ne peut être employée que deux fois de suite et ne peut revenir qu'après huit ou dix vers : c'est dans les stances surtout qu'il est nécessaire d'observer cette règle.

Or, les dernières rimes de la 9ᵉ strophe sont *frères*; cependant les deux premières rimes de la 10ᵉ sont *mourir* :

   solitaires
   plaisirs

Dans la 12ᵉ strophe, il n'y a que la rime *dévorant* entre celles : volontaire

  terre
  meurtrières
  prières.

Cette strophe finit par les rimes : meurtrières
       prières
       mourant

et la 13ᵉ commence par les rimes : frères
       bourreaux
       téméraires.

Revois tes odes pour y faire disparaître ces défectuosités. »

Étaient-ce vraiment des défectuosités? Le fils ne dut pas partager l'opinion de son père, car la pièce, publiée six mois après dans l'édition originale des *Odes et Poésies diverses*, ne contenait aucune des corrections suggérées. Victor Hugo suivait les inspirations de son génie et créait des règles tandis que le général, rimailleur à ses heures, avait besoin de consulter les règles posées par « un auteur » pour s'assurer de la régularité de ses vers.

Que sont devenues les lettres de Victor Hugo? La *Correspondance* générale est muette jusqu'au mois de juillet 1822. Je souhaite que M. Gustave Simon, si attentif à la gloire du poète, nous en fasse, dans l'édition monumentale dont il prépare avec tant de soin les derniers volumes, l'heureuse révélation, avec toutes les autres lettres, — celles à Biscarrat, par exemple, — sans lesquelles trop de points d'une prodigieuse carrière resteront encore incomplètement éclaircis. D'ailleurs toute la publication de la correspondance de Victor Hugo est à refaire.

Entre le père et le fils, raccommodés sans s'être revus, il y avait un échange de documents et de manuscrits où chacun apportait ses productions, qu'il soumettait au jugement de l'autre. Le général Hugo, dont l'activité s'appliquait à une infinie variété de sujets, avait écrit un *Mémoire sur la haute police à exercer par les commandants supérieurs dans les villes et provinces en proie aux maladies contagieuses, particulièrement à la fièvre jaune et à la peste.* En 1822, cet opuscule n'avait pas encore paru. Victor, qui trouvait ainsi un moyen de flatter l'amour-propre de son père, le lui demanda : le général le lui envoya le 16 février.

Tu as désiré voir celui de mes livres qui traite des maladies contagieuses. Je t'envoie en conséquence mon manuscrit. Tu le parcourras. M. le Maréchal[1] remettra des *Systèmes* à celui de vous trois qui lui portera mon billet. Ces *Systèmes* sont le 7ᵉ livre de mon ouvrage. Rappelez-vous qu'aucun ne doit sortir de vos mains ni être communiqué ; il faut que je les revoie tous avant de me déterminer sur la destination que je leur donnerai.

Je t'envoie enfin quelques échantillons de mes délassements ; quand tu les auras lus, tu les joindras au volume pour me réexpédier le paquet.

J'ai beaucoup d'opuscules de ce genre. Mes nouvelles en prose, mes comédies du même genre, sont trop médiocres pour voir le jour, mais s'il y avait des idées qui pussent te servir, tu peux te les approprier hardiment. Quant à mes contes en vers, je rimaille ; cela me désennuie, et mon but est rempli. Je n'attache quelque importance qu'à mes ouvrages militaires.

Si Magimel ou du moins ses successeurs traitent pour un échange de livres, je m'occuperai de quelque chose de sérieux.

J'embrasse Abel, Eugène et toi.

Cette lettre prouve, contrairement à ce qui a été presque toujours écrit, que Victor n'avait pas attendu l'époque de

1. Le Maréchal Jourdan.

EN DEMI-SOLDE A BLOIS

son mariage pour se réconcilier avec son père et pour établir avec lui des relations intimes. Cette intimité avait déjà pris huit mois avant ce mariage un tel caractère que, sûr du génie de son plus jeune fils, âgé de vingt ans, le père lui confiait ses « délassements » poétiques pour connaître son jugement et même — qui l'eût cru ? — pour lui permettre d'en tirer un parti personnel.

De son côté, tout en lui manifestant la plus grande admiration, il lui donnait des conseils. Le mois d'avril 1822 fut pour Victor Hugo un mois de production abondante et il ne manqua pas de prélever sur ce « butin de vers » de quoi satisfaire l'impatience du général, qui lui écrivait le 8 :

Mon cher Victor. Je t'envoie un exemplaire du *Journal historique* pour M. de Pons, dont tu as fort bien jugé l'épître.

Tes deux odes étincellent de beautés, mais, je t'en prie, ne donne pas à la critique l'occasion de dire que tu dédaignes les premières règles de la poésie; on ne peut trop respecter les vieilles entraves que les maîtres ont posées. Relis à ce sujet, s'il en est besoin pour toi, mes remarques sur l'ode de Barcelone.

Je joins au paquet de mes opuscules une lettre pour M. le Maréchal Jourdan.

Je t'ai recommandé le secret sur mes productions littéraires, d'abord parce que, fruits peu laborieux de mes loisirs, elles ne sont pas en état de supporter même une légère critique; or, quand celle-ci est peu légère, sa main lourde est rarement charitable. En second lieu, comment les gens de lettres qui vous environnent verraient-ils certaines opinions ou politiques, ou métaphysiques, ou scientifiques, que j'y ai répandues çà et là ? A vous je puis dire, écrire, montrer beaucoup de choses ; vos devoirs envers moi sont là pour m'excuser. Personne que vous n'a ces motifs.

Cependant, à l'exception de l'opuscule que vous recevrez de M. le Maréchal et que je ne puis confier qu'à vous seuls avant de prendre un parti, je ne m'opposerai point à ce que vous communiquiez des fragments dont le fond ne puisse vous nuire, et pourvu toutefois qu'ils ne reçoivent aucune publicité pour la presse.

Si les successeurs de Magimel voulaient traiter de mon supplément aux ouvrages publiés, je pourrais consentir, sous la condition de le revoir avant tout.

LE GÉNÉRAL HUGO

Parlons maintenant de toi. On t'a promis à la maison du roi, m'écris-tu, une pension viagère et au Ministère de l'Intérieur une sinécure littéraire. Ne pourrais-tu donc pas venir passer avec moi, après le 20, ne fût-ce qu'un couple de jours ? Nous causerions de tous tes intérêts. Il ne faut par les messageries que 15 francs et vingt heures pour être rendu ici. Réfléchis à cela ; tu dois avoir bien des choses à me dire, et le plus tôt sera le meilleur. L'espoir que mon invitation peut te décider fait que je ne t'adresse aucune lettre de recommandation ; il vaudrait beaucoup mieux que je n'en fisse qu'après t'avoir entendu.

Je sais que Louis vous écrit assez souvent et vous aime beaucoup ; je le crois payé de retour.

Ta lettre s'est croisée avec la mienne et mon envoi du 3. Vous avez vu que je n'oublie pas les obligations que j'ai contractées. Voilà celle de M. E. terminée ; maintenant à d'autres. Je t'embrasse, ainsi que tes frères, bien tendrement.

P. S. — Tu m'enverras franco de port ou tu m'apporteras le *Manuel du Limonadier et du Confiseur,* annoncé dans le nᵒ 317 de *L'Étoile.* Je t'en remettrai ou t'en enverrai le montant.

Occupé à préparer l'édition de ses *Odes et Poésies diverses* et retenu par l'amour passionné qu'il portait à sa fiancée, dont toute séparation d'avec elle, si courte fût-elle, lui était un supplice, Victor ne fit pas le voyage qui lui était proposé. Peut-être aussi était-il moins pressé de rencontrer la seconde femme du général que celui-ci de le présenter à elle. Le 25 mai, son père lui écrivait :

Mon bon ami, je t'envoie ci-joint ma lettre pour le général Rousset d'Hurbal. Remets-la lui toi-même, c'est un excellent homme.

J'ai reçu le paquet, je t'en remercie. Je ne suis pas pressé pour les autres opuscules. Quand j'aurai une occasion, je t'enverrai mon poème intitulé *Révolte des Enfers,* héroïcomique en vers alexandrins.

Je te répète qu'Eugène m'a grossièrement écrit qu'il ne voulait plus rien de moi, etc....; que dans mon prochain envoi, qui sera cependant le même, il sera censé non compris, mais que vous ne lui donnerez son tiers qu'autant qu'il sera sans emploi et que vous jugerez qu'il en a besoin. Vous sentez que je ne dois plus rien lui adresser directement puisqu'il repousse ce que je fais d'une manière aussi inconvenante.

EN DEMI-SOLDE A BLOIS

Je ne suis pas rassuré sur ton avenir par une simple pension sur la liste civile; tu sais que celle-ci n'est fixée que pour la durée d'un règne. Cours en même temps l'autre lièvre au Ministère de l'Intérieur.

Qu'as-tu fait, que t'a-t-on dit à ce Ministère pour la Société d'Émulation de Blois? Tâche de me faire savoir très positivement où en est la demande du préfet de Loir-et-Cher.

Dis à Abel de s'informer mieux de ce que veut dire l'avis aux créanciers sur l'Espagne, paru dans *L'Étoile.*

Je vous embrasse de tout cœur.

> Votre père,
>
> Le général Hugo.

Si la dignité du général avait été froissée par les termes « grossiers » et « inconvenants » d'une lettre de son fils Eugène, faut-il en conclure qu'il avait ignoré jusque-là les bizarreries d'un caractère que la folie guettait? Ce serait une erreur. Depuis des années ces bizarreries avaient fait le tourment des deux autres frères. Ils n'avaient négligé aucun des soins dont leur tendresse, si cruellement affligée, était capable, mais ils avaient attendu jusqu'au mois d'avril 1822 pour en faire la révélation à leur père. A cette date Victor lui écrivit une lettre, tout entière de sa main, et que signa aussi Abel. Elle a été, pour la première fois, publiée par mes soins[1] et, depuis, souvent reproduite. Si, à mon tour, je me l'emprunte, c'est que son importance lui assigne une place exceptionnelle dans les relations du général Hugo et de ses fils.

> Mon cher papa,

Depuis hier nous sommes dans la désolation. Il y a bien longtemps qu'Eugène était tout à fait changé pour nous. Son caractère sombre, ses habitudes singulières, ses idées bizarres avaient mêlé de cruelles inquiétudes aux dernières douleurs de notre mère bien-aimée. Si nous n'avions mené une vie aussi paisible et aussi simple, on eût pu croire que quelque chose de violent se passait en lui. Depuis la perte de notre pauvre mère il avait cessé de témoigner à ses frères et à ses amis aucune affection. Avant-hier enfin il a disparu, nous laissant un billet froid et laconique où il nous annonce

1. Voir *Les Amours d'un Poète.*

LE GÉNÉRAL HUGO

que « des événements imprévus l'obligent à partir à l'instant même » et où il nous fait pressentir qu'un jour il reviendra. Nous nous perdons en conjectures et en recherches; depuis longtemps nous remarquions qu'il sortait à des heures extraordinaires, nous empruntait notre argent, souvent en revenant plusieurs fois en demander dans la même journée; qu'il écrivait des lettres, cachées pour ses frères, qui n'avaient point de secret pour lui. Pourquoi faut-il que ce dernier acte de folie nous force à te révéler ce que nous aurions voulu te laisser toujours ignorer, afin de t'épargner au moins celle-là d'entre les souffrances de notre mère? Mais après avoir attendu son retour vingt-quatre heures, il est de notre devoir de t'informer de cette disparition déplorable. Nous t'en supplions, mon cher papa, songe que ce pauvre Eugène est encore plus à plaindre que nous; quelques mots de son billet nous font craindre qu'il ne t'écrive une lettre qui serait marquée au coin de la plus inexplicable ingratitude si elle n'était dictée par la démence. Rappelle-toi, mon cher papa, toute ta tendresse de père, toute ton indulgence d'ami; Eugène a un excellent cœur, mais la position incompréhensible où il paraît placé le force à chercher des prétextes bons ou mauvais pour colorer sa conduite. Peut-être ton fils, qui semble avoir été entraîné par des liaisons funestes, sortira-t-il pur et honorable de l'abîme où nous le croyons tombé. Mais alors pourquoi ne nous avoir laissé en partant aucune trace d'affection?

Suspendons notre jugement, mon cher papa; Eugène a un bon cœur; il reconnaîtra sa faute; en attendant, plaignons-le et plains-nous comme nous te plaignons. En attendant ta réponse, nous t'embrassons tendrement. Peut-être va-t-il revenir et nos bras comme les tiens lui seront ouverts.

Tes fils désolés et respectueux,

Victor, A. HUGO.

Après une telle lettre, si émouvante et d'un tact si parfait, le général était renseigné sur la situation d'Eugène. Les mots de « folie » et de « démence » que Victor avait employés ne pouvaient lui laisser aucun doute. Il n'était pas jusqu'à la lettre, « marquée au coin de la plus inexplicable ingratitude, » que son second fils pouvait lui écrire dont il ne fût averti.

Pourquoi, dès lors, son étonnement, son indignation et sa rancune? Sa haine contre la mère de ses trois enfants était-elle si tenace et si âpre qu'il prît pour une injure

EN DEMI-SOLDE A BLOIS

inexpiable la douleur, poussée jusqu'à la folie, dont sa
mort avait frappé Eugène? Ou voulait-il, malgré la précision
accablante des faits, croire à l'exagération de l'incident
déplorable qui lui était rapporté? Rien, jusque-là, ne l'avait
averti. Victor et Eugène s'étaient tus sur des incidents dont
ils n'avaient pas voulu faire partager à leur père la souffrance.
Et ce ne sont pas les lettres d'Eugène qui étaient de nature
à lui laisser soupçonner son état mental! Tout au contraire.
Celles que M. Louis Belton a communiquées le 1er mars 1921
à la *Société des Sciences et Lettres de Blois* [1]. font, il est
vrai, allusion à une madadie qu'Eugène avait contractée à
sa sortie de la pension Cordier, mais elles n'en précisent pas
le caractère et elles ont, d'un bout à l'autre, une force de bon
sens qui surprendrait si l'on ne savait pas les alternatives
par lesquelles un cerveau troublé peut passer avant la chute
complète. Son père l'avait interrogé sur ses projets d'avenir :
il en discute avec un équilibre, une netteté et une sagesse
tels qu'ignorant ses incartades, le général ne pouvait pas
soupçonner la maladie mentale dont il était déjà atteint. Il
avait pensé, en janvier, à faire entrer Eugène dans la carrière
diplomatique en l'attachant à la personne de M. de Serre,
et il s'en était ouvert dans une lettre à Abel. Ce fut Eugène
lui-même qui répondit : son refus, respectueux et ferme,
s'appuyait sur les raisons les plus solides. « Cela ne
m'empêche pas, mon cher papa, disait-il en terminant, de te
remercier comme je le dois des soins que tu prends pour
nous et d'être reconnaissant de ta proposition comme si
elle avait réussi et comme si elle avait pu combler tous mes
vœux. »

Comment cette reconnaissance si délicatement exprimée
avait-elle fait place brusquement à l'inconvenance d'une
lettre grossière? On ne peut l'expliquer que par une des
crises où tombait le malheureux jeune homme. Une lettre
de Victor, du 4 juillet, en dit assez sur ce point. « Eugène
n'a d'autre ressource que la pension que tu lui fais, en
attendant qu'il s'en soit créé par son travail; c'est pour cela

1. Elles ont été publiées par M. Pierre Dufay dans son livre si intéressant sur
Eugène Hugo, Paris 1924, chez Jean Fort.

LE GÉNÉRAL HUGO

que je le recommande si souvent à votre générosité. *Nul doute qu'en se calmant il ne sente toute la reconnaissance qu'il te doit.* »

Le général et Victor se rendaient réciproquement des services. Il venait de se fonder à Blois une *Société d'Émulation*, d'un caractère littéraire, dont le général faisait partie et qui avait besoin pour vivre de l'autorisation ministérielle. L'autorité, « dans ce moment de trouble, » était ombrageuse et elle redoutait que la littérature ne fût un prétexte à l'opposition : aussi le Ministère accordait-il très difficilement ces sortes de demandes. Les bureaux ne se pressaient pas de les faire sortir des cartons où elles dormaient d'un sommeil paisible, qui n'inquiétait pas le pouvoir. Elles se trompaient aisément de direction. Ainsi en fut-il de celle qu'avait faite la *Société d'Émulation* de Blois. Victor dépensa à sa recherche, d'un Ministère à l'autre, une peine que le succès ne couronna pas. Le 18 juillet son père lui envoya des renseignements pour l'aider dans ses démarches :

- Mon cher Victor.

J'ai communiqué ta lettre à la *Société d'Émulation*, qui s'en est montrée très reconnaissante et qui s'est empressée de demander au Préfet ce que la demande qu'elle lui avait faite était devenue. Le Secrétaire général a répondu en l'absence de son chef, actuellement à Paris, qu'elle avait été transmise au ministre de l'Intérieur. J'ai à cet égard écrit directement à ce ministre par l'entremise de M. de Clermont-Tonnerre; un des membres de la Société a aussi écrit de son côté au Secrétaire général de la Préfecture de Police à Paris et nous espérons que l'emploi de ces moyens fera sortir des cartons où on la tient enfouie cette demande que tu as vainement fait rechercher dans les bureaux.

On t'avait, m'as-tu écrit dans le temps, promis une sinécure littéraire. Si la place d'auditeur au Conseil d'État rapportait quelque chose, je t'y verrais avec plaisir colloqué, car elle te mènerait avec le temps aux premiers emplois de l'administration.

Je vois avec peine que tu ne puisses rencontrer le général Rousset d'Hurbal que j'aime beaucoup, qui m'aime également et qui sans doute te fera partager les vieux sentiments qu'il a pour moi.

Cliché Hachette.

BLOIS EN 1830, VUE PRISE DU PONT

Lithographie d'Asselineau. (Bibliothèque Nationale, Estampes.)

EN DEMI-SOLDE A BLOIS

J'ai partagé la retenue que je suis forcé de vous faire en trois mois. Il m'a fallu payer une somme à M. T. pour le mémoire de M. Leroy et je dois encore plus de 300 francs sur les 1 540 que je paie pour votre mère.

Je t'ai dit que je t'enverrais mon poème aussitôt que j'aurais une occasion, ou de quoi faire un paquet.

Je relis tes odes. Tâche d'avoir une teinte moins mélancolique. Ne reviens plus aussi souvent sur ton âge : on le sait maintenant et ce serait quêter des éloges ou les forcer ; la beauté de tes vers t'en assure assez.

Louis m'a accusé réception de ton volume d'*Odes*; il en a été très content.

Sois plus sévère sur les règles de la versification, car j'ai lu tes odes, je les admire, mais la critique y trouvera que tu négliges trop cette partie essentielle de la bonne poésie. Que dirais-tu de vers latins qui manqueraient de mesure?

Je t'embrasse et suis tout à toi.

Ton bon père,

Le général Hugo.

Il ne faut pas s'étonner que le général donnât des conseils de versification à son fils. Celui-ci les avait, sinon sollicités, du moins acceptés avec empressement. « J'attends avec impatience, écrivait-il à son père le 4 juillet, ton poème et les conseils que tu m'annonces. Je te remercie vivement de toute la peine que je te cause; ils pourront m'être fort utiles pour ma seconde édition à laquelle je vais bientôt songer, car celle-ci s'épuise avec une rapidité que j'étais loin d'espérer. » Les conseils du père étaient bons sur un point : on savait l'âge de son fils, qui n'avait plus besoin d'y insister. Mais n'est-il pas curieux qu'il le mît en garde contre les négligences de sa versification? Victor Hugo avait, à vingt ans, le souci des règles établies et ses pièces avaient un tour classique qui ne manquait pas de mesure. Il ne prit que plus tard des libertés, de plus en plus audacieuses d'ailleurs, avec la prosodie traditionnelle.

Son mariage était décidé : quand aurait-il lieu? Le général, qui avait donné son consentement au début de mars, se prêtait de bonne grâce aux formalités qu'il restait à remplir. Sa lettre du 22 juillet témoigne de sa bonne volonté, mais elle pose pour la première fois la question de son second mariage.

(127)

LE GÉNÉRAL HUGO

Mon cher Victor,

La lettre ci-jointe à M. et Mme Foucher est une réponse à la tienne du 18. J'en laisse la date en blanc afin de te laisser le maître d'attendre la nouvelle faveur que l'on te promet. Je te félicite sur la première; tu feras bien d'aller personnellement remercier le général Rousset d'Hurbal, soit qu'il y ait contribué ou non. J'ai la persuasion qu'il n'a rien négligé pour te servir auprès du général Lauriston, avec qui il est lié. Je lui écrirai de mon côté sans craindre que cela nuise à tes assurances.

Il faudra, mon bon ami, quand il en sera temps, que mon consentement soit accompagné de celui de mon épouse actuelle, dont j'aurais adressé les compliments à M. et Mme Foucher sans les préventions qu'on a établies contre elle. Mais, malgré tout ce qu'on en a osé dire, chacun cherchant son bonheur dans les mœurs et le caractère de sa compagne, si les mœurs et le caractère de la mienne n'eussent point convenu à mes principes sévères de probité et de délicatesse, crois-tu que je l'aurais pour la vie associée à mon sort? Non, mon ami, et cette réflexion seule devrait détruire de fond en comble toutes les préventions.

J'ai parlé à plusieurs libraires de Blois de tes vers. Je pense que l'un d'eux, M. André Eloy, en aura demandé quelques exemplaires.

Ma dernière lettre t'a fait part de ce qu'avait fait la Société de Blois. La lettre du Secrétaire général dit positivement que la demande a été transmise au ministre de l'Intérieur.

Ma santé, pour le moment, n'est pas mauvaise, mais les palpitations m'annoncent tous les changements de temps, avec plus ou moins de violence et de malaise. Vingt-cinq années de guerre ont furieusement hypothéqué les militaires qui servent depuis la Révolution.

Je t'enverrai très incessamment mon poème et, pour grossir un peu le paquet, j'y joindrai quelques exemplaires du *Journal historique*. Tu pourras en adresser un à la classe de l'Académie, qui du reste a fait faire des expériences sur l'étendue du son; elle y verra que le canon de Brienne, et peut-être celui de Montmartre, a été entendu à Thionville.

Je t'embrasse ainsi que tes frères.

Ton bon père,

Le général HUGO.

Quand Victor Hugo avait sollicité, en vue de son mariage, le consentement de son père, il ne l'avait pas fait « sans ennui et sans crainte.... Sa nouvelle femme ne le pousserait-elle pas à refuser? » Il n'en fut rien ou, du moins, « la bonté du général fut plus forte que toute influence et que toute rancune. » La demande qu'il adressa aux parents d'Adèle louait la « sensibilité exquise, l'excellent cœur » de Victor, qui répondaient de ses « autres qualités morales, » et il ajoutait avec fierté comment son fils s'était, « avec une distinction rare, ouvert une carrière brillante. »

Cette lettre remplit de joie le jeune homme, mais « il y avait un nuage! » C'était la seconde femme du général. Désormais il devenait impossible de l'ignorer et il fallait compter avec elle. Son consentement devait-il accompagner celui de son mari, comme celui-ci le prétendait? Juridiquement, cela paraît douteux, mais la question était posée de telle sorte qu'il n'y avait plus moyen de l'éluder. Le père, qui avait accepté la fiancée de son fils sans la discuter, n'admettait pas que l'on discutât une femme qu'il avait choisie sans se départir de ses « principes sévères de probité et de délicatesse. » Ses enfants seraient-ils plus sévères que lui? Le cas aurait été embarrassant pour Victor s'il ne l'avait pas réglé avec son habituelle droiture. Dans la même lettre où il parlait du « vide immense laissé dans son cœur par la perte de sa bien-aimée mère, » il n'hésitait pas à affirmer sa déférence pour la seconde femme du général dans des termes irréprochables : ce cœur de vingt ans avait un tact parfait et la plus ferme dignité. « Je n'ai aucune prévention contre ton épouse actuelle, n'ayant pas l'honneur de la connaître. J'ai pour elle le respect que je dois à la femme qui porte ton noble nom; c'est donc sans aucune répugnance que je te priais d'être mon interprète auprès d'elle; je ne crois pouvoir mieux choisir, n'est-il pas vrai, mon excellent et cher papa? » (26 juillet).

Le « papa » répondit le 31 juillet 1822 à celui qui se disait, avec une insistance encore plus marquée qu'à l'ordinaire, un « fils heureux, dévoué et respectueux. »

Je suis vraiment fâché, mon cher Victor, des obstacles qui reculent l'heureux instant, objet de tous tes désirs, car si ton mariage avait pu se faire avant le 1er septembre, je t'aurais engagé à venir passer ici avec ta femme le temps des vendanges. Cette époque est toujours agréable pour de jeunes Parisiennes peu habituées à la grosse joie causée par la récolte du pampre. Mais si vous ne pouvez cette année, nous tâcherons que ce soit pour celle qui va la suivre.

Je ne me rappelle aucunement de ce M. Abayma[1] dont tu me parles. Peut-être, si tu m'avais parlé de sa résidence en Espagne, aurais-je pu mieux fixer mes souvenirs.

J'ai directement adressé à M. de Corbière une demande pour l'autorisation de la *Société d'Emulation de Blois*; cette demande a été appuyée par M. le Marquis de Clermont-Tonnerre, qui a eu la bonté de m'en donner avis. D'un autre côté, le secrétaire général du département, en l'absence du préfet, m'a annoncé par écrit que la demande avait été transmise au Ministère de l'Intérieur. Le secrétaire de la Société a dû t'envoyer ce matin, franco de port, la copie de nos statuts et la liste des sociétaires. Vois d'après cela à presser l'expédition de l'autorisation.

Je suis bien aise du parti que tu as pris de remettre toi-même ma lettre au général Rousset d'Hurbal. C'est pour toi une bonne connaissance à faire, et c'est un homme fort doux et fort aimable.

Ma femme a été sensible à ce que tu lui dis d'obligeant dans ta lettre et t'en remercie cordialement. Elle t'embrasse ainsi que moi et fait des vœux pour ton bonheur.

A partir de ce moment, la glace était rompue. La seconde femme du général Hugo était acceptée par Victor, qui ne pouvait pas répondre par un refus outrageant aux bons procédés de son père. Il s'était résigné à subir une situation établie, contre laquelle il n'y avait plus rien à dire ni à faire. Je ne doute pas que son cœur ne fût douloureusement meurtri, mais devait-il sacrifier au souvenir, toujours cher et sacré de sa mère, un mariage d'amour dont elle avait favorisé l'heureuse et si pure ébauche?

Victor avait reçu le poème de son père : *La Révolte des Enfers*, quatorze chants, dont chacun, de cent vers, était précédé d'un sommaire en prose qui en expliquait le sujet. Il l'avait trouvé « ingénieux » et il flattait l'amour-propre de

---

1. Victor disait dans sa lettre : « ... Un Espagnol, nommé d'Abayma, qui m'est venu voir hier, m'a parlé de mon père de manière à m'en rendre fier, si je ne l'avais pas déjà été. »

EN DEMI-SOLDE A BLOIS

son père en lui disant que plusieurs de ses amis, « littéra-
teurs des plus distingués, » avaient porté le même jugement
que lui. Il l'avait relu trois fois, il en savait des passages
par cœur et il en citait... un vers que je replace et que je
souligne dans la partie du chant I auquel il appartient. C'est
l'Éternel qui donne des ordres à l'ange Gabriel : il flétrit les

> ... noirs charlatans, qui parlant de ma gloire,
> Endorment les humains de vieux contes en l'air
> Et leur tirent de l'or, au nom du purgatoire.
> Un tel abus m'outrage, et je sens le besoin
> D'y mettre un terme prompt. Je ne charge personne
> D'accorder mes bienfaits, et de prendre le soin
> *De vendre à tout venant les pardons que je donne.*

A parler franc, le poème était médiocre et si j'admire la
belle calligraphie du manuscrit, je ne suis pas tenté de risquer une publication qui serait loin de consacrer la gloire
littéraire du général. Victor ne pouvait pas s'y méprendre.
Les articles qu'il avait publiés dans *Le Conservateur Littéraire* attestaient la précocité d'un sens critique très aigu et
son amour filial, même dans sa fraîcheur ardente, ne pouvait
pas lui faire illusion sur le talent poétique de son père.

Le mariage du jeune auteur des *Odes* approchait et il se
préoccupait de réunir les pièces nécessaires à sa célébration,
« si lente à venir. » Le 31 août, il priait, ne connaissant lui-
même personne à Besançon, le général de lui faire envoyer
son acte de naissance et son extrait de baptême. Mais avait-il
été baptisé? Malgré l'insuccès des recherches qu'il avait fait
faire dans toutes les paroisses de Besançon sur les registres
de l'année 1802, M. Edmond Biré tenait le baptême pour certain. S'il avait connu la lettre que le général écrivait à son
fils le 3 septembre 1822, il aurait eu des doutes :

> Mon cher Victor,
>
> Je m'empresse à te répondre parce que je vois que tu n'as
> pas de temps à perdre.
> Je vous avais écrit, il y a quatre ans, lorsque je vous
> envoyai vos extraits de naissance, de les déposer chez un
> notaire pour en pouvoir par la suite obtenir à volonté des
> copies, prévoyant que le défaut de cette formalité pourrait

vous mettre souvent dans l'embarras[1]. La personne qui de Besançon m'avait fait avoir le tien n'étant plus dans cette ville, je ne vois qu'un moyen pour te le faire avoir promptement, c'est de prier M. Foucher de le demander au capitaine chargé du dépôt de recrutement dans le département du Doubs ; il l'aura de suite.

Quant à l'extrait baptistaire, la chose est plus difficile, car si ta mère ne t'a pas fait donner le sacrement qui fait le chrétien, je suis parfaitement sûr que tu ne l'as pas eu. Je fais donc remédier à cette omission, qui pourrait arrêter quelque temps le cours de tes espérances et prier M. Llorente, à qui j'adresse le billet ci-joint, de te faire baptiser en chambre comme si la chose eût été faite à Madrid sur la fin de 1811. En Espagne les extraits de baptême étant faits sur papier libre et sans beaucoup de cérémonies, M. Llorente pourra légaliser la signature du prêtre en sa qualité ecclésiastique supérieure, si le patriarche des Espagnes et des Indes, mon très ancien et très respectable ami, n'était plus à Paris.

Je ferai part de ta lettre à M. Girard.

Rappelle-toi que ma promesse pour les vues de Saint-Lazare n'est que conditionnelle, mais je tâcherai de la remplir ou de les faire peindre par ma femme[2].

Réponds à Louis ce que tu m'écris.

Je n'ai rien vu dans les journaux qui concernât ton recueil. Quand tu auras quelque chose à me réexpédier, tu pourras me confier ceux qui en parlent. On m'a parlé de prix remportés par l'un de vous, mais on n'a pu me dire par lequel.

Je ne suis pas étonné du silence boudeur d'Eugène, mais fortement surpris de celui d'Abel.

J'ai perdu à Vittoria avec tous mes effets un opuscule auquel je tenais, *Les Amants ennemis*. Si, cet hiver, je suis en verve, car il y a prose et poésie, je tâcherai de le refaire.

Je t'embrasse et suis bien aise que ta blessure au doigt soit très légère.

Cette lettre était accompagnée d'un billet pour M. Llorente, ancien conseiller d'État de Sa Majesté le roi des

---

1. Victor, en prenant ses inscriptions de droit, avait dû, selon la loi, déposer son acte de naissance au bureau de l'Ecole et la loi s'opposait à ce qu'on le lui restituât.

2. Le général avait promis à son fils de dessiner pour lui des vues de sa propriété de Saint-Lazare. « Il me serait bien doux, lui avait écrit Victor, de pouvoir placer des ornements aussi chers dans l'appartement qui sera témoin de mon bonheur. »

EN DEMI-SOLDE A BLOIS

Espagnes et des Indes, au Gymnase de M. Amoros, à Paris.
« Mon cher et digne ami, ne soyez pas surpris si je vous
interromps par quelques lignes dans vos travaux littéraires.
Il s'agit de trouver avec mon fils les moyens de réparer sans
bruit une omission bien grave, mais dans laquelle il n'a
aucun tort. Il vous expliquera son affaire, vous lira l'extrait
de ma lettre à son sujet et vous embrassera en mon nom,
puisque je ne le puis faire moi-même. »

Victor n'eut pas recours à M. Llorente pour établir — ficti-
vement — son baptême en Espagne. Croyant qu'il avait été
baptisé en Italie, il demanda à son père, selon le conseil de
son « illustre ami » M. de Lamennais, de joindre son attes-
tation à la sienne : le général la lui donna. Le mariage de
Victor Hugo et d'Adèle Foucher fut célébré à Saint-Sulpice
le 12 octobre 1822.

« Le général ne vint pas à la noce. » On lirait mal cette
simple phrase du *Victor Hugo raconté* si l'on n'y voyait pas
un regret et peut-être même la tristesse d'un reproche. Une
lettre du colonel Hugo à sa sœur Mme Martin, quelques
jours après le mariage (5 novembre) est intéressante au
point de vue de la situation de la famille.

Il paraît, ma chère amie, que tu es satisfaite de ton
voyage à Blois? Mais tu ne me dis pas comment tu trouves
la propriété du général et le pays dans lequel elle est située;
car tu sais que les bords de la Loire sont cités par toute la
France comme une des belles merveilles de la nature.

Je suis bien aise que tu aies été contente de l'accueil que
tu as reçu de notre belle-sœur, et j'aurais voulu que tu aies
pu passer l'hiver avec eux. Cela aurait mis un peu d'ordre
dans tes finances.

Je savais que Victor devait épouser Mlle Foucher, mais
j'ignorais que ce fût aussi tôt. La dot est bien peu de chose
à la vérité; conséquemment il faut penser que notre neveu
remédiera à cela par son travail, tant il est vrai que
beaucoup de jeunes gens commencent souvent avec moins.
L'essentiel est que la nouvelle épouse soit sage et vertueuse.
Victor est beaucoup plus raisonnable que ne le sont ordinai-
rement les jeunes gens de son âge, il a déjà quelque peu
d'argent de placé par suite de ses économies, et une pension
qu'il a obtenue sur la cassette royale réunie à celle que lui

fait son père le mettra à même de vivre honnêtement avec sa jeune épouse.

Tu ne me dis pas si Hugo a fait le voyage de Paris pour le mariage de son fils; car, s'il a donné son consentement, il eût peut-être bien fait de faire cette démarche. Sans doute que Victor aurait pu mieux s'établir, mais son inclination pour Mlle Foucher l'a emporté sur toute autre espèce de considération. Du reste le père de cette jeune personne est un honnête homme, qui a une place fort honorable. Comme il n'appartient pas à tout le monde d'être riche, il faut bien vouloir ce que l'on ne peut pas empêcher. La chose est faite; donc il ne faut plus faire que des vœux pour leur bonheur et leur prospérité.

Adieu, je t'embrasse.

Ton frère et ami,

Le colonel
L. Hugo.

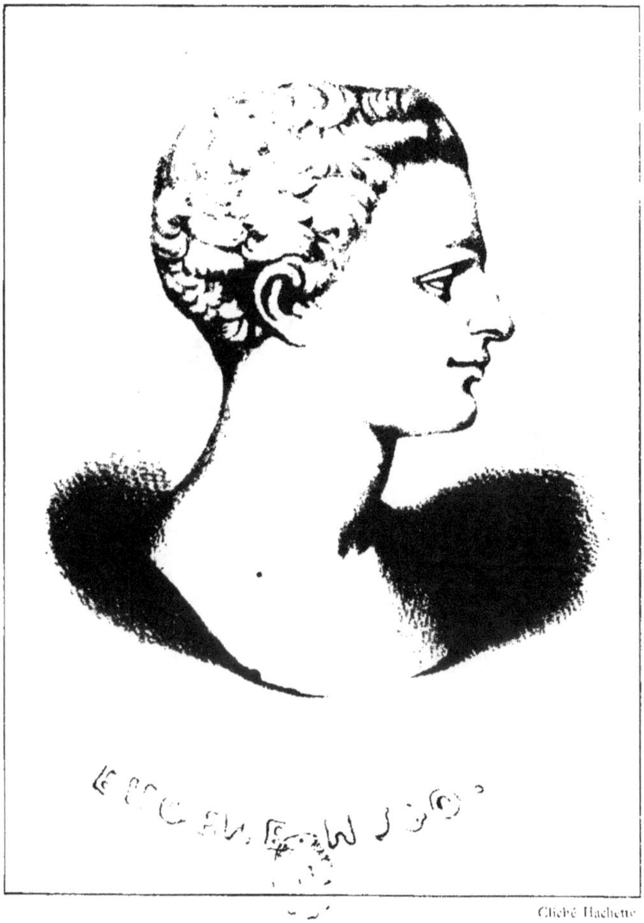

EUGÈNE HUGO
D'après une lithographie.
(Musée Victor Hugo.)

CHAPITRE IX

LA FOLIE D'EUGÈNE HUGO

LA MALADIE D'EUGÈNE S'AGGRAVE ‖ SON PÈRE L'EMMÈNE A
BLOIS ‖ ACCÈS DE FUREUR ‖ HOSPITALISATION A SAINT-MAURICE.

LES vœux du brave colonel Louis furent exaucés et son
neveu Victor trouva dans son « bienheureux mariage »
le « bonheur le plus doux et le plus complet. » Il y
avait pourtant une ombre à ce bonheur : la maladie
d'Eugène se développait et s'aggravait dans des crises qui
ne laissaient aucun doute sur son état de folie. Le 18 septembre 1822, Victor, pour excuser une lettre de son frère au
général, l'avait représenté comme étant « *un peu* fou » au
moment où il l'écrivait. Il dut, hélas ! renoncer à cette atténuation compatissante quand il le vit, trois semaines après,
le soir de ses noces, en proie à une exaltation furieuse,
s'abandonner aux gestes et aux actes violents d'une trop
évidente démence. Sa joie n'était pas égoïste : il n'oublia pas,
au milieu du bonheur que lui donnait son mariage, le plus
cher compagnon de son enfance et, quand il recommandait
à son père les « intérêts de ses frères, » on peut être sûr que
c'est surtout au malheureux Eugène qu'il pensait. Avait-il
soupçonné sa jalousie, une jalousie déjà ancienne et atroce ?
Eugène, depuis longtemps amoureux d'Adèle, avait pu conserver le secret de sa passion, mais le bonheur de Victor,
sans lui arracher ce secret terrible, contribua à provoquer la
crise tragique qui avait si douloureusement troublé le repas
nuptial.

(135)

LE GÉNÉRAL HUGO

Un mois après, le 18 décembre 1822, une nouvelle crise
éclatait. Pendant longtemps, obsédé par une sombre tristesse,
Eugène avait vécu dans une solitude qui se « refusait obsti-
nément à tous les secours et à tous les soins. » La mort de
sa mère l'avait profondément affecté. Depuis cette date
fatale, son commerce était devenu difficile et ni Abel ni
Victor n'échappaient à ses reproches, qu'ils supportaient
avec la plus tendre patience. Pourtant jusqu'en décembre 1822, son état, malgré des scènes pénibles ou des
absences inexpliquées, n'avait pas trop alarmé ses frères.
Cette fois, il fallut se rendre à la douloureuse évidence.
Eugène était « dangereusement malade. » En l'écrivant au
général, Victor lui annonçait qu'Abel et M. Foucher lui
donneraient « plus de détails sur ce désolant sujet. »
M. Louis Belton a retrouvé la lettre d'Abel. Il se joignait à
Victor pour demander à leur père de hâter l'envoi de la
pension qu'il leur avait promise. Sans demi-solde depuis
cinq mois, privé de la place qu'il avait à l'*Étoile* et ayant
pourvu pendant de longues semaines aux besoins d'Eugène,
il tirait ses ressources du « produit incertain et presque
journalier » de ses travaux littéraires, qui le laissaient dans
un « misérable embarras. » Il était désolé de souhaiter ainsi
à son père l'année nouvelle (1823), mais pouvait-il faire
autrement? Le délire agitait Eugène, menacé d'aliénation
mentale. Abel disait, avec un tact émouvant, tout ce qui
pouvait toucher le cœur paternel. « Après deux jours de
crises épouvantables, Eugène est plus calme : il sommeille
en ce moment. Dans son délire il a parlé de toi, et avec une
tendresse qui, si tu l'avais entendu, t'aurait convaincu que
ses lettres qui t'ont blessé étaient, comme je te l'ai marqué,
le fruit d'une imagination déréglée. Je ne doute pas que,
s'il est conservé à notre amitié, son caractère ne soit entièrement adouci. Tu verras alors qu'il ne t'aime pas moins que
tes autres enfants. »

Le calme dont parlait Abel fut suivi d'une crise tellement
violente qu'il fallut, au dire d'Adèle, dans une lettre
publiée par M. Belton, deux hommes et une garde pour le
contenir (22 décembre). Chacun s'employait à le veiller : ses

LA FOLIE D'EUGÈNE HUGO

frères, Paul Foucher et le cousin Trébuchet. On attendait
une décision du général. « Il n'était pas venu prendre sa part
du bonheur; il voulut être du malheur » et il se résolut au
voyage de Paris. Adèle lui écrivit le 6 janvier 1823 pour lui
dire la joie que causait à tous la promesse de cette visite.
« Il y a si longtemps que mon Victor ne vous a vu et si
longtemps qu'il désire vous voir que vous ne pouviez lui
apprendre une chose plus agréable. Vous trouverez à Paris,
mon cher papa, des enfants qui vous sont tout dévoués, et,
de plus que la dernière fois que vous les vîtes, une fille bien
heureuse qui vous doit tout son bonheur et qui ne désire
que de vous l'exprimer de vive voix. Notre bonheur serait
complet si notre pauvre frère pouvait y prendre part et je
suis bien persuadée que, s'il avait la raison, son plus grand
désir serait de revoir son père.... »

On imagine aisément quelle fut la douleur du général en
retrouvant fou, après tant d'années, le jeune homme dont
la blonde enfance promettait un si heureux destin! Du moins
eut-il la joie de rencontrer Victor, déjà couvert de gloire, et
qui attendait sa venue avec une si affectueuse impatience.
Cette entrevue fut décisive pour la cordialité confiante de
leurs relations. Le *Témoin de sa vie* écrit : « Victor vit son
père et le connut. Comme la gelée blanche au soleil, l'amertume du fils s'évapora aux rayons de la bonté de cet homme
excellent. »

Le général emmena Eugène à Blois, où il avait quitté le
prieuré Saint-Lazare, revendu au prix d'achat de 36 000 livres,
pour s'installer au n° 73 (aujourd'hui 65) de la grande rue
de Foix dans une maison :

> Qu'on voit bâtie en pierre et d'ardoise couverte,
> Blanche et carrée au pied de la colline verte,
> Et qui, fermée à peine aux regards étrangers,
> S'épanouit charmante entre ses deux vergers.

La première semaine du séjour d'Eugène chez son père
provoqua dans son état une amélioration si sensible qu'il en
fit part lui-même à son frère cadet dans cette lettre du
19 février 1823 :

LE GÉNÉRAL HUGO

Mon cher Victor,

Je remplis la promesse que je t'ai faite de te donner promptement de mes nouvelles. Il y a huit jours que nous sommes à Blois, et depuis huit jours ma tête a recouvré de plus en plus le repos. L'espérance que tu te portes bien, ainsi que mon aimable sœur, et M. et Mme Foucher à qui je te prie de présenter mes respects, cette espérance, dis-je, est une de mes idées les plus douces. La raison me revient peu à peu, et j'y attache d'autant plus de prix qu'elle me donne la consolation d'apprécier davantage l'affection que vous voulez bien me témoigner.

Il est impossible d'exprimer les bontés et les soins que papa et madame notre belle-mère veulent bien avoir pour moi. Papa a été péniblement incommodé d'une entorse; heureusement, sa jambe va mieux. Madame a été bien plus sérieusement indisposée, par suite des fatigues éprouvées dans le déménagement de Saint-Lazare; je me trouve bien joyeux de pouvoir vous annoncer en même temps que sa santé se rétablit, et que lorsque vous recevrez cette lettre, le rhume violent dont elle a été incommodée se trouvera sur son déclin.

Adieu, mon cher Victor, je t'embrasse et je te prie de présenter encore une fois mes respects à ta femme et à M. et Mme Foucher, je n'ose dire notre famille de Paris, qui ne t'aime pas moins que celle de Blois.

Ton frère,

HUGO.

A cette lettre d'une bonté charmante le général ajouta quelques lignes :

Mes chers enfants,

Je mets un mot au bas de la lettre d'Eugène, non pour vous donner de nos nouvelles, il vient lui-même de remplir cette tâche, mais pour vous dire et vous répéter combien nous vous aimons, ma femme et moi, combien nous vous portons d'intérêt et pour le présent et pour l'avenir, combien enfin nous vous reverrons avec plaisir quand l'époque de vous ramener Eugène deviendra celle de la naissance d'un de nos enfants communs.

Dites mille choses aimables de notre part à vos bons

LA FOLIE D'EUGÈNE HUGO

parents, sans exception. Dites-nous enfin quelle a été la réception de M. de Clermont-Tonnerre.

Nous vous embrassons tendrement tous, Eugène, ma femme et moi.

Votre affectionné père,

Le général Hugo.

Victor accueillit ces nouvelles rassurantes dans les sentiments de la « joie bien vive » dont témoigne sa lettre à Eugène du 5 mars : « Nous espérons que tu auras bientôt retrouvé avec le calme de l'esprit cette force et cette vivacité d'imagination que nous admirions dans tes ouvrages. » Hélas! c'était trop, beaucoup trop, espérer! La veille même du jour où Victor écrivait cette lettre, Eugène était frappé par une crise si grave qu'elle devait entraîner son internement définitif. J'en trouve le poignant récit dans une lettre, du 5 mars également, du général Hugo à Foucher :

Hier, mon cher Foucher, Eugène, dont j'observai depuis quelques jours les manières sombres et farouches, étant à dîner avec ma femme, une demoiselle et moi, s'élança tout à coup sans rien dire de sa place, un couteau à la main, se porta sur cette demoiselle, lui arracha son assiette qu'il brisa par terre et courut frapper sa belle-mère à la poitrine. Je fus heureusement assez prompt pour arrêter sa main au moment où elle allait sans doute porter le second coup, et assez fort pour pousser le furieux contre le mur de la salle à manger, mais ne pouvant lui arracher le couteau des mains, je pris le parti de lui en tordre la lame sous les yeux, ce qui l'intimida assez pour le lui faire lâcher; alors il se laissa lier par moi seul et je ne le gardai qu'un moment dans cet état pénible pour mon cœur, parce que je le vis abattu et incapable d'entreprendre une lutte avec moi.

Le docteur étant accouru a trouvé que le couteau, fort heureusement arrondi par le bout, n'avait fait que déchirer le schal et le fichu dans ses replis, mais il a vu les dames dans des attaques de nerfs qui ont exigé des secours. La demoiselle a été le soir reconduite chez elle; ma femme a depuis ce moment-là une très forte fièvre. J'envoie Eugène à Paris dans l'établissement de M. Esquirol, mais qu'on le guérisse ou non, ce malheureux enfant ne pourra désormais demeurer chez moi.

Sa conduite envers ma femme, qui n'a cessé de lui prodi-

guer les soins les plus affectueux et dont il a même plusieurs
fois témoigné de sa reconnaissance, m'a déterminé à l'inter-
roger dans son abattement. Je savais qu'Abel a conservé à
la maison du papier de procédure dont il a nourri ses projets
criminels : il a nommé ses frères et sa mère comme l'y
poussant sans cesse. Je lui ai demandé quel motif l'avait
porté à frapper sa belle-mère, il m'a répondu froidement
celui de la tuer, parce qu'elle lui faisait prendre des bouillons, des cochonneries et que d'ailleurs elle n'était pas sa
mère. En effet comme il prenait trop d'embonpoint, le docteur lui a ordonné des pilules et des bouillons aux herbes,
et il a embrouillé dans sa tête, exaltée par la maladie et
22 degrés de chaleur, la qualité de ces bouillons et l'odeur de
la coriandre qu'il a touchée dans mon jardin et qui a l'odeur
de punaise.

Mille idées tourmentent ce malheureux ; il a, dit-il,
entendu parler des dépositions du général Lacoste contre
moi, et qui portaient que j'avais en Espagne plus de
100 000 francs de traitement. C'est une déposition bien per-
fide. J'ai eu depuis le 8 octobre 1811 jusqu'au mois de
juillet 1812, temps pendant lequel j'ai été le mieux traité,
60 000 francs par an, tout compris. Rien sur cette somme ne
m'a été payé que les 12 000 francs du traitement de Cour
que j'avais cédés à Mme Hugo défunte. En 1812 ou 1813 je
n'ai pas touché un sou. En 1814 et depuis, à l'exception de
quelques mois, je suis toujours resté sans activité. Quand,
avant octobre 1811, j'ai eu des gouvernements en Espagne,
ils me valaient, lorsqu'on me les payait, six mille réaux par
mois pour représentation, entretien de chevaux et équipages
de guerre, frais d'espionnage et autres. C'est à cette époque
que j'ai fait les plus forts envois à la défunte Mme Hugo.
Mais fallait-il farcir de jeunes têtes de tous ces détails ?
N'était-ce pas provoquer un jour de ma part des révélations
que je voulais éviter, car enfin ce n'est qu'avec des
révélations que je puis me défendre de tout ce qui a été
dit, écrit ou mentionné contre moi. Or combien n'en ai-je
pas à faire ?

Je vais faire tout ce qui dépend de moi pour que cette
affaire ne s'ébruite pas. Ma femme pardonne à Eugène de
tout son cœur et le plaint ; mais jugez de la difficulté de
contenir la langue de trois personnes étrangères qui en ont
été témoins. Eugène part ce soir et avant que le procureur
du Roi ne soit informé de l'événement, car ne fît-il qu'instruire jusqu'à ce qu'un jugement ait constaté la démence,
ce serait toujours bien désagréable pour la famille.

Communiquez, je vous prie, la présente à mes deux fils ;

LA FOLIE D'EUGÈNE HUGO

qu'elle leur serve à l'avenir de gouverne envers leur frère,
leur belle-mère et moi.

Nous vous embrassons, ainsi que votre famille.

Votre ami,

Le général Hugo.

A Monsieur le Chevalier Foucher
Rue du Cherche-Midi n° 39
Hôtel du Conseil de Guerre
à Paris.

Il y a dans cette lettre plus de colère que de tristesse. Les
divagations d'Eugène avaient réveillé chez le général Hugo
des souvenirs et des rancunes que la mort de la mère, en le
rapprochant de ses enfants, avait assoupis. Les violences
que sa seconde femme et son invitée avaient subies étaient
l'acte d'un fou et de celles que tout fou aurait pu exercer.
Mais les paroles prononcées par Eugène, d'un caractère personnel et plus grave, avaient brusquement fait revivre un
passé que l'on avait pu croire enterré avec la malheureuse
femme qui en avait été la douloureuse victime. Inconscient
des conséquences que risquaient d'entraîner des confidences
où la vérité était involontairement déformée, le pauvre
Eugène, qui aimait si tendrement sa mère, avait porté à sa
mémoire un coup fatal. Le général avait revu brusquement
le « démon » qu'il avait accusé d'exciter ses enfants contre
lui et son irritation, que sa seconde femme, blessée par des
propos injurieux, ne devait probablement pas calmer, s'était
faite menaçante. Il perdait toute mesure. Qu'avait-il donc à
reprocher à la mère de ses fils? Peut-être des défauts de
caractère, son obstination, ses demandes d'argent, le
désordre de ses affaires, mais rien qui permît de soupçonner
sa vertu conjugale et sa fidélité. Si leurs trois enfants lui
avaient été moins attachés qu'à elle, n'était-ce pas sa faute
à lui, qui les avait en quelque sorte moralement abandonnés? Il avait des excuses, mais elles ne lui donnaient
pas le droit d'accuser. Très vite il s'en rendit compte et,
d'un cœur généreux, il revint à ses fils, dont l'un souffrait
à ses côtés. Une accalmie se produisit dans l'état d'Eugène,
qui, le 19 mars, écrivait de Blois à Abel une lettre, d'un

LE GÉNÉRAL HUGO

style assez tourmenté, il est vrai, en lui recommandant un de ses amis, fabuliste et auteur dramatique. Ainsi le voyage à Paris était différé. Vers cette même époque la faillite du libraire de Victor créa à celui-ci des embarras d'argent, qui l'obligèrent à faire appel à son père. Le général lui répondit le 19 mars :

> Mon cher Victor,
>
> C'est avec le plus grand plaisir que je serais venu à ton aide dans l'embarras que tu éprouves si cela m'avait été possible. Il y a ici comme à Paris une crainte, une réserve qui fait que personne n'ose prêter sans hypothèque et n'ayant pas encore reçu les fonds pour remplacer Saint-Lazare, je ne pourrais offrir de gage responsable.
>
> Tu me rappelles M. Katzenberger, mais une pudeur bien légitime m'arrête ; j'ai été forcé de lui demander des fonds et pour retourner ici, et pour commencer le rééquipement d'Eugène qui, tu le sais, m'a été remis à peu près nu. Cependant, mon ami, je ne veux pas te laisser sans moyen de te tirer d'affaire et pour ce je t'adresse deux traites[1] sur le montant de ce que je t'ai promis : tu peux les négocier et je les paierai aux époques.
>
> Tu peux, par ton cousin, que M. Katzenberger ne connaît pas, faire demander à ce monsieur s'il trouve ces traites bonnes et, comme il répondra oui, le faire prier, si tu n'aimes mieux le faire toi-même, de les négocier avantageusement ; un mot, je pense, fera beaucoup pour établir la confiance de celui qui voudra les acquérir.
>
> Je répondrai ces jours-ci à la lettre que ta femme et toi m'avez écrite en commun.
>
> Nous vous embrassons ainsi que votre famille de Paris.
> Ton père aff...,
>
> Le général Hugo.

Cette lettre prouve que le nuage causé par les confidences d'Eugène avait été vite dissipé et que rien n'altérait la cordialité des relations, renouées depuis deux ans, entre le père et le fils. D'ailleurs un commun malheur devait les rapprocher encore : le 26 avril, le général écrivait à Victor : « Le temps influe beaucoup sur Eugène, et je vois qu'il me faudra

---

1. Ces deux traites étaient de 150 francs chacune. Elles devaient permettre à Victor de rembourser M. Foucher, lui aussi « absolument sans argent. »

LA FOLIE D'EUGÈNE HUGO

recourir à M. Esquirol. » L'événement ne tarda pas à justifier cette crainte : il fallut enfermer au mois de mai le pauvre fou dans la maison de M. Esquirol. La pension était de 400 francs par mois. Victor, trouvant avec raison ce chiffre « énorme, » assurait à son père, sur des renseignements dignes de foi, qu'il serait possible de trouver des maisons du même genre « où les malades ne sont pas moins bien et paient moins cher. » C'est à cette lettre que le général répondait le 29 mai.

Je le vois trop par ta lettre du 24, mon cher Victor, l'état d'Eugène ne s'améliore pas encore et cela ne m'étonne pas, attendu la température constamment orageuse de cette lune. Ici où mes jardins et la campagne lui étaient ouverts, il se fixait dans les premiers comme un terme et montrait de la répugnance pour en sortir, même avec moi; il nous parlait rarement et cherchait la solitude. Ses habitudes chez M. Esquirol sont absolument celles qu'il montrait ici[1]. Il avait enfin des inquiétudes, des craintes; mes précédentes lettres t'en ont dit quelque chose.

Je ne puis pas, et je te le dis confidentiellement, faire revenir Eugène chez moi, que sa guérison ne soit authentiquement garantie au procureur du Roi. S'il y rentrait sans cette garantie, ce magistrat le ferait mettre d'autorité à la maison d'aliénés du département, maison où on les garde, mais dans laquelle on ne leur donne aucun soin médical. Ce qu'il a fait a transpiré sous des couleurs plus ou moins fortes et c'est par égard pour moi qu'on ne l'a point constaté, mais le public voit depuis cette époque le médecin venir régulièrement chez moi plusieurs fois par semaine et une ébullition complète que ma femme a dans ce moment et dont les domestiques parlent aux voisins sont autant de choses qui font jaser. On a aussi questionné beaucoup l'homme qui a conduit Eugène à Paris et il s'est fait un mérite de son courage dans les moments d'accès de cet infortuné.

Mais tu m'effraies par ce que tu me dis du prix de la pension; on m'avait assuré qu'elle était de 900 francs. Si elle en passait 12, je ne pourrais la payer. Obtiens-moi donc au plus tôt une réponse de M. Esquirol. Si cette réponse est d'accord avec ce que tu m'as écrit, prie M. Foucher de s'informer d'une bonne maison d'accord avec mes moyens, pour

---

1. Victor avait écrit à son père : « ... Ce qui est le plus funeste à Eugène, c'est la solitude et l'oisiveté auxquels il est entièrement livré dans cette maison. »

(143)

qu'aussitôt je satisfasse M. Esquirol et que j'y mette Eugène avant le 6 juin. Je n'aurais alors qu'un mois à payer : le 7, un autre commencera.

Il faut laisser mes *Mémoires*; le moment d'en tirer quelque chose est passé [1].

Nous vous embrassons tous et de tout cœur.

Ton père et ton ami,

Le général Hugo.

Les conseils du général furent suivis. Après un séjour de trois à quatre semaines au Val-de-Grâce, Eugène fut transféré à Saint-Maurice, une dépendance de l'hospice de Charenton, qui était dirigée par le docteur Royer-Collard. La translation et le traitement avaient lieu aux frais du gouvernement. Victor indiquait à son père, en lui donnant ces détails, qu'il lui serait facile d'améliorer la position du malade « moyennant une pension plus ou moins modique. » Le général ne resta pas insensible à son appel, comme le montre sa réponse du 7 juillet :

Mon cher Victor,

Nous venons de recevoir presque à la fois tes deux lettres, celles de M. Foucher et celle de M. Esquirol. Je réponds à ton beau-père un mot que je joins à la présente.

Je serais beaucoup plus profondément navré que je ne le suis de l'horrible position d'Eugène sans l'espoir que j'ai dans les talents de M. Royer-Collard et dans la persévérance que nous voulons mettre dans le traitement de notre infortuné malade. M. Esquirol a dit à une personne de ma connaissance qu'il espérait beaucoup pour le mois d'octobre; dans sa lettre à M. Foucher, il parle de l'opiniâtreté, mais non pas de l'incurabilité de la maladie. Il faut donc, puisque le traitement doit être long, s'occuper de rendre le sort du malade aussi agréable que sa position pourra le lui permettre : j'écris à ce sujet à M. Foucher.

Adolphe [2] n'a pu passer que deux jours avec nous et nous

---

1. « Garde-toi un peu pour la vente de tes *Mémoires* de l'extrême confiance de notre bon Abel : c'est lui qui m'a, bien involontairement il est vrai, poussé dans cette galère (Lettre de Victor, 24 mai 1823).

2. Adolphe Trébuchet, « un bon petit cousin, » que Victor avait recommandé à son père. « Nous l'aimons tous comme un frère; je crois qu'il désire voir Chambord et ce sera pour lui, comme pour toi, une joie de passer quelques jours à Blois si l'urgence de son voyage le lui permet » (1er juillet).

nous sommes beaucoup entretenus de vous tous. Je lui ai fait voir les antiquités de Blois et des environs, mais n'ayant pu avoir notre voiturier ordinaire, nous avons remis la partie de Chambord à son retour. Je pense qu'il est parti satisfait de l'accueil qu'il a reçu de nous et qui ne pouvait être plus cordial. Il nous a dit que ta femme était très enflée; nous ne pensons pas que cela soit dangereux, mais nous croyons que tu feras bien de lui faire faire de courtes et très fréquentes promenades [1].

Je vais m'occuper de ma demande par la voie hiérarchique, afin de pouvoir être rendu à Paris dans les premiers jours d'août: ma femme m'y accompagnera, elle vous porte un si sincère attachement qu'elle partage avec moi toute votre joie et votre bonheur futur.

Je t'ai compris au sujet des deux Ministères [2]. Quant à mes réclamations, nous en causerons à Paris [3].

Je remercie ou plutôt nous remercions beaucoup Adèle de l'emploi qu'elle a fait du petit bout de page que tu lui as laissé; nous l'embrasserons, comme je le marque, dans les premiers jours d'août. Ma pétition ne pourra partir que samedi, attendu que le général commandant le département est absent de Blois et ne sera ici que le 12.

Nous vous embrassons tendrement tous les deux.

Ton père aff...,

Le général Hugo.

---

1. Victor avait annoncé à son père, le 27 juin, pour le « reposer sur des sujets moins tristes, » l'heureux événement. « Ma bien-aimée Adèle accouche dans cinq semaines environ. Viens le plus tôt qu'il te sera commode. Il me sera bien doux que mon enfant reçoive de toi son nom, et c'est pour moi un sujet de joie innocente de penser qu'il m'était réservé, à moi le plus jeune de tes fils, de te donner le titre de grand-père. J'aime cet enfant d'avance, parce qu'il me sera un lien de plus entre mon père et moi »

2. « La position intérieure du Ministère rend particulièrement délicates les communications actuelles entre MM. de Chateaubriand et de Corbière : tu comprends ce que je ne peux dire ici qu'à demi-mot (même lettre).

3. Il s'agissait des réclamations sur les « biens d'Espagne, » auxquels le général n'avait pas encore renoncé.

CHAPITRE X

L'ART D'ÊTRE GRAND-PÈRE

LE GÉNÉRAL S'OCCUPE TENDREMENT DE SON PETIT-FILS EN
NOURRICE A BLOIS ‖ MORT DU PETIT LÉOPOLD HUGO ‖ AU
CHATEAU DE CHABRIS ‖ PUBLICATION DES « MÉMOIRES » DU
GÉNÉRAL.

Ainsi le général Hugo, parrain du premier enfant de son fils Victor, se préparait à se rendre à Paris pour assister en août au baptême de son filleul. Quand Léopold naquit, le grand-père écrivit sa joie de l'événement.

Allons, mon cher ami, félicitons-nous ; voilà un membre de plus dans nos familles, et un membre heureusement arrivé. Nous en félicitons le jeune couple et tout ce qui lui appartient. Nous vous remercions beaucoup de l'empressement que vous avez mis à nous donner cette agréable nouvelle et nous sommes enchantés que les choses se soient bien passées.

Puisque Adèle désire mon nom de Léopold pour le nouveau-né, il convient, je crois, que l'acte civil le lui donne avec le vôtre, celui de Victor, et un de ceux de mon aimable commère. Abondance de biens ne nuit pas. Mon commissaire ordonnateur avait treize noms de baptême et je lui en ai cependant donné treize de plus afin qu'à la couleur trop dorée de ses cheveux, on ne le prît point pour une des dépendances d'Issosiote (*sic*).

Aussitôt ma permission arrivée, je me disposerai pour mon départ, à moins qu'elle m'arrivât trop tard pour me permettre d'être ici de retour pour le 6 août ; dans ce cas je ne partirai que du 6 au 9, le principal étant fait.

En attendant, nous vous embrassons tous et sommes tout à vous.

L'ART D'ÊTRE GRAND-PÈRE

L'événement ne s'était pas produit aussi heureusement que Foucher, le grand-père maternel du nouveau-né, l'avait écrit au général. Pendant les huit jours qui avaient précédé l'accouchement, Victor avait passé par des « inquiétudes, des anxiétés et des angoisses » dont il avait voulu épargner le tourment à son père, et les couches elles-mêmes avaient été très laborieuses. L'enfant, « venu au monde presque mourant, » était une « faible créature, » qui avait affaibli sa mère et inquiété le jeune ménage. Pendant cette période « d'indécisions, » personne n'avait écrit au grand-père qui attendait à Blois des nouvelles confirmant celles qu'il avait reçues sur le premier moment. Étonné et inquiet de ce silence, il en demanda l'explication à Victor dans une lettre du 24 juillet :

Dis-nous donc, mon cher Victor, pourquoi depuis la lettre de M. Foucher nous n'avons reçu de toi aucune nouvelle. La santé de ta femme, celle de ton enfant, la tienne, tu avais assez de motifs pour nous contenter et tu nous laisses dans les inquiétudes. Écris-nous pour les faire cesser, et donne-nous de bonnes nouvelles si, comme nous l'espérons malgré ton silence, tu n'en as pas d'autres à nous donner.

Je n'ai pas encore reçu ma permission.

Dis à Abel de me donner des nouvelles du pauvre Eugène.

Adolphe m'a écrit un mot de Nantes.

Dis de notre part à la famille de ta femme mille choses affectueuses.

Nous t'embrassons, ainsi qu'Adèle et le nouveau-né.

Tout à toi.

Ton père affectionné,

Le Général Hugo.

Mon neveu Georges, principal du Collège de Neuf-Château (Vosges), vient de se remarier avantageusement.

Ton oncle le colonel se porte bien.

Victor n'eut pas de peine à répondre à ces reproches et à expliquer un silence que ses propres préoccupations justifiaient trop.

Adèle avait voulu allaiter son enfant, mais ses essais avaient failli mettre en danger la vie de son fils et il avait fallu se décider, malgré la dépense bien lourde pour un jeune ménage, à le confier à une « fort belle » nourrice, prise dans le quartier. Tout d'abord, l'expérience réussit : pendant que la mère se rétablissait à vue d'œil, l'enfant paraissait reprendre des forces, et la joie de Victor était grande après tant d'angoisses. Mais un événement imprévu ne tarda pas à le troubler de nouveau. La « fort belle » nourrice, qu'on avait crue sur les premières apparences « bonne et douce, » avait un « caractère méchant et faux » et il était impossible de laisser à sa garde un enfant débile, qui avait, plus qu'un autre, besoin de soins dévoués et tendres. Aussi Adèle et Victor prirent-ils la résolution de chercher en province, dans un air pur et sous une surveillance attentive, la « nourriture saine et abondante » que la santé de Léopold exigeait. Ils pensèrent à l'envoyer à Blois et Victor demanda à son père de lui trouver, sans retard, dans la ville ou dans les environs, une nourrice « dont la vie et le caractère présenteraient des garanties suffisantes » (29 juillet). La mission était délicate, mais Victor n'avait pas tort de l'attendre du « cœur bon et paternel » du général, qu'il flattait d'ailleurs en y associant sa seconde femme. « Nous serions tous deux tranquilles, sachant notre Léopold sous tes yeux et sous ceux de ta femme. » Ils ne perdirent du temps ni l'un ni l'autre et deux jours après, le 31 juillet, le général rendait compte à son fils de l'heureux résultat de leurs démarches, dont on va voir avec quel soin il attribue à sa femme la part principale.

Ma femme, mon cher enfant, a trouvé votre affaire ; une nourrice jeune, vive et proprette, partira demain matin par la diligence de Bordeaux et arrivera après-demain 2 août, entre 7 heures et 8 heures du matin, à Paris. Ayez quelqu'un à l'arrivée de la voiture pour la recevoir et l'amener chez vous ; elle a avec elle un joli nourrisson, qu'elle sèvrera de suite sous vos yeux et dont Aimée se chargera pour le retour, car nous vous avons ménagé le plaisir de voir revenir[1] votre petit Léopold sous vos yeux. Vous aurez donc cette femme à peu près un mois avec vous ; elle vous arrivera avec un lait frais et votre enfant n'en prendra que mieux le sein.

Hier, à deux heures après-midi, la factrice m'ayant remis votre lettre, je l'ai lue aussitôt et ayant appelé Diane je

---

1. Revenir à la santé.

L'ART D'ÊTRE GRAND-PERE

l'envoyai porter de suite cette lettre à sa maîtresse, car c'est ma chienne qui me sert de courrier pour m'éviter de monter les étages de la maison quand ma femme est en haut. Celle-ci ayant lu la lettre descendit à l'instant et fit appeler une jeune femme qui, vis-à-vis de moi, tient un nourrisson; nous la décidons à le rendre et à partir de suite pour Paris, mais la mère de l'enfant étant accourue avec une vingtaine de commères, la pauvre jeune nourrice perdit la tête et vint nous dire qu'elle ne veut plus se charger de ton fils. Là-dessus, ma femme prit le parti de se rendre chez notre médecin qui est un fort accoucheur, ils se mirent en course tous les deux et à huit heures du soir ils avaient arrêté la jeune femme que je vous envoie et qui vaut beaucoup mieux que la première. Nous la paierons 30 fr. par mois, nous la logerons et la nourrirons chez nous parce que ma femme veut être sûre que notre petit Léopold ait du bon lait, ne manque de rien et soit constamment sous notre surveillance, ne pouvant être sous la vôtre. D'ailleurs, comme il n'est pas bien portant, mon médecin aura l'œil sur lui. Ma femme est vraiment une seconde mère pour vous : son excellent cœur, ses soins et son activité seront pour vous un doux soulagement quand vous penserez que le fruit de vos amours est à 45 lieues de vous, quoique dans la maison paternelle.

Ainsi voilà votre affaire arrangée au mieux. Vingt-quatre heures vous suffiront pour venir voir votre enfant; et c'est un plaisir que vous vous donnerez aussi souvent que cela pourra vous convenir, nous aurons un petit logement à vous donner.

Nous vous donnons en attendant les baisers les plus sincères et les plus affectueux.

P. S. J'ai reçu la *Muse française*[1], je t'en remercie; je vais tâcher de te fournir quelques abonnés et des correspondants.

La nourrice emmène son enfant d'après le conseil du docteur, sans cela elle n'arriverait qu'avec un lait échauffé et nuisible. Ma femme a tout fait pour le mieux.

Dans une lettre du 1er août, le général complétait les renseignements et les instructions :

La nourrice, mon bon ami, te remettra la présente. Engage Adèle à la rassurer si elle manifestait la crainte que tu la gardasses à Paris et répète-lui qu'elle reviendra ici avec nous.

---

1. « Je te fais envoyer la *Muse française*, recueil littéraire à la rédaction duquel je participe » (Lettre de Victor à son père, 29 juillet).

Cette femme n'a jamais quitté son pays ; son mari, qui paraît n'avoir jamais voyagé, est sur ce point aussi neuf qu'elle et je te réponds que c'est une grande affaire que de la mettre en route. Son arrivée prouvera qu'elle s'y est mise et tu écriras pour elle à son mari aussitôt qu'elle sera chez toi. Tout le monde vante beaucoup sa douceur et son excellente santé.

Elle a déjà reçu d'arrhes, sous le nom de denier à Dieu, 5 fr. 15. Mais nous lui avons promis qu'à son arrivée tu lui donnerais encore 5 francs ; cette petite somme est pour elle, c'est l'usage du pays.

Fais-lui faire de suite aussi, pour elle et comme cadeau, deux ou trois tabliers de calicot, et elle sera la plus contente du monde. Les nourrices sont ici les femmes qu'il faut le plus amadouer, mais si elles ne gardent point l'enfant, on leur compte ce qu'on ne peut leur retirer. Celle-ci gardera le tien, et comme elle sera nourrie par les soins de ma femme et logée chez nous, les choses n'en iront que mieux.

Je te répète de lui offrir tous les deux ou trois jours quelques mots pour son mari, parce qu'il se pourrait qu'elle n'osât pas te les demander.

Mille choses affectueuses de notre part à tes deux familles.

Nous vous embrassons cordialement, tendrement, affectueusement, etc... tous les deux.

Le voyage se fit dans de bonnes conditions ; la nourrice plut, l'enfant s'en trouva bien et Victor écrivit à son père, à son « excellent père, » le 3 août, une lettre débordante de joie et de reconnaissance. Il n'oubliait pas sa belle-mère. « Exprime, de grâce, à ta femme toute notre sincère et vive gratitude : il nous tarde de la lui exprimer nous-mêmes. » N'était-ce pas assez ? Le général avait fait à sa femme, à son activité et à son dévouement, la part la plus grande. C'était un moyen d'assurer son entrée dans la famille et de lui garantir les égards auxquels il tenait comme à une réhabilitation ou à une réparation nécessaires. Mais les remerciements de Victor n'avaient pas répondu à son attente. Il s'en plaignit dans une lettre qui causa à Victor un véritable chagrin. Aussi écrivit-il de nouveau à son père, le 6 août, et cette fois celle qu'il appelait « la grand-maman de Léopold » y recevait un tribut d'éloges et de remerciements dont il eût

Cliché Hachette.

VICTOR HUGO JEUNE

Par L. Boulanger.

(Musée Victor Hugo.)

été difficile à son mari et à elle de ne pas se contenter. D'ailleurs leur venue à Paris fut l'occasion d'un rapprochement complet et affectueux avec leurs enfants, qui leur confièrent Léopold.

Ce fut à Adèle que le général rendit compte du voyage de retour dans une lettre du 9 septembre :

> Ma chère Adèle,
>
> Léopold est arrivé ici très bien portant; il n'a pas jeté le moindre cri dans sa route et a fait l'admiration des voyageurs qui ont partagé l'intérieur de la voiture avec nous. Sa nourrice et sa grand'maman l'ont tour à tour tenu sur leurs genoux et sur leur sein, et le pauvre petit bonhomme les en a payées par son sourire et son amabilité.
>
> Paul[1] écrit un mot à ses bons parents. Dites-leur de notre part que nous les aimons de tout cœur et que nous n'oublierons jamais les preuves touchantes d'affection qu'ils nous ont données.
>
> Dites à Victor qu'en vous écrivant, c'est également à lui que s'adressent ces mots; il le pensera bien, mais je ne suis pas fâché qu'il le sache.
>
> La nourrice couche dès ce soir ici : nous lui avons donné deux grandes chambres au lieu d'une.
>
> Il n'est pas tombé ici une seule goutte d'eau depuis notre absence, quoiqu'il en soit plusieurs fois tombé à Paris.
>
> Dites bien des choses affectueuses à Abel et à votre frère.
>
> Ma femme prend de plus en plus Léopold en affection.
>
> Nous vous embrassons tous deux, elle et moi.
>
> Votre père affectueux,
>
> Le G. Hugo.
>
> *P. S.* La poste part et Paul ne pourra faire partir sa lettre, mais il est joyeux et bien portant, et vous embrasse tous ainsi que ses bons parents.

Cette fois, Victor n'eut pas besoin d'un rappel du général à la gratitude pour l'exprimer à sa belle-mère. Attendri par les soins qu'elle avait prodigués à son « pauvre petit-fils, » il lui délivra un certificat complet. « Chaque jour nous prouve de plus en plus qu'elle a pour nous ton cœur, et

---

1. Paul Foucher, le jeune frère d'Adèle Hugo.

c'est un témoignage qu'il est bien doux de lui rendre »
(13 octobre).

Les événements devaient donner raison à cet hommage,
car la mission dont le général et sa femme s'étaient chargés
n'allait pas sans difficultés. Il suffit, pour s'en convaincre,
de lire cette lettre du 24 septembre :

Mon cher Victor,

Ton petit Léopold se porte très bien, quoiqu'il se soit
passé depuis notre retour bien des choses très inquiétantes
pour lui et pour nous.

Quand mon épouse arrêta la nourrice, il fut stipulé dans
ses conventions que cette femme confierait ses enfants aux
soins de sa mère et que d'un an elle ne cohabiterait avec son
mari. L'appât de dix écus par mois pour des gens paresseux
et misérables fit d'abord consentir celui-ci avec une répugnance qu'il manifesta en voulant suivre sa femme à Paris
et que mon épouse vainquit par sa fermeté.

La nourrice partit donc et le mari resta. En route et à
Paris, la première fut en butte à tous les propos inconvenants de personnes qui enflèrent ses prétentions, en lui expo-
sant combien peu elle gagnait et ce que toutes les nourrices
pouvaient gagner dans la capitale. Vous dûtes vous apercevoir de l'impression que ces propos avaient faite sur elle.

Ici le mari, ivrogne et grand fainéant, réfléchissant sur les
privations qu'on lui imposait si sa femme tenait ses conditions envers mon épouse, courut les cabarets et y dit à satiété
qu'il rosserait sa femme à son retour de Paris et lui plante-
rait un enfant pour qu'elle ne pût garder de nourrisson.

Nous revînmes de Paris ; la femme vint aussitôt se fixer
dans la maison que je lui avais destinée au bout de mon
jardin, et le mari de cohabiter sur-le-champ avec elle et de
lui mener ses enfants. Nous ne dîmes rien pour la première
journée, puisqu'il avait à emménager et que sa mère demeu-
rait dans le voisinage, mais nous lui fîmes promettre, ainsi
qu'à sa femme, d'être sage et prudent.

Cependant nous ne tardâmes pas à nous apercevoir que la
nourrice continuait, quoique mangeant chez moi, à habiter
avec son mari et ses enfants ; il en résulta qu'elle tenait sa
petite et laissait notre Léopold crier tout son saoul. Ma
femme somma la nourrice de remplir ses conditions et de
prendre quelqu'un pour garder sa petite ou de la mettre
chez sa mère ; elle n'en voulut rien faire, disant que d'autres
nourrices étaient mieux payées et n'étaient pas tenues à tant

d'obligations. Depuis ce moment et jusqu'à ce qu'elle se fût décidée à prendre quelqu'un, notre petit resta presque tous les jours chez moi, soit dans son berceau, soit dans les bras de sa grand'maman ou de nos domestiques.

Comme il était très gentil pendant le jour, ma femme fut étonnée d'entendre la nourrice se plaindre sans cesse qu'il était méchant toute la nuit; elle résolut en conséquence de la surprendre quelque matin chez elle et elle y alla le 19, comme celle-ci venait de se lever; il était huit heures. Elle trouva la nourrice occupée à sa petite, et Léopold dans l'ordure, criant dans son berceau; elle le fit démailloter devant elle et s'aperçut qu'il avait un dévoiement très clair. Alors elle le prit dans ses bras, l'apporta à la maison, le fit bien nettoyer et lui fit elle-même manger sa petite panade au sucre. Le dévoiement qui ne discontinuait pas l'ayant inquiétée, elle se rappela ce que des dames lui avaient dit et fit demander à la nourrice un peu de son lait dans une cuillère : ce lait fut mis au feu et cailla sur-le-champ; nous avions remarqué que depuis quelques jours Léopold le vomissait immédiatement après l'avoir tété. Ma femme étant venue m'avertir, je lui dis de faire demander un peu plus de lait à la nourrice et de recommencer l'épreuve; cette femme répondit qu'elle n'en avait pas à donner et qu'elle n'en donnerait pas. Cette réponse ayant paru très suspecte, j'attendis que la nourrice vînt pour lui en faire sentir toute l'inconvenance, mais c'est ma femme qu'elle rencontra la première en entrant à la maison un quart d'heure après.

« Comment donc, Madame, lui dit-elle, d'un ton très poissard, vous me faites demander de mon lait et pourquoi faire?

— Je n'ai pas besoin de vous dire pourquoi, mais vous devez m'en donner; il m'en faut absolument.

— C'est pour l'éprouver, je le vois bien. Eh bien vous n'en aurez pas. Si vous n'êtes pas contente de moi, vous n'avez qu'à chercher une autre nourrice; quant à moi, cela m'est égal, vous pouvez reprendre votre enfant.

— Tout ce que j'ai à vous répondre, c'est que je veux avoir de votre lait; après, je verrai ce que j'aurai à faire.

— Je vous répète que vous n'en aurez pas et que vous pouvez reprendre votre enfant si vous voulez. »

Entendant ces propos, j'entrai dans la chambre et la nourrice me les répéta sur le même ton. Alors je lui répondis qu'on ne me défiait jamais impunément et que, si dans une heure elle ne donnait pas de son lait, je ferais chercher une autre nourrice. Je reçus les mêmes réponses que ma femme et la nourrice retourna chez elle.

LE GÉNÉRAL HUGO

J'avais dit à mon médecin de venir pour arrêter le dévoiement du petit, car ce dévoiement allait d'un train à l'enlever en vingt-quatre heures; ma femme alla consulter une vieille et très respectable dame de ses amies, la supérieure de l'Hôtel-Dieu. Cette dame la confirma dans le soupçon que si le lait caillait il était vicié ou bien que la nourrice était grosse, et elle eut la bonté de s'occuper du soin de nous en procurer une.

Pendant qu'on faisait cette recherche, Aimée, qui a été bonne d'enfant et dont la mère en a élevé beaucoup à boire, donnait au nôtre sa petite panade sucrée qu'il mangea très bien. On lui fit ensuite de l'eau de riz sucrée, mêlée avec de l'eau d'orge et du lait, et on lui fit téter cette boisson à travers un petit manchon d'éponge fine fixé à une fiole : il tète comme un ange.

Quelques nourrices vinrent, mais toutes avaient des maris et beaucoup d'enfants : comme Léopold tétait et mangeait bien, nous préférâmes attendre la détermination d'une jeune veuve, mère aussi de deux enfants, qui avait sa mère à consulter et à laquelle nous faisions de grands avantages.

L'ancienne nourrice ne se présenta pas, peut-être par un reste de conscience, pour donner à boire à son nourrisson; la nuit arriva, et celui-ci ne fit qu'un somme. Le lendemain son dévoiement était arrêté, il mangea sa panade et téta ensuite supérieurement sa bouteille, il ne vomit rien. La jeune veuve ayant fait dire qu'elle ne pouvait prendre notre enfant que chez elle, ce qui enlevait toute surveillance, ma femme revit Mme la Supérieure, et cette dame qui, depuis cinquante ans, est la mère des Enfants Trouvés, lui répondit que si l'enfant buvait et mangeait bien, il ne fallait pas se presser; qu'il s'élèverait comme deux cents autres qui étaient dans le même cas et ne courrait aucun des dangers que les mauvaises nourrices font courir à ces pauvres petits êtres. Voilà le sixième jour que le nôtre est élevé de la sorte; loin de dépérir, il se colore, ses mollets s'arrondissent, et aux petites coliques près, de son âge et du changement de saison, il se porte très bien, grâce aux soins vraiment maternels de ma femme, d'Aimée et de ma cuisinière, mère de famille prête d'accoucher.

Mais revenons à la nourrice. Les menaces du mari furent pleinement effectuées à notre retour : la première lui a tourné son lait, la deuxième a été telle que tous les voisins s'en sont aperçus et que les vitres en sont cassées. Nous avons frémi des dangers du berceau et de l'enfant pendant cette batterie. Malgré les remontrances continuelles de ma femme, elle a tant bourré sa pauvre petite de raisins qu'elle arrachait à ma treille, qu'hier ce pauvre enfant se mourait de la dysenterie et, si Léopold ne lui avait été ôté à temps, tous ses langes eussent passé à la malade et ce pauvre petit eût attrapé cette maladie, qui fait ici beaucoup de mal en ce moment.

Nous allons donc continuer à élever notre petit bonhomme à boire, puisque ce moyen l'a sauvé et lui profite; on élève ici beaucoup d'enfants de cette manière, à cause de la grande quantité de mauvaises nourrices. Le docteur cependant nous cherche une chèvre et si nous en trouvons une qui convienne, nous la lui donnerons, mais jusque-là point de dangers pour lui.

Dis à ta femme de nous faire faire encore six langes de flanelle; deux ne suffisent pas pour l'hiver, attendu la difficulté de sécher, et ici la flanelle coûte le double qu'à Paris.

Paul, ma femme et moi, nous vous embrassons tous les deux, ta femme et toi, et nous vous chargeons d'embrasser les membres de nos deux familles.

Tout à vous.

Ton père aff...,

Le général Hugo.

Une semblable lettre suffirait seule à faire apprécier la bonté du cœur du général Hugo. On y sent la tendresse, la générosité et le dévouement avec lesquels il pratiquait cet *art d'être grand-père* auquel son fils Victor, devenu grand-père à son tour, devait donner une immortelle expression. Mais il serait injuste de ne pas reconnaître tout le mal que se donnait sa femme pour l'entretien si difficile de l'enfant si délicat qui avait été confié à ses soins. Adèle n'avait pas eu tort de la remercier, après son retour à Blois, de toutes ses bontés, quoi qu'elle ne sût pas encore les épreuves auxquelles l'avait soumise cette nourrice qu'elle avait jugée à Paris « une bonne femme.... Si je suis à plaindre d'être loin de ce cher enfant, ajoutait-elle, il est bien heureux d'être pris par vous. »

Le 26 septembre, le général, dont la sollicitude ne se lassait pas, donnait des nouvelles au jeune ménage :

Nous sommes contents, mes chers enfants, notre belle chèvre vient déjà chercher son nourrisson avec plaisir et celui-ci, que ma femme tient alors et met par terre sous ses jambes, prend parfaitement le pis. Il a très bien dormi cette nuit et ce matin il a enchanté sa bonne maman par ses sourires que l'on serait tenté d'appeler reconnaissants. La bonne n'entrera ici que le 1er octobre.

Ce pauvre enfant est tout à fait joli, aussi ma cuisinière l'appelle-t-elle, avec toute la tendresse possible, son cher petit roi de France et Aimée dit, elle, qu'elle ne pourrait plus le quitter. Ma femme le gâte et je le lui pardonne pour qu'elle me pardonne aussi du même défaut, si c'en est un ; le pauvre petit a déjà été si malheureux !

Amalthée est très disposée à me brouter tous les arbustes de mon jardin ; je la laisse un peu faire, mais je vais, pour la provision de l'hiver, planter force choux qu'elle aime beaucoup à croquer avec un peu de grain. Je vous écris pendant qu'on fait un ratelier et une mangeoire à sa Grâce.

J'ai offert 20 francs à la nourrice pour les dix-neuf jours qu'elle a passés chez moi en septembre ; elle me menace d'un procès pour avoir le mois entier, je la braverai plutôt que de récompenser la mauvaise conduite qu'elle a tenue, ainsi que son ivrogne.

Je vous l'assure, votre cher petit Léopold est un joli enfant ; mais il est d'une impatience qui se manifeste déjà fortement ; il a même ses petites colères qui nous amusent. Croirais-tu cela d'un si gentil bambinet ? Il faut qu'il ait eu peur lors de la danse donnée à sa nourrice, car il tressaute depuis quand quelque chose l'étonne ; c'est un sentiment que nous tâcherons d'effacer.

Paul se porte bien. Je viens de lui remettre la lettre de son papa que je viens de recevoir avec la mienne ; ma femme est sortie avec lui.

Ma femme et moi, nous vous embrassons tendrement et vous chargeons d'embrasser de même vos bons parents de Paris.

Tout à vous,

Votre père affectionné,

Le général Hugo.

Léopold assiste à la clôture de la présente et vous sourit. Nos amitiés à notre autre filleul.

Fais-moi envoyer franc de port (4.50 à Paris), le *Précis historique de l'ancienne Gaule* qui se vend chez Ferra, libraire, rue des Grands-Augustins, n° 23.

Adèle avait pris son parti, avec une charmante bonne grâce, de la décision à laquelle ses beaux-parents avaient dû s'arrêter pour la nourriture de Léopold, et elle les en remerciait, mais la lettre où le général lui parlait du caractère de l'enfant n'avait pas dû encore lui parvenir quand elle écrivait : « Voilà donc Léopold nourri par une chèvre ! C'est sa cinquième nourrice, et j'espère que la dernière ne nous donnera que de la satisfaction. Loin d'être inquiète de cette nouvelle nourriture, je suis heureuse de le savoir chez vous, ma chère maman, et j'aime mieux vos tendres soins que le lait, si bon qu'il soit, d'une nourrice. Rien ne manquerait à ma sécurité si je ne savais combien vous avez eu de peine et de tourments, et surtout combien cet enfant vous donne de tracas. Dites-moi, je vous prie, s'il est méchant ? s'il engraisse un peu ? et dites-moi ce dont il peut avoir besoin. Je compte lui envoyer une petite pelisse bien chaude[1]. »

Victor, qu'un mal au doigt avait pendant quelques jours empêché d'écrire à son père, s'empressa, dès que sa « main convalescente » le lui permit, de s'associer à la gratitude d'Adèle, à la fois pour le général et pour la « grand'maman, la seconde mère » qui prodiguait à Léopold ses soins et ses caresses (4 octobre). Il reçut, datée du 6, cette nouvelle lettre, pleine d'espérances :

Mes chers enfants,

C'est le papa et la maman de la jolie demoiselle que ma femme et moi avons été voir rue Barbette, à la Légion d'Honneur, qui vous remettront la présente : ils vous diront qu'aujourd'hui notre cher petit Léopold a bien tété et que nos espérances de la journée nous font bien augurer de l'avenir.

Vous nous avez annoncé une petite pelisse ; ma femme me charge de vous annoncer qu'elle a voué votre bel ange à la Vierge pendant un an, qu'ainsi pendant cette époque de temps il ne doit porter que du blanc. Dites-le à vos bons parents ; la pelisse que fera faire ma femme sera blanche aussi.

M. et Mme Lemaire ont vu et caressé en Corse le tout petit Victor Hugo et ils le retrouveront, avec beaucoup de satisfaction : ce sont d'excellentes gens et je vous prie, ainsi que M. et Mme Foucher, de les recevoir avec votre cordialité ordinaire.

Toujours point de nouvelles de l'arrivée de Paul. Ma

1. Lettre publiée par M. Louis Belton (*L'Avenir du Loir-et-Cher*, 29 juillet 1924.

LE GÉNÉRAL HUGO

femme a fait demander si la diligence qui le portait était arrivée sans accident et la réponse a été affirmative. Cette réponse lui a enlevé ses craintes.

Vous pouvez m'envoyer, ainsi qu'à ma femme, ce que vous avez pour nous et notre cher enfant par M. et Mme Lemaire, que nous chargeons de baisers affectueux pour vous, à charge pour vous d'en faire le partage en famille.

Votre père aff...,

Le général HUGO.

Blois, le 6 octobre 1823, 3 heures de l'après-midi.

Priez votre maman de m'envoyer deux petites bouteilles d'eau de fleur d'oranger.

Le lendemain, à 8 heures, il ajoutait ce petit post-scriptum, encore rassurant :

Mes chers enfants,

Le vôtre a bien tété hier soir la nourrice et cet événement a répandu la joie dans toute la maison ; ma femme est accourue nous l'annoncer.

Il a passé une bonne nuit et a dormi cinq heures de suite. Il a tété à dix heures, à minuit et ce matin : nous ne sommes plus sans espérances.

Portez cette nouvelle à vos bons parents. Hier soir le bon petit ange a souri à ma femme.

Je devais aller en campagne aujourd'hui, je retarde mon voyage pour pouvoir vous donner le bulletin de sa santé.

Ma femme vous embrasse tendrement ainsi que moi.

Hélas ! ces espérances étaient vaines. Depuis deux ou trois jours le petit Léopold avait donné des signes de malaise tels que le général n'avait pas pu se dispenser de dire aux Foucher ses inquiétudes, et c'est Adèle qui avait décacheté la lettre ! Sans la défense expresse de son médecin, elle serait, quoique malade, partie pour Blois tout de suite, selon le conseil de ses beaux-parents, au moins « pour embrasser encore une fois ce pauvre enfant. » Cette consolation lui fut refusée. Le 9 octobre à 8 heures du matin le général écrivait à son ami Foucher :

MADAME VICTOR HUGO
Par L. Boulanger.
(Musée Victor Hugo.)

Cliché Hachette.

L'ART D'ÊTRE GRAND-PÈRE

Mon cher ami,

Il a fallu hier en faire le douloureux sacrifice; à 3 heures après-midi, ce cher enfant a expiré sous un baiser de ma femme[1]. Je suis monté aux cris et aux sanglots qu'elle jetait et j'ai mêlé mes larmes aux siennes; il le méritait bien! Il était si beau et déjà si intelligent!

La bonne l'a emporté dans sa chambre pour le revêtir de ses derniers habits, mais non pour l'ensevelir, ma femme ne l'a pas voulu. J'ai permis que, sur les 7 heures du soir, elle allât le revoir; c'était un ange endormi, elle l'a pris dans son berceau, elle l'a couvert de caresses et l'y a replacé, en apparence avec beaucoup de calme et de résignation. Mais remontée chez elle, ce n'a plus été la même chose; ces sanglots ont obligé à couper ses lacets et toute la soirée s'est passée en soins affectueux de notre part, de la sienne en divagations très alarmantes. Heureusement comme elle n'avait pas dormi depuis neuf jours, la journée et l'eau de fleur d'oranger l'ont rendue au calme. Ce matin elle souffre partout, elle pleure, n'accuse point la Vierge, mais lui recommande son ange et n'a pas encore déraisonné. Dieu veuille que ce ne soit qu'une crise et qu'elle en soit quitte pour celle-là!

Voilà les désirs qu'elle a exprimés hier : que son cher enfant soit embaumé entier dans une petite caisse de chêne, que nous le portions à la Miltière, qu'on y bâtisse un petit emplacement; c'est là où elle veut que l'on entretienne des fleurs et qu'il sera l'objet d'un culte de sa part. Ce vœu était dans mes intentions, et tout va se disposer en conséquence.

J'écris à nos jeunes gens, mais répétez à Adèle que dans sa première grossesse elle ait un régime, par amour pour son fruit à venir.

J'ai bien récompensé la dernière nourrice; elle s'est dévouée; son enfant a maintenant la maladie du nôtre, elle fait parmi ces petits êtres beaucoup de ravages.

Embrassez Mme Foucher pour nous

Je suis tout à vous,

Le général Hugo.

Après le décès de son petit-fils, ils disaient de « leur » petit-fils, le général et sa femme se rendirent au château de

---

1. Cette lettre contredit l'acte de décès, rédigé le 10 octobre, et qui fait mourir Léopold le 9.

(159)

LE GÉNÉRAL HUGO

Beauregard, à Chabris près de Selles-sur-Cher, qui appartenait au marquis de Béthune-Sully. Maire de Chabris, c'est
le marquis de Béthune qui avait, deux ans avant, célébré
leur mariage. La dame Marie Catherine Tomat y Saétony,
veuve d'Anaclet d'Almay, vivant propriétaire, décédé à la
Havane (ce sont les termes de l'acte de mariage), habitait
à ce moment le château, « où l'hospitalité était large et où
l'on menait un train plus brillant peut-être que ne le per-
mettaient les ressources déjà fort diminuées de la famille de
Béthune [1]. » A quel titre la dame Tomat y Saétony ou
Saetoni, on ne sait, avait-elle été accueillie dans une
famille qui descendait en droite ligne d'un ambassadeur
extraordinaire d'Henri IV? On y a vu un mystère de plus
dans la vie de l'audacieuse aventurière. A vrai dire, c'est le
général qui connaissait cette famille : « *Il y a trente-deux ans
que je suis particulièrement lié avec eux,* » écrivait-il à Victor
le 12 juin 1824. Ce n'était donc pas son premier séjour
quand il disait à Foucher le 15 octobre 1823 :

      Mon cher ami,

    Je resterai au château de M. de Béthune jusqu'à lundi
prochain, époque à laquelle je me rendrai à la Miltière et
de là, mercredi, à Blois.

    Mme Hugo parait très calme avec toutes les aimables
dames de la famille Sully, mais il est un souvenir que l'on
n'arrachera jamais de son cœur; son bel ange la suit et lui
sourit partout.

    Comment nos chers enfants ont-ils supporté cette doulou-
reuse perte? Leur résignation l'a-t-elle emporté? Je le désire
beaucoup. Hélas! tant de mères ont dans ce moment-ci des
larmes à verser sur les ravages qu'exerce la maladie qui a
emporté notre enfant! A la visite les médecins que j'ai
consultés n'espéraient pas que le nôtre pût vivre, quelque
bien portant qu'il eût paru, et nous l'aurions perdu dans la
dentition. Ce cher amour n'avait pas plus de 18 pouces à
sa mort; il aurait été cacochyme toute sa vie. Tous ces
raisonnements ne consolent pas ma femme, et la Vierge à
qui elle avait voué son ange aurait dû le lui conserver. Cet
événement pourra bien affaiblir sa confiance dans sa patronne,

---

1. Dr G. Patrigeon, *Le Père de Victor Hugo*, Châteauroux, 1902, p. 10.

et j'avoue qu'à sa place elle perdrait entièrement la mienne.

Embrassez tendrement Madame et vos enfants pour nous, sans oublier notre Victor. Dites à celui-ci que la perte que nous avons faite est extrêmement sensible, mais qu'il fasse auprès de M. de Chateaubriand que nous ayons un bon article sur nos biens, afin de borner nos malheurs à un seul; oublier cette affaire dans ce moment-ci, ce serait l'oublier dans le seul moment favorable.

Le général ajoutait qu'il avait obtenu pour un peu moins de 40 000 francs la propriété de la Miltière, estimée 45 000.

En lui écrivant un mois avant, le 13 septembre, Victor avait scellé sa lettre à son père d'un « fort beau » cachet de cuivre, aux armes du général, en attendant le cachet d'acier, dont l'exécution demandait plus de temps. D'un autre côté, il faisait préparer un écusson colorié, qui, avec son passe-partout, devait coûter 14 francs! M. Lemaire se chargea de les apporter au général : Victor lui avait écrit que le cachet d'acier avait excité l'admiration de tout le monde par la beauté de son fini [1].... Cette admiration fut partagée par son père, comme en témoigne sa réponse du 25 octobre.

> Mon cher Victor,
>
> Nous venons d'arriver et nous avons reçu à la fois tes deux lettres, celle de M. Foucher, le cachet, sa jolie empreinte et son beau dessin. Ces trois pièces sont très bien faites et je t'en remercie de tout mon cœur.
>
> Ma femme est extrêmement sensible à tout ce que ton Adèle et toi lui dites d'obligeant : en entrant ici, elle n'a pu retenir le torrent de larmes que notre approche préparait et ses pleurs ont redoublé quand elle est entrée dans sa chambre à coucher, lieu, pour nous, de tant de pieux et douloureux souvenirs.
>
> Si tu pouvais trouver, de hasard, un petit ange en pied et en marbre, tu m'en aviserais.
>
> Dis de notre part à ta femme les choses les plus tendres et les plus affectueuses. Ne nous oublie point auprès de M. et Mme Foucher, de leur belle famille ainsi qu'auprès d'Abel.
>
> Je réponds ici à un mot de M. Foucher : dis-lui que les

1. Pierre Dufay, *Victor Hugo à vingt ans*, p 127.

bureaux de la Guerre n'ont point accusé la réception de mon opuscule.

Je ferai la recherche de la note que je t'avais envoyée d'un livre à acheter, pour t'en faire passer le duplicata [1].

Nous recevrons avec beaucoup d'intérêt ce que ta femme fait et nous destine [2]. Je suis bien aise que vous vous fassiez une raison, votre cher amour ne pouvait vivre longtemps; mais, dit toujours ma femme, Dieu en avait tant d'autres à prendre qui n'auraient fait faute à personne, qu'il aurait dû nous laisser celui-là. Je n'ose point vous répéter ce qu'elle me dit chaque jour; cela vous déchirerait le cœur. Cependant elle a sa pleine raison!

Je pense voir M. Lemaire demain.

Adieu, mes bons amis, je vous embrasse et pour ma femme et pour moi du meilleur cœur.

Chargée par Victor, trop occupé, d'être son secrétaire et joyeuse de remplir cet emploi, Adèle écrivit, le 2 décembre, au général, une longue lettre où elle le mettait, sous une forme claire et simple, au courant de toutes leurs affaires. Sa douleur restait profonde, mais elle affectait des « apparences de gaîté ou du moins de tranquillité » pour ne pas émouvoir son mari [3].

Son beau-père lui répondit le 6 :

J'ai reçu avec beaucoup de plaisir, ma chère Adèle, la réponse que vous m'avez faite pour notre Victor. Je vous en remercie beaucoup, ainsi que ma femme, qui vous aime bien tendrement tous les deux.

Vous avez oublié, ma bonne amie, de nous dire si le beurre et une malle étaient parvenus chez votre maman; votre maman ne nous en ayant rien écrit, nous restons dans un doute qu'il importe de lever.

Vous ne m'avez pas dit si Victor avait envoyé à Abel la note pour la distribution des exemplaires que je m'étais

---

1. « J'ai eu le malheur dans tous mes malheurs d'égarer la lettre où tu m'envoies la note d'un livre à acheter, seras-tu assez bon pour m'excuser et me récrire de nouveau ce renseignement » (Lettre de Victor. Dufay, *loc. cit.*).

2. « Mon Adèle est toujours souffrante. Ce coup n'a pas contribué à la remettre. Cependant, elle a éprouvé une grande douceur à faire quelque chose pour toi, mon excellent père, et pour la grand'mère de son Léopold. Elle ne prend pas en ce moment la plume pour vous parce qu'elle tient encore le crayon. Je ne puis m'empêcher de dire tout bas que son dessin a fait ici l'admiration de tous ceux qui l'ont vu » (Novembre 1823).

3. Dufay, *op. cit.*, p. 129-131.

L'ART D'ÊTRE GRAND-PÈRE

réservés, si vous avez reçu le premier et si Paul était content du sien [1]; je réponds ci-joint à Paul et il me le dira.

Vous ne m'avez pas écrit si votre cher papa pensait qu'un exemplaire des *Mémoires* serait agréable à M. de Coetlosquet [2]; si, dans l'affirmative, il en avait demandé un à Abel pour le remettre à ce général.

Je suis bien aise que M. de Clermont [3] continue à bien recevoir votre cher mari, le fils bien-aimé d'un de ses vieux camarades. Je voudrais bien, moi qui n'ai jamais eu d'ambition, que celle qui s'élève en moi pour mes fils leur vaille un jour quelque chose et que l'on récompensât en eux les services de leur père. On m'a ôté deux grandes décorations, que ne leur donne-t-on quelque chose en échange? L'étoile de la Légion me ferait grand plaisir sur la noble poitrine de Victor.

Que pense-t-on à Paris des *Mémoires*? Ici, on leur trouve l'intérêt du roman et tous les exemplaires envoyés par l'éditeur ont été enlevés dans une heure. Si votre libraire fait de bonnes affaires [4], il pourra payer son monde. A propos de paiements, je vous dois votre mois; mandez-moi si vous le voulez de suite ou si vous préférez en accumuler deux.

Votre joli portrait fait toujours l'admiration des connaisseurs, notre orgueil à ma femme et à moi, et l'ornement de notre salon. Ma femme travaille toujours en face; que de souvenirs pour elle dans ce cher portrait!

Nous vous embrassons tous, tous, bien tendrement.

Votre père affectionné,

Le général HUGO.

---

1. Il s'agissait des *Mémoires*, que le général venait de publier.

2. Le lieutenant Coetlosquet, directeur général au Ministère de la Guerre.

3. M. de Clermont-Tonnerre, ministre de la Marine et des Colonies. « M. de Clermont-Tonnerre a été charmant pour Victor; il l'a engagé à remettre son ode (sur la guerre d'Espagne) à Mgr le duc d'Angoulême, qui doit venir à une fête que va lui donner le ministre de la Marine. » Lettre d'Adèle.

4. Lettre d'Adèle, du 2 décembre. « Mon Victor vient de vendre à l'Advocat (*sic*) un nouveau volume d'Odes qu'il vient de faire. Il en a vendu la propriété pour deux ans ainsi que celle de son premier volume. *deux mille francs*, mais qui ne doivent lui être payés que dans l'année prochaine. Nous désirons ne pas tomber encore dans une banqueroute » (P. Dufay, p. 130).

CHAPITRE XI

LES MÉMOIRES
DÉLASSEMENTS D'UN VIEUX SOLDAT

LES « MÉMOIRES » ET LA CRITIQUE ‖ RAPPORTS AFFECTUEUX
ENTRE LE GÉNÉRAL ET LE JEUNE MÉNAGE HUGO ‖ PRÉOCCU-
PATIONS ET TRAVAUX LITTÉRAIRES DU GÉNÉRAL ‖ NAISSANCE
DE LÉOPOLDINE HUGO ‖ MISE A LA RETRAITE DU GÉNÉRAL
(DÉCEMBRE 1824).

QUE pensait-on à Paris des *Mémoires* du général? Il était
naturel qu'il posât cette question. S'il fallait en croire
une lettre de Victor, que j'ai publiée il y a quelques
années, ils y avaient produit une « vive sensation. »
La *Muse* et la *Foudre*, entre autres journaux, en avaient
rendu compte et Victor lui-même se proposait, quand le
tome III aurait paru, d'en parler dans *L'Oriflamme*. « Ce
serait un beau moment, écrivait-il à son père, que celui de
l'ivresse générale pour te faire obtenir le grade de lieutenant-
général et une haute mission diplomatique, » et il lui
promettait de le tenir fidèlement au courant de ses con-
versations avec Chateaubriand, qu'il avait saisi de l'affaire
des fameux « biens d'Espagne. » Cette « ivresse générale » n'avait pas tourné la tête au général. Écarté du
service actif, et réduit par les circonstances à être plus
auteur que soldat, il s'efforçait de faire à ses ouvrages
militaires une réclame profitable. C'est ainsi que le
24 décembre il rédigeait une notice sur le *Journal Historique du Blocus de Thionville* paru en 1819, et dont il

LES MÉMOIRES

faisait valoir les mérites et l'utilité avec une grande habileté. Qu'on en juge :

24 décembre 1823.

Dans un moment où la guerre paraît imminente, MM. les officiers qui s'occupent de leur état et ceux qui par leur destination sont appelés à défendre des places françaises ou qui bientôt seront appelés à en commander sur le sol étranger, ces Messieurs, dis-je, ne liront peut-être pas sans intérêt le *Journal historique* des deux derniers blocus de Thionville. C'est devenu très rare, on y trouvera de beaux exemples de dévouement, d'activité et de désintéressement ; ils y verront avec quelle tranquillité cette place soutint le premier bombardement et avec quelle adresse son commandant supérieur sut empêcher ceux que l'ennemi projetait en 1815.

Les moyens ingénieux que ce général employa pour sauver tous ses détachements à la veille d'être pris ; pour opérer sur la Moselle une débâcle prématurée ; pour affamer l'ennemi dans son camp ; pour suppléer au manque total d'obusiers ; pour simplifier les rapports trop compliqués de l'administration et des corps avec lui ; enfin, pour correspondre avec le général commandant la 3e division militaire, le ministre et la Grande Armée ; tous ces moyens, qui sont dignes de servir de modèles, n'échapperont à personne et surprendront tout le monde.

Les nombreux coups de mains, tous couronnés de succès ; les combats presque continuels d'une garnison faible ou presque entièrement composée de conscrits ; le soin avec lequel le général signale les officiers, sous-officiers et soldats, les gardes nationaux ou autres bons citoyens qui se distinguent ; la vigueur avec laquelle il repousse toutes négociations avec les ennemis ; la juste indignation qu'il fait éclater en rejetant toutes propositions séductrices ; sa réponse aussi noble que désintéressée aux envoyés de M. le Comte d'Artois, sont autant de faits dignes du plus vif intérêt.

Ce journal, qu'aucun autre du même temps n'a précédé, doit appeler l'attention des officiers chargés de tenir dans des places investies. Il est enrichi de notes, la plupart du général Hugo ; toutes sont ou curieuses ou instructives ou honorables : l'officier qui l'a rédigé a constamment puisé en de bonnes sources et on doit lui savoir gré de détails qu'il donne sur sa défense de Longwy en 1815. C'est dans cette année que les généraux Hugo et Decouz ont les premiers, depuis la Restauration, rattaché la gloire au drapeau du

(165)

LE GÉNÉRAL HUGO

Lys en battant les Prussiens sous cette dernière place et sous Rodemack.

En évoquant ces services, le général Hugo n'escomptait pas seulement un succès de librairie; il voulait appeler sur lui l'attention de la Restauration dont il avait, par la défense héroïque de Thionville, confondu la gloire avec celle de la France. L'année qui commençait allait-elle enfin faire cesser une disgrâce prolongée et imméritée?

Adèle était de nouveau enceinte. Cet événement avait réjoui Victor et son père, qui espérait recevoir ses enfants à Blois au printemps, et qui écrivait à son fils le 10 janvier sur les différents sujets dont ils étaient occupés l'un et l'autre :

> Mon cher Victor,
>
> L'expression de ton bonheur, qui se soutient et se soutiendra toujours par les grâces et les vertus de ta femme, me procure toujours un plaisir bien sincère : j'y vois tes soins continuels payés d'un juste retour, et c'est une grande satisfaction pour un père qui aime tendrement ses enfants. Ma femme, qui partage tous mes sentiments pour eux, est fière d'avoir contribué à leur union et d'en être payée par leur affection filiale. Elle a reçu une jolie lettre d'Eugène et j'ai été très enchanté de la réponse toute maternelle qu'elle lui a faite.
>
> Le logement que nous avons fait arranger ici est prêt. Vous y viendrez quand vous voudrez, mais nous comptons sur vous au printemps.
>
> Mme Léopold écrit à Mme Victor au sujet des bonnes....
>
> Ecris donc un petit mot à ton généreux admirateur, M. de Féraudy, tu lui feras le plus grand plaisir.
>
> On se plaint que mon 3e volume tarde trop à paraître. Abel ne m'a rien écrit depuis mon départ de Paris et je ne sais toujours pas s'il a rempli mes intentions au sujet de la 1re livraison.
>
> Je pense que les douleurs d'oreille de ton Adèle ont cessé, puisque ni elle, ni toi ne nous en parlez plus; dans l'affirmative, dix fois tant mieux!
>
> Toutes les lettres que je reçois m'annoncent le succès des *Mémoires*. J'en ai de petits, fort intéressants, sur différents sujets. Abel a dit à Adolphe que M. L'Advocat ne les désirait pas; j'en ferai mon affaire avec un autre libraire à mon premier voyage.

LES MÉMOIRES

J'ai donné au Général Finck 330 pages in-4°. Il aura le volume des *Amants Ennemis* et pour titre *L'Aventurière tyrolienne* ou *La Vierge des Camps*.

Fais retirer et payer 7 fr. 50 le dernier volume du *Dict. des Généraux* chez M. de Conseille, rue de Sèvres, n° 111. Je le ferai prendre chez toi.

J'ai ici le fils de mon oncle, lieutenant d'ordre dans les douanes royales; c'est un bel homme, aussi doux que brave, bien élevé et en tout un joli sujet. J'ai écrit à deux directions pour tâcher de lui faire obtenir un contrôle, place immédiatement supérieure à la sienne, qui ne vaut que 940 francs. C'est pour lui que je te demandais quelques protections.

As-tu revu M. de Clermont? J'ai été content de son article sur les *Mémoires*.

J'ai prié vainement le ministre de la Guerre de m'accuser réception de mes *Systèmes*, le bureau du génie ressemble aux muets du sérail.

Je t'ai écrit que j'étais en possession de la Miltière [1]. Si tu aimes la chasse, tu pourras y tuer des lièvres, des perdrix et d'autres bêtes que j'y laisse vivre paisiblement.

As-tu fait envoyer à Aucher-Eloy [2] les numéros de la *Muse* pour lesquels il a souscrit chez toi?

Je vous embrasse bien tendrement tous les deux.

P. S. Michaud vous dit les choses les plus aimables [3]. Son père a fait une partie de mon éducation, ma mère a fait une partie de la sienne; il lui reste une sœur fort intéressante.

Je te prie de remercier M. Guiraud de son article. Je ne lui sais point mauvais gré de la tache qu'il trouve dans mes écrits; comme elle tient au cœur, il est probable qu'elle ne disparaîtra qu'avec lui.

Mille choses à MM. Soumet et Deschamps. La *Muse* me donne toujours fort agréablement de ses nouvelles. Un journal littéraire vient de paraître ici.

Les lettres et les cadeaux s'échangeaient entre les deux familles, dont l'intimité se resserrait. Adèle avait brodé un bonnet pour sa belle-mère, qui l'en remercia, le 18 janvier,

---

1. Le général, comme on l'a vu dans une lettre précédente, avait acquis cette terre en Sologne : elle était située au milieu des marais, entre les communes de Pruviers et de Lassay.

2. Imprimeur à Blois. Le général avait traité avec lui en 1819, pour 300 exemplaires du *Journal historique du Blocus de Thionville*.

3. C'était un cousin du général, dont le père avait épousé, en secondes noces, Jeanne-Marguerite Michaud.

LE GÉNÉRAL HUGO

par une lettre à laquelle le général ajouta un post-scriptum pour Victor :

> Ma chère Adèle,
>
> J'ai reçu votre joli bonnet : chacun, ainsi que moi, a trouvé qu'il était l'ouvrage de la patience, du bon goût et du talent. En effet, il vous a fallu beaucoup de temps pour le faire et je dois m'en féliciter, puisque je n'ai pas cessé pendant ce temps d'occuper une partie de vos souvenirs. Je vous en remercie donc infiniment en vous faisant le juste éloge, car il est très beau et très bien fait. Il me reste à méditer ce que j'ai à broder à mon tour qui puisse vous rendre le plaisir qu'il m'a fait. Embrassez Victor bien affectueusement pour moi ; je vous le rends au centuple pour que votre part y soit bonne.
>
> Votre mère bien tendrement affectionnée,
>
> F. Hugo.

> Ma chère Adèle, mille et mille choses aimables à vos bons parents.
>
> Je pense bien, mon cher Victor, que le joli petit cadeau de ta bien-aimée Adèle, qui a fait mon admiration comme celle de ma femme, n'était pas dans une caisse envoyée par toi, mais par Abel ; il faut que je doute puisque le cadeau des portraits des deux grands hommes qui furent les amis de ma jeunesse m'est fait sans que je sache précisément par qui, faute d'un petit mot d'avis [1].
>
> J'ai vu hier M. de Féraudy, il était peiné de n'avoir pas quelques lignes de toi ; quatre lignes, je te le répète, lui feront plaisir.
>
> Enfin le 3ᵉ volume est lancé avec éloge. Je l'attends pour porter aussi mon jugement [2].
>
> J'embrasse ton Adèle par le baiser paternel que je te donne.
>
> Ton père et ton ami,
>
> H.

La correspondance entre Paris et Blois était assez suivie pour que les lettres traitant du même objet pussent se

---

1. L'envoi du bonnet avait bien été fait par Abel dans une caisse qui contenait deux tableaux, les « portraits des deux grands hommes qui furent les amis de la jeunesse du général, » le général Moreau certainement, et peut-être Joseph Bonaparte ou, à son défaut, le général Lahorie.

2. Il s'agissait du 3ᵉ volume des *Mémoires*, auquel Abel avait largement collaboré.

croiser. Ainsi en fut-il de celle que sa belle-mère avait écrite à Adèle pour la remercier du bonnet et de celle où Adèle s'étonnait que l'envoi ne fût pas encore arrivé. Le général mit les choses au point, le 26 janvier :

> Ma chère Adèle,
>
> La lettre par laquelle je vous accusais la réception de votre joli bonnet s'est croisée en chemin avec celle par laquelle vous m'annonciez qu'il ne vous était pas encore parvenu. Nous sommes bien aises de vous voir débarrassée de votre vilaine douleur d'oreille ; celle d'entrailles ne se terminera peut-être pas de la même manière ; vous savez, vous qui l'êtes, que s'il faut souffrir pour être belle, il faut aussi souffrir pour devenir mère [1].
>
> Le cousin Michaud vous est bien reconnaissant du vif intérêt que vous prenez à ce qui le regarde. J'ai touché pour lui bien des cordes, il est à désirer que mes efforts lui fassent obtenir quelque chose : tant mieux si Francis en touche une bonne [2] !
>
> Je sais bien que Victor m'est tendrement attaché et je le paie en père de ses sentiments pour moi, mais je ne voudrais être employé qu'autant que cela ne m'obligerait pas à des dépenses plus fortes que celles que je puis et dois faire, c'est-à-dire entamer la poire que je dois former pour l'avenir de mes enfants. Je discute la chose dans ma réponse à la note de votre papa [3].
>
> Je ne vous dis plus rien d'Abel, il ne me répond pas.
>
> Ma femme et moi nous vous embrassons bien tendrement.
>
> Mon cher Victor,
>
> Je joins deux mots pour toi à la lettre pour ton ange.
>
> Puisque tu n'as pas le temps de répondre à M. de Féraudy, dis-moi au moins dans les réponses que tu me fais ce que tu veux que je lui dise [4].

1. Lettre d'Adèle : « Vous êtes bien bon de vous occuper de ma santé ; je ne souffre plus des oreilles, mais des douleurs d'entrailles, qui m'ont fait garder la chambre tous ces jours-ci, mais je vais mieux cependant sans me bien porter » (P. Dufay, p. 132).

2. « Vous m'avez chargée, mon cher Papa, de rappeler à Victor notre cousin : mon oncle Francis s'en occupe en ce moment, il connaît justement la personne qu'il faut solliciter » (P. Dufay, p. 132).

3. « Je vous envoie une note de la part de papa. Victor désirerait bien que vous fussiez employé ; c'est, dit-il, la seule chose qu'il désire. Ce bon Victor vous aime tant » (id.).

4. Victor s'était excusé auprès de son père par les soins que lui donnait la préparation de son nouveau recueil et par les « démarches sans nombre qui se disputaient ses instants. »

LE GÉNÉRAL HUGO

Je te remercie beaucoup de ce que tu me dis d'aimable de la part de M. de Clermont[1]; si l'on ne peut rien faire pour moi, ne pourrait-il pas faire attacher Abel comme bibliothécaire à la Marine? Ce serait toujours une récompense pour moi!

Est-il vrai que Mme Desbordes-Valmore habite Blois? On me l'a assuré.

Je lis toujours avec le plus vif intérêt les belles odes que tu insères dans la *Muse* : beaucoup de poètes ont aujourd'hui adopté ce genre élevé, mais tu planes toujours fort au-dessus d'eux.

Nous t'embrassons pour toi, les tiens et les nôtres.

Ainsi les démarches que Victor faisait pour son père ne se lassaient pas, tandis que celui-ci se préoccupait de la situation de son frère Francis.

21 février 1824.

Mon cher Victor,

En écrivant à M. Foucher, ces jours derniers, je lui ai annoncé la présente comme la deuxième partie du plaisir que je voulais me procurer.

J'aurais encore différé à te répondre sans l'impatience que montre Francis. J'ai adressé le 8 à M. de Cl. quelques chapitres de mes *Systèmes*, que je lui avais promis depuis mon voyage d'août; il ne m'en a pas encore accusé la réception. Je ne veux donc pas avoir l'air de ne lui avoir fait cet envoi que pour le lui faire aussitôt après la demande de s'intéresser pour mon frère ou pour moi, car si je me décide à lui écrire, ce sera pour l'un ou pour l'autre objet et non pour les deux. Je sais que s'il aime à obliger pour ce qu'il peut faire par lui-même, il n'aime pas du tout à se faire solliciter pour les autres. J'avais écrit à Francis que peut-être je solliciterais l'appui de ce ministre pour une inspection, et qu'en l'obtenant je travaillerais ensuite pour lui auprès de M. De Coetl.... Mais je n'ai pas l'accusé de réception de mon envoi et jusque-là je suis presque décidé à ne plus écrire de nouveau, quelque envie que j'aie de ne demander rien pour moi et de n'écrire que pour ton oncle.

Ma femme regarde chaque jour les boutons et les feuilles des arbres de son jardin anglais; les premières qui écloront

---

1. Victor à son père : « M. le marquis de Clermont-Tonnerre, avec qui j'ai déjeuné dernièrement, m'a chargé de mille choses aimables pour toi : il est tout disposé à te servir » (p. 184).

(170)

lui donneront ainsi qu'à moi la douce espérance de presser bientôt son excellente petite mère sur nos cœurs, ainsi que toi bien entendu. Quelle joie, si cela est! Si de nouvelles espérances!... mais elles ne feront point oublier notre cher amour. Mes lunettes se mouillent, se troublent; les larmes de plus d'une espèce se mêlent ensemble et je change de sujet.

J'ai lu le 3ᵉ volume tout d'une traite. Abel y a fait d'intéressantes additions; je l'en félicite tout en le boudant.

As-tu retiré le dernier vol. du *Dict. des Généraux?*

Combien te doit M. de Féraudy? Il me le demande tous les jours.

Michaud, en partant hier, m'a chargé de mille et mille choses aimables pour vous. Charge-toi de mille choses pareilles pour tes deux familles, tant de ma part que de celle de ma femme, qui vous chérit et vous embrasse tous de tout cœur.

Le grand-père, heureux de l'événement que promettait la grossesse d'Adèle, ne pouvait pas penser sans émotion au petit Léopold, que ses soins et ceux de sa femme n'avaient pas réussi à arracher à la mort. Sa femme était obsédée par le même douloureux souvenir, dont l'offre de devenir la marraine du second enfant atténuait à peine la tristesse. Le général écrivait à sa belle-fille le 22 avril :

Vous avez vu, ma chère Adèle, que vos lettres étaient destinées à se croiser avec les miennes, et peut-être, au moment où je vous écris de nouveau, m'écrivez-vous aussi : cela prouve que nous ne voulons ni l'un ni l'autre nous affliger par un silence sans causes.

Vous l'avez vu, ma femme a accepté avec beaucoup de joie l'offre que notre Victor et vous lui avez faite dans votre tendresse pour elle. Ah! puisse-t-elle, pendant toute sa vie, oublier au milieu de ses baisers maternels qu'elle devrait avoir à les doubler sans cesse!

Votre frère vient de m'annoncer son mariage et je lui réponds par ce courrier : comme je compte le bonheur pour tous dans le mariage, je n'ai pu qu'applaudir, avec sa famille, à l'événement qui va faire le sien.

Ma femme se porte bien, moi aussi à quelques infirmités près, suites de mes longs et laborieux services; ce sont elles qui m'arrêtent dans mes projets d'activité, car on me défend toujours de monter à cheval. Enfin je sens que si mon prince voulait le service de mon épée, il faudrait aujourd'hui que

ce ne fût pas dans des fonctions trop actives. Je suis inté-
rieurement plus vieux qu'extérieurement ; cependant je ne
songe pas à abandonner la partie et si un jour le gouvernement de l'Isle Bourbon venait à vaquer, je tâcherais de m'y
faire colloquer. Je vous dis mon secret ! Aussi je travaille
plus pour le département de la Marine que pour celui de la
Guerre qui m'a depuis longtemps abandonné, mais je ne dis
pas encore au ministre que je suis un peu intéressé : je ne
le dirai que quand il sera temps. Je vous dirai de plus que
c'est là seulement où je pourrai me croire bien, parce que
j'y relèverai honnêtement ma fortune, ce que je ne puis
absolument pas faire ailleurs, et je sens que je le dois pour
l'avenir de mes enfants.

Tout bien calculé, mon inspection ne me causerait que de
la dépense et des dettes....

J'ai enfin lu les *Odes* de Victor : depuis hier soir, déjà, j'en
ai lu la moitié....

Cette lettre offrait à Victor l'occasion d'une pièce de vin,
dont un ancien camarade du général au Royal-Corse voulait
se défaire : l'occasion était bonne, Victor l'accepta. Quelques
jours après, sa belle-mère lui envoyait un saumon, et son
père s'acquittait envers lui par une traite de deux cents francs.
Malheureusement les nouvelles d'Eugène étaient « affli-
geantes. » Il était tombé dans un « état de stupidité et
d'insensibilité morale » qui faisait le désespoir des médecins ; ils avaient déconseillé comme une dépense inutile un
voyage au long cours dont le général avait eu l'intention
(3 juin 1824).

Malheur d'un côté, espérances de l'autre. « Nous sommes
enchantés, ma femme et moi, que notre Adèle s'arron-
disse selon tes désirs et que sa santé continue à être
bonne » (12 juin). C'est à Adèle que le général écrivait le
12 juillet :

C'est toujours à la Miltière, ma chère Adèle, que je me
trouve depuis bientôt deux mois et où ma femme, qui est
allée à Blois pour le rétablissement de sa santé, m'envoie
mes lettres. J'ai reçu la vôtre avec le plus grand plaisir ; elle
s'est croisée avec une réponse que j'adressais à Victor et
dans laquelle vous avez vu que, ne m'attendant à rien, je n'ai
éprouvé aucune fâcheuse impression de ce qui a eu lieu. Je

ne puis donc qu'applaudir au secret que l'on a gardé dans cette affaire[1].

Ma femme s'occupe de vous faire réunir une quarantaine de livres de beurre pour votre petite provision de l'hiver, c'est vers cette époque qu'elle vous la fera passer; le faire maintenant, ce serait (et même tant que les chaleurs dureront) s'exposer à le perdre. Ce qui l'a déterminée à cela, c'est qu'elle a lu votre lettre avant moi et que, vous voyant enfin dans votre ménage[2], elle a songé à y mettre quelque chose d'utile. Elle avait le projet de broder une lyre avec vos chiffres pour la fête de Victor, mais le délabrement de sa santé et mille petites choses survenues l'en ont empêchée ; avec elle ce qui est différé n'est pas perdu.

Vous me demandez conseil pour savoir si vous devez ou si vous ne devez pas nourrir. Consultez votre cœur, suivez-en l'impulsion, elle vous portera à ne pas changer la nourriture de l'enfant que vous portez. Sa santé et la vôtre s'en trouveront mieux ; vous serez sûre de vous et vous avez fait une trop cruelle expérience pour prendre, si vous pouvez toutefois faire autrement, une autre mesure. Nourrissez donc, vous aurez les premières caresses, les plus aimables caresses, de votre enfant. Victor vous en saura gré quand il les partagera ; ce sera un grand bonheur pour vous deux et pour nous.

Nous ne pourrons guère aller à Paris que dans la première quinzaine de septembre ; c'est du moins pour cette époque, que nous présumons devoir être celle de votre accouchement, que je ferai ma demande de l'autorisation de m'y rendre. Si je n'y trouve plus mon frère, c'est qu'alors je l'aurai vu à Blois, où il m'a promis de venir me voir.

Dites à Adolphe que j'ai quelques vases antiques que je lui destine.

Voilà six jours que je n'ai reçu de nouvelles de Blois et j'en augure que ma femme se porte mieux et que je pourrai la voir arriver demain. J'ai envoyé cette nuit ma petite voiture la chercher.

Je vous embrasse tendrement pour ma femme et pour moi tous les deux et tous les vôtres.

Tout à vous, ma belle et bien aimable bru.

Votre père affectionné,

Le général Hugo.

---

1. Les efforts de M. Foucher et la bonne volonté du général de Coëtlogon n'avaient pas réussi à faire obtenir au général une inspection générale : elles avaient été toutes retenues par le duc d'Angoulême pour ses officiers généraux de l'armée d'Espagne (Lettre de Victor à son père, 27 juin).

2. Le jeune ménage avait quitté la rue du Cherche-Midi, où il logeait chez les Foucher, pour s'installer au 90 de la rue de Vaugirard.

LE GÉNÉRAL HUGO

Quelques jours après, revenu à Blois, le général écrivait encore à Adèle :

Ma chère Adèle,

Me voilà de retour à Blois pour sept à huit jours. J'y ai trouvé ma femme mieux et tout ce qui accompagnait d'une manière fâcheuse sa grave indisposition a disparu.

Je vois bien, d'après ce que vous me mandez, que vous n'avez rien dit à Adolphe de ce que je lui destinais. Ainsi donc Victor aura seul les vases ; ma femme y a joint une anse ainsi qu'une téterelle dont on lui avait fait cadeau. J'avais déjà donné à Adolphe bien des petites choses que je ne regrette pas et que Victor aurait eues si j'avais connu ses goûts. Ma femme a aussi quelques belles médailles, les unes antiques, les autres modernes, un anneau et une épingle qu'elle croit d'or ; elle les joindra à ce qu'elle donne à Victor.

J'ai prié mon curé de tâcher de m'acheter un ou deux arpents de terre là où il soupçonnerait quelques fouilles à faire dans Gièvres (village bâti sur le sol où a existé la ville du Pérou). Si cette acquisition a lieu, nous fouillerons avec Victor quand il viendra à la Miltière.

Dites à Victor de m'envoyer un exemplaire de sa 2e édition pour mon curé ; je tâcherai de me faire donner quelques vases de plus, car il dessert la paroisse de Gièvres et les habitants l'y laisseront fouiller tant qu'il voudra.

Nous vous prions de dire à toute votre famille les choses les plus affectueuses. Ma femme et moi, nous embrassons bien tendrement les deux têtes du même bonnet, quoi qu'il y en ait trois maintenant.

Cette lettre, où la tendresse du général s'exprime avec tant de simplicité et de charme, fait allusion pour la première fois et elle donne satisfaction au goût que Victor Hugo avait déjà, mais jusque-là à l'insu de son père, pour les bibelots et pour les « antiquités. » Tant pis pour le cousin Adolphe ! Le fils lui était désormais préféré. La lettre du général était accompagnée d'un post-scriptum qui concernait Victor.

Je joins à la lettre de ta femme un mot pour toi en réponse à ta lettre du 29 juillet.

J'écris à mon frère que je ne ferai au ministre ma

LES MÉMOIRES

demande d'une permission que lorsque ta femme sera
accouchée, attendu qu'il faut que je retourne à la Miltière
où certains articles de mon bail réclament ma présence.

Je n'ai pas reçu le numéro de la *Muse* dans lequel se
trouve ta lettre à M. Hoffman; ainsi je ne puis rien t'en
dire[1].

Les médecins ont dit à M. Regnaud qu'ils n'avaient plus
d'espoir pour le pauvre Eugène. Il faudra que je sache à
quoi je suis tenu pour cet infortuné; prie M. Foucher de le
demander à son parent.

Ma femme t'embrasse bien tendrement ainsi que ton
Adèle; moi, de même.

La grossesse d'Adèle approchait de son terme. Elle en
marquait l'état, le 16 août, dans une lettre au général.
« Combien nous sommes sensibles, mon cher Papa, à vos
bontés et surtout à celles de notre bonne mère; toutes ses
attentions nous touchent bien tendrement et nous prouvent
combien elle mérite d'être aimée. Victor va lui écrire pour
la remercier mille fois. Pour vous, mon bon père, vous
avez écouté ma petite confidence avec tant d'indulgence que
je suis encouragée à vous en faire d'autres dans l'avenir.

Je suis bien contente de pouvoir vous dire que je me porte
bien; je compte tout au plus aller trois semaines, et j'espère
que tout ira bien. Ainsi, cher Papa, venez vite; si vous ne
m'écoutez pas, je le demande à notre bonne marraine; elle
ne me refusera pas que je vous voie avec mon gros ventre,
mon cher Papa. Dites-moi, je vous prie, les noms de la
grand'maman, afin que, si c'est une fille, je sache d'avance
comment la nommer. Si j'ai un garçon, je le nommerai
comme le premier, afin qu'il partage votre nom et la tendresse que vous portiez à votre petit[2]. »

Le général répondit le 21 août :

1. Le *Journal des Débats* avait publié, dans son numéro du 14 juin, sur les
Nouvelles Odes un article signé Z. dont Hoffman était l'auteur. Cet article, très
élogieux, reconnaissait le grand talent du poète, mais la « sévère déesse, »
l' « impitoyable critique » y exerçait ses droits contre les théories dont la pré-
face du nouveau recueil était l'expression. La défense de Victor Hugo, publiée
le 26 juillet par le *Journal des Débats*, est, au dire de M. Biré, qui a raison, sous
sa forme « habile et spirituelle, » un des documents les plus importants de
l'histoire du romantisme et je regrette comme lui qu'elle n'ait pas encore trouvé
sa place dans les œuvres complètes du poète. C'est une lacune à réparer.

2. Lettre publiée par M. Louis Belton (29 juillet 1924).

(175)

LE GÉNÉRAL HUGO

Ma chère Adèle,

Comme voilà le moment de conserver quelques fruits pour l'hiver, ma femme vous en a envoyé un petit panier cette nuit par la diligence de la place des Victoires. Je ne vous engage point à en manger encore, à moins que ce ne soient des reines-claudes, les autres pourraient préparer des coliques à votre enfant.

Nous avons tout le désir possible de vous voir dans votre rotondité, mais, vous le savez, ma femme a été malade, et son médecin exige qu'elle se repose encore une quinzaine au moins avant de se risquer en voiture. Or, vous devez le penser, je ne dois pas me mettre en route sans elle.

Les prénoms de ma femme sont Cécile, Marie, Catherine, mais elle a le projet, pour vous être agréable et si cela vous convient, d'ajouter un nom de plus à votre enfant; si c'est une fille, celui de Léopoldine.

Elle n'a pas joint d'antiquités au panier dans la crainte qu'elles n'écrasassent les fruits; elle en fera très incessamment un panier à part : les médailles anciennes, en petit nombre, et les modernes seront dans un panier séparé, quoique dans le même panier.

Nous sommes dans l'enchantement de vous savoir bien portante; cela nous donne les plus douces espérances et pour vos couches et pour l'avenir.

Dites de notre part à M. et Mme Foucher les choses les plus affectueuses. Embrassez pour nous les membres de nos deux familles. Je suis entré hier dans ma quinzième année de maréchal de camp.... »

Il fallait se préparer au voyage. Le général, dans sa lettre à Victor du 24 août, s'occupait de l'hôtel où il descendrait :

Je te prie de passer chez M. Bel, hôtel de Dusseldorf, et de savoir de lui s'il a établi chez lui une table d'hôte bien composée; il en avait le projet.

On m'indique rue de Gaillon un hôtel où l'on est fort bien logé à un écu par jour et fort bien nourri à un écu par tête. Il m'en coûte 5 francs pour le logement, chez M. Bel, et il n'est pas commode. Si l'hôtel de la rue de Gaillon n'était pas si éloigné, j'irais m'y planter, mais je préfère me rapprocher de vous. J'en savais un près du Luxembourg où l'on était au mieux, au prix de la rue de Gaillon, mais j'en ai perdu l'adresse. Si tu en savais un bon, peu éloigné de ta maison, cela m'accommoderait : une chambre à deux lits, au premier

LES MEMOIRES

un cabinet pour une domestique et surtout des latrines
propres, car elles sont à Paris, dans ces hôtels, d'une exces-
sive malpropreté.

J'écris à Louis par ce courrier.

Tu trouveras dans les médailles que ma femme te destine
une frappée pour le mariage d'Henri IV, elle est en bronze
doré et d'une exécution qui fait le plus grand honneur aux
arts de l'époque.

J'ai lu dans le *Journal des Débats* les lettres que tu as
adressées à Z...., que l'on me dit être Hoffman : je suis au
fait. On me parle d'une autre, qui est dans *La Gazette*, mais
je ne l'ai pas vue. Je te félicite quant aux autres....

Le 1er septembre, c'est à Victor Foucher que le général
écrivait :

Au moment où Adèle m'annonçait, mon cher ami, le
mariage de Victor son frère, celui-ci m'écrivait pour le
même sujet; je lui ai répondu de suite.

Vous pensez comme un père sous les deux points de vue
dans lesquels vous avez envisagé ce mariage, et puisque
l'affaire est faite, il faut la traiter en bien, puisqu'en résultat
la jeune femme est douce et bien née. Tâchons un peu plus
tard d'appuyer de nos amis, si nous étions dans le cas de
ne rien pouvoir par nous, nos Victor, dont l'un est déjà si
grand et si protecteur par lui-même.

Ma femme se réjouit d'être votre commère! Elle vous est
sincèrement dévouée, ainsi qu'à Mme Foucher et à vos
enfants. Celui qu'elle a perdu ne sort pas de sa mémoire;
s'il est des anges reconnaissants, notre cher petit amour
l'est bien assurément de l'amour vraiment maternel qu'elle
lui a porté et qu'elle lui conserve. Aussi que de vœux ne
forme-t-elle pas et pour Adèle et pour le fruit qu'elle porte;
s'ils sont exaucés, tout ira parfaitement.

Je vous l'avoue, l'indifférence avec laquelle on a perdu
mes *Systèmes*, quand plusieurs maréchaux d'un grand mérite
y trouvaient une découverte heureuse pour la France, m'a
fait une peine rendue plus vive par le défaut d'avis de
réception. Je n'en donne la faute à personne, et moins encore
à M. de Coetlosquet qu'à qui que ce soit, puisque sa bienveillance a daigné les suivre longtemps. D'un autre côté, je
sens bien que je ne puis rien espérer d'un département dont
la dernière campagne d'Espagne a disposé presque entièrement. Une suppléance me serait dispendieuse et je suis trop
vieux pour risquer la poire, bien petite encore, que je grossis
pour mes enfants. Je suis sûr, par l'estime dont je jouis ici,

que si le commandement ne vaquait pas sans qu'on le sût, on me demanderait avec instance pour l'exercer et si cela réussissait, cela serait heureux en ce que je pourrais vivre honorablement et mettre un tiers de l'amélioration de mes petites propriétés....

J'ai ici les exemplaires des généraux Poupan et Deraux. J'attendais de Victor une réponse sur la question de savoir à qui j'en dois dans votre famille, pour ne faire qu'un seul et même ballot....

Un post-scriptum accompagnait la lettre :

Je viens, par la voie hiérarchique, de faire au ministre la demande d'une permission de quinze jours pour accompagner ma femme à Paris. Voyez si, comme la dernière fois, vous pouvez m'en envoyer directement une : alors, nous partirions après l'avoir reçue, sans quoi l'autre n'arrivera pas avant vingt jours.

Nous nous félicitons, comme vous, de voir notre Adèle heureusement accouchée d'une petite fille bien constituée. C'était le désir de Victor !...

Le même jour, le général écrivait à son fils :

Mon cher Victor,

Le 12 juin était pour moi un jour de bonheur, il fut signalé dans ma retraite par l'arrivée d'un essaim sur un des arbres de mon verger. Six essaims sortis de mes paniers le 28 août me rappelleront le 12 juin, et ta lettre vint me confirmer que le 28 août était pour toi et pour nous un jour heureux. Je te félicite, tant en mon nom qu'en celui de ma femme, de l'heureuse arrivée de la petite fille et des belles couches de ton Adèle. Embrasse-la mille fois pour nous.

Ma demande d'une permission vient de partir par la vois hiérarchique. J'écris un mot à M. Foucher pour qu'il tâche de la faire expédier promptement.

Je vais m'occuper de la formation du panier de vases et autres objets de curiosité. Selon qu'il pèsera, je l'enverrai par la diligence ou le roulage.

Porte-toi bien. Ma femme et moi nous embrassons tendrement ton Adèle, ta Léopoldine et toi.

Mieux venue que le pauvre petit Léopold, et même admirablement venue, Léopoldine tenait les promesses de sa

LES MÉMOIRES

naissance. « Léopoldine, écrivait Adèle le 12 novembre, se porte très bien et a été vaccinée il y a dix jours ; le vaccin a très bien pris et elle supporte les petites souffrances inséparables de cet état avec beaucoup de gentillesse. D'après les avis du médecin, nous allons la mettre en robe dans quinze jours. Je voudrais que vous la vissiez ; elle vous rirait aux éclats. Elle a l'instinct de connaître et d'aimer les personnes que nous aimons. » Et Victor ajoutait, pour le général, ces lignes à la lettre de sa femme : « Tout ce que mon Adèle vous dit de sa Léopoldine vous fera, j'en suis sûr, grand plaisir à vous deux, mais beaucoup moins sans doute que ce que Léopoldine vous dira un jour. Le fait est que, depuis la dernière lettre que l'on vous a écrite, cette chère enfant s'est incroyablement développée en force et en intelligence. Il y a quelques jours, elle a souri à ton portrait. Je ne sais si c'est purement machinal, mais j'aime à croire que c'est un instinct, et cette idée me rend heureux. Tu vois que Léopoldine commence à partager les sentiments de ton fils bien respectueusement dévoué[1]. »

Cette lettre causa aux grands-parents une joie dont le général se fit l'interprète dès le 15 novembre. On en goûterait mieux l'expression s'il n'y avait pas associé, par une regrettable faute de goût, le nom du malheureux Eugène et... l'anniversaire de son premier mariage !

Mes chers enfants,

Aussitôt après avoir fait partir les paniers destinés pour vous et Mme Foucher, nous sommes partis pour la campagne. Nous en arrivons et nous trouvons votre lettre, à laquelle je réponds et à laquelle aussi ma femme va joindre un mot.

Nous sommes enchantés de l'état dans lequel se trouve notre cher petit enfant. Il vous donne de la peine, mais déjà ses caresses vous en indemnisent et nous sommes bien assurés que vous ne voudriez pas pour tout au monde n'avoir pas pris le parti de le nourrir sous vos yeux, et de l'aliment préparé pour lui par la sagesse éternelle. Les plaisirs que vous éprouvez ne sont pas de ceux qui

1. L. Belton, *art. cité.*

s'expriment ; vous les retrouverez chaque jour plus vifs. Embrassez donc bien votre cher amour pour nous.

La bonne santé d'Adèle est encore la conséquence du sage parti qu'elle a pris d'être tout à fait mère ; nous l'en félicitons de tout cœur. Ma femme m'a embrassé de sa part et ce soir, fête des Léopold, des Léopoldine et des Eugène, anniversaire de ma naissance, de celle d'Abel et de mon premier mariage, nous regretterons, en portant vos santés dans une petite réunion d'amis complotée par ma femme, que vous ne puissiez entrechoquer vos verres avec les nôtres, comme faisaient nos pères.

Ma femme et moi, nous vous embrassons de nouveau tous les trois, mes chers enfants, du cœur le plus dévoué.

Plus heureux comme grand-père que comme officier, le général Hugo avait été mis à la retraite, par une ordonnance du 1ᵉʳ décembre, en même temps qu'un grand nombre d'officiers généraux. Sa lettre du 21 août à sa belle-fille montre comment il accueillit cette mesure.

Ma chère Adèle,

J'aurais plus tôt répondu à votre lettre du 6, si je n'avais été, comme notre Victor, très fortement enrhumé ; cela ne m'a pourtant pas empêché de revenir à la Miltière, où des ordres que j'avais donnés ne s'exécutaient pas, et d'y rester depuis lors pour surveiller leur exécution. On vient de m'y apporter la lettre de votre papa et celle de votre bien-aimé, à laquelle je ferai ci-joint un mot de réponse, puisque ma femme envoie à Romorantin.

Vous le savez : je m'attendais à l'événement qui vient de m'arriver et il ne m'a causé aucune impression fâcheuse. Le ministre ayant bien voulu me l'annoncer par une lettre particulièrement affectueuse et très peinée, j'ai dû lui répondre, et c'est moi qui ai dû prendre le ton de consolateur. J'ai saisi l'instant pour demander le grade honoraire et de plus un cordon de Commandeur à la place des deux dont on m'a dépouillé la poitrine. Celui des Deux Siciles m'assignait un rang dans la haute noblesse ; si l'on m'en accorde un, il ne portera avec soi que l'honneur d'être porté. Quelle que puisse être la décision sur mes deux demandes, je n'attribuerai toujours ma mise à la retraite qu'au duc de Béthune, puisque c'est lui qui avait préparé le travail, travail que M. de Damas a retardé et que M. de Clermont a été forcé de mettre à exécution.

LES MÉMOIRES

S'il n'existait une rente viagère à payer sur la Miltière, je répondrais de suite d'une manière positive à la proposition que vous me faites de ne plus vous payer votre petite pension. Je vais m'occuper beaucoup plus de la Société Lambert et d'un vieux projet qui peut-être rétablira mes affaires de finances à un meilleur point [1]. Je suis fâché d'être si loin de vous, j'aurais associé mes enfants à mon travail.

Ma femme est enchantée de vous savoir bien portante, ainsi que sa petite-fille et filleule : elle vous répète, ainsi que moi, que ma mise à la retraite ne doit en rien déranger vos projets de venir avec nous le printemps prochain; ainsi dites-le bien de sa part et de la mienne à Victor.

Mme de Béthune-Sully prolongeant son séjour à Paris, ma femme n'a pas encore reçu ce que vous lui avez fait remettre ainsi que votre maman; mais elle a envoyé à celle-ci le bonnet qu'elle lui a brodé.

Embrassez Didinette pour nous, ainsi que Victor et vos bons parents : je vous le rends au centuple.

Victor avait cru que la mesure des mises à la retraite des officiers généraux n'avait pas une portée absolue : il fit une démarche en faveur de son père, qui lui écrivit le 21 :

Mon cher ami,

Ta lettre du 15 m'est parvenue hier ici. Je suis fâché que tu te sois donné la peine d'aller au Ministère pour tâcher d'obtenir une exception à la règle générale qui me comprend, et je suis bien aise, pour l'honneur du Ministère et ma propre satisfaction, qu'elle n'ait pas eu lieu et qu'il n'y en ait eu aucune. Je l'ai dit à ta femme, l'ordonnance est d'un ministre qui a précédé M. de Damas et le cœur de M. de Clermont a dû être profondément affligé d'avoir eu à l'appliquer. J'ai entendu comparer cette ordonnance à celle qui défendrait aux médecins d'exercer dès que l'âge de l'expérience leur serait venue, mais ce n'est pas à toi de répéter cette comparaison.

Je regrette beaucoup que tu aies attrapé un gros rhume dans tes courses pour cette affaire. Tu connais mon petit remède pour cette maladie de la saison; comme elle retombe presque toujours sur la poitrine, il faudra dès que tu com-

---

1. La Société Lambert était une banque. D'autre part, l'acte de décès du général devait le qualifier, en 1828, comme « l'un des administrateurs de la Société d'avances mutuelles sur garanties. » Est-ce le projet sur lequel il fondait à la fin de 1824 l'espérance d'une meilleure fortune?

LE GÉNÉRAL HUGO

menceras à tousser prendre de temps en temps, dans la journée, des tasses d'eau de navets, miellée et légèrement coupée avec du lait. Je t'engage aussi à faire usage de gilets de flanelle sur la peau....

La fin de cette lettre est déchirée. On peut deviner par les morceaux qui en subsistent que le général avait reçu deux lettres très amicales du ministre de la Guerre, où celui-ci lui disait son vif désir « comme ancien compagnon d'armes » de lui faire du bien ainsi qu'à sa famille.

Le général allait-il trouver dans la littérature une compensation à la mesure qui l'avait frappé comme officier? Il venait de publier chez Delaforest, sous le nom de S. Sigisbert, un roman en trois volumes, *L'Aventurière Tyrolienne*[1], dont on ne sera pas surpris que Victor lui eût dit le plus grand bien Une lettre du 3 janvier 1823 nous le peint au vif dans son rôle d'auteur :

> Mon cher Victor,
>
> Il faut qu'Abel et toi vous vous procuriez les journaux des *Débats* du 13 et du 20 décembre, où il est question de l'affaire des enfants Boucheporée : un jugement définitif va être rendu et nous verrons si nous devons conserver des espérances, si nous devons agir[2].
>
> Je te prie, ainsi que ma femme, d'ajouter à la distribution dont je t'ai chargé un exemplaire pour Mme Asseline. Aussitôt que cette dame t'aura remis un petit paquet, tu le joindras à ce que tu dois me faire passer et tu te serviras de la boîte pour me faire l'envoi des exemplaires non destinés à Paris et des pastilles que ton Adèle a achetées pour moi. Je te tiendrai compte de tes déboursés dès que tu me les auras fait connaître.
>
> Je te remercie de m'avoir renvoyé la lettre du colonel. Si tu peux lui adresser de Paris son exemplaire de *La Tyrolienne*, tu en joindras la part à ta note; il l'attend avec impatience.
>
> Cela te contrarierait-il trop d'en faire aussi passer un à

---

1. L'analyse du roman, dont le troisième volume contient une pièce de vers intitulée *Voyage d'Uranie en France dans le* xix° *siècle*, a été faite avec une grande clarté par M. Ernest Dupuy : *La Jeunesse des Romantiques*, p. 392-394.

2. C'est une allusion à l'affaire des biens d'Espagne, dont le succès ne paraissait pas encore impossible au général.

LES MÉMOIRES

M. Derolle? Comme cela, tu n'en aurais plus que six à me faire passer. Tu as eu l'heureuse idée d'en faire des étrennes, je la suivrai ici envers quelques amis.

Iham Schlaper est fait, il aura quatre petits volumes; si tu ne m'as pas flatté dans ton opinion sur *La Tyrolienne*, je crois que tu seras content de *Iham Schlaper*.

Ma femme est aussi contente qu'Adèle; qu'Adèle soit bien contente pour Didine. Elle voudrait bien lui écrire, mais ayant beaucoup d'autres lettres à faire, elle remet le plaisir à un autre jour pour ne l'avoir pas tout à la fois.

Je serai enchanté de pouvoir placer le portrait de Victor dans mon salon : il y montera avec celui d'Abel, qui est toujours dans la salle d'en bas sous nos yeux.

Je te plains d'être enrhumé! Quand je le suis, c'est pour moi le signe précurseur de l'enfantement; j'ajoute toujours quelque chose à mes œuvres. Tu n'as pas besoin de ce moyen-là; ainsi je te le répète, je te plains d'être enrhumé.

J'ai acquitté envers les amis d'ici la commission dont tu m'as chargé.

Ma femme aurait bien voulu envoyer à ton Adèle des mousserons, mais elle craint pour la petite robe de Didine : elle en joindra au premier envoi que nous aurons l'occasion de faire à Paris, s'ils ne se gâtent pas toutefois d'ici là.

Je t'écrirai très incessamment au sujet de mon ouvrage perdu. Je n'ai pas envie que l'on m'escamote celui-ci.

Ma femme et moi nous nous réunissons pour embrasser tendrement le joli groupe d'Adèle et Victor nous présentant leur charmante petite Didine. Mille choses aux deux familles.

Dès le lendemain, le soldat reparaissait. On devine quels vœux ses enfants avaient formés pour sa carrière à l'occasion de la nouvelle année. Il leur répondait, le 4 janvier, sur un ton où il y avait plus de tristesse, pas trop amère, que de confiance :

Chers enfants,

Nous avons reçu votre lettre du 29.

Nous sentons tout le prix de vos vœux, car ceux-là partent du cœur et votre bien-être, comme une douce rosée, est rejailli sur nous.

Nous n'espérons rien! Qu'importent d'inutiles honneurs à qui les a dédaignés dans sa longue carrière? La voilà fournie, glorieuse et sans tache! Rien ne peut la souiller désormais.

LE GÉNÉRAL HUGO

J'ai demandé et le grade honoraire et un cordon en remplacement des deux miens. Succès ou non dans cette demande, cela ne me fera rien. Pourtant si M. de Coetlosquet, qui m'a accusé réception d'une demande quand M. de Clermont m'accusait lui-même réception de l'autre, pouvait la lire, que penserait-il de ma dernière période, celle qui constate si honorablement mes premiers rapports avec le Roi actuel? Il se dirait : « Comment le général Hugo est-il resté dix ans sans un souvenir? En 1814 le général Hugo, à qui tous les généraux abandonnèrent leurs troupes, se trouva avec soixante mille hommes et 300 pièces de canon sous ses ordres; cette armée manifestait un avis contraire au nouvel ordre de choses; il put rester à son poste, et sa récompense fut un successeur! »

Nous recevrons avec une véritable joie de famille l'esquisse des premiers traits de Léopoldine. Nous faisons de tendres vœux pour elle et pour vous deux. Puisse la carrière qui s'ouvre devant vous être heureuse : nous tâcherons toujours d'être pour quelque chose dans votre bonheur.

Nous vous embrassons de toute notre âme.

Il n'était pas facile de répondre au vœu du général et de lui envoyer « l'esquisse des premiers traits » de Léopoldine. Elle remuait toujours et Victor s'y était pris à deux ou trois fois sans réussir à obtenir la ressemblance qu'il cherchait. Mais une présence ne vaudrait-elle pas mieux qu'un portrait? Les jeunes époux avaient l'intention de se rendre à Blois pour remettre Didine entre les bras du général et, dans une lettre du 19 février, ils fixaient leur voyage au mois d'avril. « Nous nous faisons une si grande fête de vous voir, écrivait Adèle, que je voudrais que ce fût demain, » et Victor ajoûtait : « Adieu, bien cher et bien excellent père, je m'occupe en ce moment de ramasser de la besogne pour notre séjour à Blois, qui nous promet tant de bonheur. »

Ce fut le général qui vint, appelé à Paris par ses affaires, et il en annonça la nouvelle à Victor, qui se réjouit de l'arrivée de son père, accompagné de la « bonne marraine » de sa Léopoldine, « toujours petite, mais toujours bien portante et si gentille!... » (27 février.) Le père donna ses instructions à son fils, pour le choix d'un hôtel, dans une lettre du 6 mars :

LES MÉMOIRES

Mon cher Victor,

Je ferai aujourd'hui dimanche arrêter nos places pour partir mardi ou mercredi par la diligence de la rue Contrescarpe.

Si le logement que nous avions chez M. Sage est vacant, arrête-le pour vingt jours au prix où je l'ai payé. S'il n'est pas vacant et qu'il n'en ait pas un autre convenable d'un prix un peu au-dessous, je serais dans l'obligation de retourner chez M. Bel, ce qui m'éloignera davantage de vous. Si M. Sage n'a pas son grand logement libre et que celui qu'il aura ne puisse tenir deux lits dans la chambre à coucher sans trop nous gêner, il en mettra un seul de quatre pieds et comme il n'est pas sûr que nous menions une femme de chambre, il n'aura que ce seul lit à nous fournir.

Nous nous réjouissons de voir les progrès de Didine et de Juju [1], dont nous nous entretenons souvent ainsi que de leurs familles que nous embrassons de tout notre cœur.

1. Julie, fille de Victor Foucher et sœur d'Adèle Hugo.

CHAPITRE XII

DERNIÈRES ANNÉES

L E séjour du général à Paris dura environ cinq semaines. Il n'en est pas question dans le *Victor Hugo raconté*. Le général fit la connaissance des amis de son fils. Le voyage du jeune ménage à Blois y fut définitivement décidé. Rentré chez lui, le général écrivait, le 18 avril, à ses « chers enfants » :

Nous sommes arrivés ici en bonne santé et par la continuation du beau temps. La route était superbe et nous n'avons été incommodés que par la poussière depuis Blois jusqu'à Orléans, ou plutôt depuis Orléans jusqu'à Blois. Vous direz à Mme Foucher que je me suis informé pour du vin et que l'on me doit rendre réponse sous peu de jours. Il y en a beaucoup de tourné et il faudra que j'en trouve de bien sain pour l'exposer et le mettre en route. Le mien, pareil à celui que je vous avais envoyé, est excellent; je l'ai fait soutirer hier.

Il fait beaucoup plus chaud ici que dans votre grande ville; aussi, faute de précautions contre cet état de l'atmosphère, règne-t-il à Blois beaucoup de rhumes, de maux de gorge ou de pleurésies; il faudra donc vous tenir en garde contre des refroidissements subits.

Soyez auprès de M. et Mme Foucher, de nos deux familles

DERNIÈRES ANNÉES

et des personnes que nous y avons vues, les interprètes de
nos sentiments bien affectueux.

Victor voudra bien me rappeler à l'amitié de M. Rabbe.

Nous vous embrassons tendrement tous trois, ma femme
et moi.

Victor Hugo resta à Blois environ un mois. Trente-neuf
ans après, dans une lettre admirable, un vrai chef-d'œuvre
d'anthologie, il évoquait les souvenirs de son arrivée, au
soleil levant, dans la « ville lumineuse » et du séjour auquel
son âme d'artiste et son cœur de fils avaient dû des impres-
sions si profondes. Il se sentait encore attaché à « ce Blois
qui m'a vu adolescent, ce Blois où les rues me connaissent,
où une maison m'a aimé, où je viens de me promener en
votre compagnie, cherchant les cheveux blancs de mon
père et trouvant les miens. » C'est à Blois, en effet, qu'il
acheva de « connaître et d'aimer » son père. Les quatre
semaines qu'il passa auprès de lui dans un décor « historique
et pittoresque » comptèrent parmi les meilleures de sa vie.
Ses lettres à Soulié, à Alfred de Vigny et à Adolphe
de Saint-Valry témoignent de son admiration et de sa joie.
Venu « pour se faire ermite, » il voyait « les grâces royales
pleuvoir sur lui. » Il était nommé chevalier de la Légion
d'Honneur et invité au Sacre. Cet « insigne honneur »
abrégea son séjour. Il quitta Blois le 18 mai pour se rendre
à Reims où le sacre devait avoir lieu le 29. Ses lettres à
Adèle sont, pendant toute cette période, un cri éperdu
d'amour. Il n'oublie pas son père, qui venait, enfin! d'être
promu lieutenant général honoraire! (23 mai). Il est fier
d'entendre dire, à son occasion, que « rien n'est plus noble
et plus vénérable au monde qu'un vieux soldat qui a conquis
son haut rang par de hautes actions et de grands talents.
C'est aussi mon opinion. J'ai été heureux de voir parler
de mon illustre père comme j'en parle moi-même, comme
j'en parlerai toujours, comme la postérité en parlera. » Cet
accent est sincère : le père a conquis, pleinement et définitivement, le cœur du fils. Mais celui-ci, précisément parce
qu'il respecte son père, peut-il, dans une lettre qui à Blois
sera lue par toute la famille, négliger la seconde femme du

général, chez laquelle il a laissé sa propre femme et sa fille?
« Dis à mon excellent père combien je le reconnais à cette
bouteille qui ne doit se vider qu'à ma santé. Dis à sa femme
que tout le monde ici l'aime et a raison. »

Hélas! Adèle avait déjà moins de raisons de l'aimer. Elle
avait écrit à son mari à Reims deux lettres qui devaient en
dire long sur la solitude dans laquelle on l'abandonnait. On
était « froid et inattentif » pour elle et c'est une voisine,
Mme Brousse, la femme d'un colonel, qui lui témoignait une
amitié et lui prodiguait des soins « qu'une autre aurait dû
lui rendre! » Cette révélation si imprévue affligea profondément Victor, mais il ne songea pas à accuser son père dont
il savait « l'admirable douceur de caractère et la bonté sans
bornes…, mon pauvre et excellent père! que ne lit-il ce qu'il
y a dans mon cœur en ce moment, il y verrait quelle douleur
inexprimable se mêle à mon dévouement infini pour lui, à
mon profond amour pour toi! » C'est une autre qui refusait
à Adèle « la tendresse et la sollicitude » dont elle avait
besoin. « Que t'importe la bonne ou la mauvaise humeur
d'une personne étrangère dont tu ne dépends pas, dont tu ne
dépendras jamais. »

Le mot est lâché, le mot que Victor refoule depuis trois
ans, qu'il couvre de compliments et d'épithètes de conven-
tion : une *étrangère*! Telle est pour lui la seconde femme du
général, à laquelle il n'a jamais pardonné d'avoir remplacé,
humilié, fait souffrir sa mère! « Papa et sa femme, » écrivait-
il à Paul Foucher avant que ces incidents ne se fussent pro-
duits. Voilà la véritable expression de ses sentiments, sa
vraie pensée, l'état réel de son cœur. Certes il a pu être
touché des soins que cette femme a donnés à Léopold, mais
il ne l'aime pas, il ne l'a jamais aimée et il n'y a eu, à aucun
moment, aucune tendresse dans la gratitude, même sincère,
qu'il lui a témoignée. « Aime bien mon père qui t'aime
tant, » écrit-il à Adèle. C'est à ce père retrouvé, reconnu,
adoré, qu'il a sacrifié les ressentiments de son cœur meurtri
et les égards qu'il a eus pour l'*étrangère* ne sont que l'expression de son dévouement filial. Il a écrit la lettre qu'il avait projeté de lui écrire à « son premier loisir, » une lettre « assez

adroite pour ne rien blesser dans son cœur et lui faire tout
sentir. » Mais Adèle a pris les devants. Elle a su être
« adroite » et, résolue à quitter Blois, elle a trouvé des raisons ou des prétextes qui ont trompé et convaincu le
général. Celui-ci écrit à Victor le 29 mai :

       Mon cher ami,

Ta femme, qui depuis ton départ a manifesté le désir de
ne voir personne pendant ton absence, s'ennuyait beaucoup
de se voir loin de toi ; d'un autre côté craignant pour ta
gloire que cette séparation, si elle se prolongeait, n'influât
sur les productions que la France attend de ta lyre, elle s'est
déterminée, après avoir beaucoup raisonné le pour et le
contre de sa démarche, à repartir pour Paris et conséquemment à hâter l'heureux instant de votre réunion. Nous avons
vainement cherché à la détourner de sa résolution ; elle nous
a vaincus par la solidité de ses réflexions et nous avons dû
nous y rendre. Elle et votre charmante Didine emportent
tous nos regrets, mais nous espérons que les plus tôt libres
iront voir les autres.

Nous comptons toujours retourner à la Miltière pour le 6
ou le 8 juin, mais nous attendrons ici M. Foucher, s'il ne
peut venir avant ou après cette époque.

Je recommande ta femme à plusieurs personnes de ma
connaissance qui voyagent avec elle et qui, j'en suis
certain, auront pour elle tous les égards que tu peux
désirer.

Ma nomination est du 23.

Ma femme se joint à moi pour t'embrasser tendrement.

       Ton père aff...,

              Le G. HUGO.

Bien des choses à Abel.

     A Monsieur le Chevalier Victor Hugo
       dans les bras de son Adèle.

Adèle était si pressée de partir qu'elle n'attendit pas le
retour de son mari, qui avait projeté d'aller la chercher à
Blois. On pourrait en douter si l'on ne s'en rapportait qu'à
la Correspondance générale du poète, mais une lettre de son
père, datée du 1er juin, lève tous les doutes :

LE GÉNÉRAL HUGO

Mon cher Victor,

J'avais pensé tout ce que tu m'écris; aussi n'ai-je point désapprouvé ta femme quand elle nous a fait connaître sa résolution. Elle nous privait d'elle, mais elle allait dans les bras de son mari, elle allait, comme nous disons nous autres vieux militaires, lui mettre le cœur au ventre : on ne travaille jamais bien où le cœur n'est pas. Tu as donc ta femme; ton esprit est dans son assiette; qu'il se jette dans le double enthousiasme de l'amour et de ce qu'il a vu de grand; le Roi ne peut manquer d'être très content de toi.

La présente te trouvera dans tes pénates; tu auras revu, embrassé, caressé et ta femme et ta Didine chéries; après ce bonheur-là, je suis assuré qu'il ne te manque plus rien pour faire de belles et bonnes choses. Allons, mon ami, du courage! La verve ne te manquera pas.

Ma femme est enchantée de savoir Adèle et Didine arrivées en bon port et la remercie beaucoup de le lui avoir fait annoncer aussi promptement par M. Foucher. Je lui en suis moi-même très reconnaissant.

Ne te donne pas la peine de rien m'écrire sur Reims : les journaux te suppléeront. Prépare ton travail, ne désespère de rien, une grande gloire t'attend. M. de Lamartine a publié trop à la hâte ce qu'il a fait, et ce que j'ai vu ne dit pas grand'chose. Porte-toi bien. Embrasse pour ma femme et pour moi Adèle, Didine, M. et Mme Foucher et vos deux familles. Je t'embrasse de tout mon cœur, ainsi que ta femme.

Victor Hugo avait suivi les sages conseils de son père et il n'avait pas écrit l'*Ode sur le Sacre* de Charles X avec la hâte qu'y avait mise Lamartine. Celui-ci, d'ailleurs, n'assista pas aux fêtes de Reims et il composa dans les premiers jours d'avril son « petit fragment, » non « pour gloire et argent, » mais « par pure conscience royaliste et pour témoigner une juste reconnaissance à qui de droit. » Son génie littéraire n'égala pas dans cette circonstance sa conscience royaliste et, malgré une vente qui fut surtout profitable à son libraire, il n'avait pas tort d'avoir « honte » de ce qu'il appelait un « rogaton. » Victor Hugo fut mieux inspiré que son illustre aîné. Son ode connut un succès immense, qu'elle méritait, et il eut l'honneur de présenter ses vers au Roi, qui en

DERNIÈRES ANNÉES

ordonna une magnifique impression de luxe par les presses
de l'Imprimerie Royale. Ce succès fit un grand plaisir au
général. Il en félicita son fils le 23 juin dans une lettre que
terminaient des vers plus aisés qu'originaux.

Mon cher Victor,

Ma femme étant venue me relever à la Miltière, me voilà
de retour à Blois; j'y ai trouvé pour elle deux exemplaires
de ton Ode, l'un qu'elle avait chargé une de ses amies de lui
faire venir, l'autre qui sans doute était resté dans le paquet
dont me parle ta lettre de Gentilly. J'ai fait remettre à M. le
curé de Prunier son exemplaire et il devait venir m'en remercier pour toi; tu trouveras ci-joint une lettre de M. Driollet,
qui est écrite dans la même intention. M. de Féraudy m'a
prié aussi de t'exprimer combien il la trouvait belle. Je te
l'ai dit : elle m'a paru admirable et je ne suis pas étonné de
ton succès.

Comme il serait possible que l'affaire de M. Lambert
m'appelât avant peu à Paris, je n'ai pas été fâché d'aller
faire un tour à la Miltière.

Là, j'ai revu les verts bocages
Où mille oiseaux par leurs concerts,
Leurs amours et leurs badinages
Animent nos riants déserts.

J'ai revu l'arbre druidique,
Toujours jeune par sa beauté,
De son feuillage magnifique
Étendre au loin sa majesté.

Sur les pelouses solitaires,
Sur les bords fleuris des étangs,
J'ai vu bondir près de leurs mères
Les doux agneaux de ce printemps.

Aussi j'ai vu les chiens fidèles
Promener autour des troupeaux,
Comme d'actives sentinelles,
Un œil ennemi du repos.

J'ai vu sans taches et sans vices,
Et leurs mères les caressant,
Paître en paix les noires génisses,
Près d'un père au front menaçant.

(191)

LE GÉNÉRAL HUGO

J'ai vu dans les mobiles ondes,
Et sans crainte de l'avenir,
Folâtrer les carpes fécondes,
Sous l'aile fraîche du zéphyr.

Mais hélas! tout près dans la plaine,
Aux coups d'un homme qui fauchait,
J'ai vu le Temps qui nous entraîne
Et l'épi blond qui mûrissait.

Remercie bien M. Émile Deschamps de son aimable souvenir.

Je suis enchanté que tu aies vu cesser tes inquiétudes sur l'état de la chère petite Didine ; embrasse-la, ainsi que ta femme, pour moi. Je t'embrasse de même.

Ce mois de juin 1825 marque donc une date également heureuse dans la carrière du général et dans celle de Victor, qui éprouvèrent, le père surtout à cause du fils, les bienfaits de Charles X. La nomination du comte Hugo comme lieutenant général avait été bien accueillie. La plupart des journaux de Paris en avaient parlé « de la manière la plus flatteuse. » Mais est-il une « position élevée » qui ne provoque pas la jalousie et l'envie ? Le général connut cet inconvénient, auquel son fils lui demandait de se résigner, et aussi celui des recommandations que ce nouveau grade provoqua de différents côtés. Sa joie fut profonde. Il écrivait le 1er juillet à Victor :

Mon cher Victor,

J'ai reçu en même temps que ta lettre celle de M. Domergue, à laquelle j'ai convenablement répondu. L'omission du mot *honorifique* dans l'annonce des journaux m'a fait supposer un crédit immense et beaucoup de ce genre me sont parvenues depuis : il faudra que je m'occupe au moins de quelques-uns !

Je te remercie beaucoup des félicitations que tu m'adresses au nom de tes amis. Remercie-les tous et notamment MM. le vicomte de Chateaubriand, Soumet et Nodier, sans non plus oublier l'excellent M. Rabbe.

J'ai rempli pour toi la même commission envers les personnes désignées dans ta lettre ; elles en sont toutes très reconnaissantes. Le père de M. Poulvé, âgé de soixante-dix ans, est fort malade.

DERNIÈRES ANNÉES

On m'a dit confidentiellement que M. Rifaut avait été peiné que tu ne lui eusses pas fait de visites.

J'ai lu à Caroline, que ma femme a été obligée de mettre au pas et qui depuis lors va bien, l'extrait de ta lettre; elle assure que c'est Annette et non pas elle qui a fermé ta cave.

Nous sommes enchantés, ma femme et moi, que Didine aille bien : ce cher enfant nous avait inquiétés.

M. Vasé a trouvé hier un grand serpent dans son jardin; tu vois que la Miltière n'a pas seule de ces habitants.

Les journaux disent et se bornent à dire que tu as eu l'honneur de présenter ton *Ode* au Roi : mande-moi comment tu en as été reçu.

Nous attendons M. et Mme Foucher : ma femme leur recommande beaucoup d'amener Juju. Elle et moi, nous vous embrassons tendrement tous les trois.

Malgré le désir exprimé par la femme du général, les Foucher n'avaient pas amené à Blois Juju, leur dernière fille. Mais cette abstention ne procédait pas d'une méfiance. Les relations avaient repris entre les trois familles leur ancien caractère, au moins sous la forme protocolaire, et Adèle faisait prier le général « d'embrasser pour elle ses deux mères, » mettant ainsi sur le même pied sa mère par le sang et la marâtre dont elle avait eu tant à se plaindre, deux mois avant, pendant son séjour à Blois.

Victor et sa femme firent pendant l'été un voyage en Suisse, que suivirent d'autres excursions. C'est au retour de l'une d'elles, à Montfort-l'Amaury, qu'Adèle écrivit à « sa chère maman, » pour lui donner des nouvelles de Didine et lui demander de lui envoyer « un beau poisson » pour un déjeuner d'amis, où elle la conviait avec le général. « Nos bons parents compléteraient si bien notre bonheur, qui ne peut être entier sans eux.... Écrivez-moi au juste quand vous serez à Paris; c'est le but que vous devez vous proposer si vous nous aimez. »

Le général répondit le 27 novembre :

Mon cher Victor,

J'ai annoncé hier à M. Lambert les motifs qui me forçaient à différer mon voyage à Paris, et sans doute Abel t'en aura prévenu. Comme il se pourrait qu'il n'ait pas vu ce monsieur

et qu'alors il n'en sût rien, je le préviens que je suis encore
retenu ici pour quelque temps, afin que tu ne sois pas inquiet
de ne me voir pas arriver le 28. Nous en avons beaucoup de
regrets, puisque nous ne pourrons embrasser ni toi, ni ta
femme, ni Didine, mais nous n'avons pu faire autrement,
l'argent destiné à notre voyage devant satisfaire aux frais
inutilement faits contre D.

Embrasse pour nous ceux que nous ne pouvons embrasser,
ainsi que nos deux familles.

Si tu en as le temps, mande-moi si tu as reçu *L'Aventurière*;
il y en a un exemplaire destiné par l'auteur (M. Sigisbert)
à MM. Abel Hugo; Victor (Madame); Herbin (Madame);
Martin (Madame); Victor Hugo; Venot (Madame); Lambert
(Madame); Rabbe....

Dis-moi franchement ce que pense de l'ouvrage M. Delaforest et s'il en a fait parler dans les journaux.

Un mois après, le général n'était encore renseigné ni sur
la distribution des exemplaires de *L'Aventurière Tyrolienne*,
imprimée par Delaforest, ni sur l'accueil que les journaux
avaient fait à son roman. Les lettres qui vont suivre reviennent
sur ce sujet et nous initient à de menus détails de la vie
provinciale.

Du 20 décembre 1825.

Mon cher Victor.

Voilà plus d'un mois que tu ne m'as écrit et pourtant
j'attendais un mot de réponse de toi sur la commission que
je t'avais donnée de retirer les exemplaires promis de
L'Aventurière Tyrolienne et sur la distribution d'une partie.
Quelques-uns pouvaient exiger des courses lointaines, mais
je pensais qu'à défaut d'occasions, tu les ferais porter
par un commissionnaire et que je te tiendrais compte de tes
déboursés.

Mande-moi donc ce que tu as fait à cet égard, et si tu en
as le surplus chez toi, je t'écrirai pour y joindre quelques
petits objets dont j'ai besoin à Paris, des pastilles de magnésie
notamment.

Je ne t'ai rien écrit sur les inondations qui ont menacé de
nous submerger, parce que les journaux ont dit à notre égard
beaucoup de choses vraies, mais ce qu'ils ne t'auront pas
appris, c'est que les eaux de la Loire sont passées dans mon

jardin anglais. On n'avait rien vu de pareil depuis quarante ans.

J'ai beaucoup travaillé depuis que je ne t'ai vu et mon ouvrage sur les places fortes et camps d'Avranches est excessivement augmenté de choses nouvelles et d'inventions de la plus haute importance. J'ai trouvé le moyen de rendre les guerriers d'infanterie indestructibles par la cavalerie, de protéger les vaisseaux de guerre et autres des effets victorieux de l'abordage. J'ai enfin terminé tout ce qui traitait de la marine et des colonies. Je t'adresserai incessamment une notice sur mon ouvrage, je n'attends plus que les moyens de terminer ma rédaction sur des bouches à projectiles supérieures aux canons à vapeur de J. A. Perkins. Mais j'ai la tête brisée de ces travaux et, si je suis les conseils de ma femme, je n'en entreprendrai plus d'autres. Aussi comme les bonnets corses ont la forme d'un éteignoir, je tâcherai de m'en procurer qui étouffe le cours de mes idées.

Ma femme, qui se porte bien, se joint à moi pour vous embrasser tous, tous, tous, ce n'est pas oublier Didine.

L'activité du général ne se démentait donc pas et, s'il m'est permis de le dire, son cerveau n'était pas à la retraite. Tout l'intéressait et l'on voit que l'artillerie ne continuait pas moins à l'occuper que la littérature. Il se croyait un inventeur. Hélas! ses inventions n'ont pas eu un meilleur sort que ses poèmes ou que ses romans. Victor a été sa meilleure production, et c'est à elle seule qu'il doit l'immortalité de son nom. Il lui écrivait le 11 janvier 1826 :

Mon cher Victor,

Fais-moi le plaisir de faire remettre la lettre ci-jointe à la boîte de la petite poste.

Tâche de m'envoyer au plus tôt la caisse avec ce que tu dois y mettre, car ma femme a le plus grand besoin de ce que Mme Asseline a dû lui acheter.

Mande-moi si tu as fait la distribution des exemplaires; si tu n'as pas encore affranchi celui du colonel, tu me l'enverras; il m'a donné un moyen pour le lui faire tenir franco de port.

Je suis toujours sans nouvelles d'Abel et cela ne me fait pas plaisir. Je te dirai plus, cela m'afflige!

Si M. Foucher a un mot de réponse à donner à mes deux

notes, tu les remettras dans le paquet, mais que cela n'en retarde pas le départ.

Ma femme a été assez malade ces jours derniers....

Mille tendres baisers à la tienne et à Didine, de notre part; nous en joignons autant pour toi.

P.-S. Dis à Adolphe que je lui répondrai sous peu.

Ne nous oublie pas auprès de M. et Mme Foucher, ni auprès de leurs amis.

Les tiens d'ici te disent mille choses très obligeantes, Mgr l'Evêque est du nombre.

Le père de M. Poulvé est mourant. La sœur de Mme Poulvé jeune est rentrée de Saint-Denis; c'est une charmante personne.

La Loire charrie; une partie est prise.

Tu m'enverras la note de tes déboursés pour moi.

Mon dévouement à la chose publique, lors de notre effroyable inondation, m'a valu un procès : celui de l'ingratitude contre le dévouement. Cela m'inquiète peu, parce que rien ne peut m'honorer autant. Ma partie adverse est pourtant M...., conseiller à la Cour d'Orléans, qui prétend que j'ai fait faire une rigole d'eau dans son pré : la rigole a été faite effectivement, et non par moi, pour sauver 15 à 20 000 francs de murailles, à lui et à ses voisins. C'est une intrigue du petit D... qui est furieux de n'avoir pas la croix, qu'il aurait voulu que je lui achetasse en donnant 25 louis dans les bureaux.

Tu ferais bien de faire relier richement deux petits recueils de celles de tes odes qui concernent le duc de Bordeaux et d'adresser un de ces volumes au Roy de Naples, l'autre au Duc de Calabre, par le premier courrier que Mme la Duchesse de Berry leur expédiera [1].

Tu joindras bien entendu à cet envoi un mot de respectueux hommage.

Entre le 11 janvier et le 23 février 1826 — cette date est celle de la dernière lettre du général Hugo que mon dossier renferme — il y a une lacune certaine dans la correspondance. La lettre du 23 février est une réponse qui atteste la cordialité grandissante de relations dont le *Victor Hugo raconté* finira par dire : « La réconciliation était complète entre le père et le fils. »

1. C'est à la « recommandation spéciale de S. A. R. Madame, duchesse de Berry, » que Victor Hugo avait dû d'obtenir, en septembre 1822, une pension de Louis XVIII.

DERNIÈRES ANNÉES

Mon cher Victor,

Je pense que tu feras bien de commencer de bonne heure à te servir de conserves vertes pour le travail du cabinet, mais de laisser tes yeux à leur force naturelle pour le reste du temps. La crise qu'ils ont éprouvée n'était pas dangereuse à ton âge, mais elle est pour toi un sage avertissement de les ménager; il ne faut pas braver le sort de Milton. Je te l'aurais écrit plus tôt si tu n'eusses défendu à ton Adèle de nous apprendre la cause d'un silence qui m'étonnait.

Si tu veux me faire connaître à quelles personnes tu as remis *L'Aventurière*, je t'enverrai l'adresse de celles à qui tu n'as pu l'envoyer et l'avis de la venir prendre chez toi. Dis-moi positivement si M. Laforest t'en a remis les 25 exemplaires, parce qu'alors il aurait rempli tous ses engagements de manière à m'encourager pour de nouvelles affaires. Je n'ai vu de compte rendu par aucun journal et je ne sais si celle-ci lui a été favorable. J'ai la suite toute faite et je l'aime mieux que *L'Aventurière* : c'est *Iham Schlaper*.

Le petit adjoint de la mairie de Blois, M. Denis Gault, s'est vengé sur moi de la manière dont tu as ici repoussé l'insultante protection dont il te disait m'avoir honoré; il m'a sourdement fait intenter un procès par un M. M..., conseiller à la Cour Royale d'Orléans, pour avoir fait ouvrir une rigole moins large et moins profonde qu'un sillon de charrue, dans l'objet de sauver le faubourg du fait d'une submersion totale. Pourtant il savait bien que cette idée très honorable ne m'appartenait pas, que je n'avais pas fait ouvrir cette rigole et que je l'avais seulement fait continuer avec des bras qui m'avaient été envoyés par la personne chargée ici des clefs de M. M.... Ce monsieur et le minime Gault sont étonnés du scandale de cette affaire, de l'honneur qui est rejailli sur moi, du ridicule qu'il attache sur eux. Je me défends puisqu'on m'a attaqué, mais ils ne croyaient point avoir attaqué si forte partie.

Remercie M. Foucher des deux réponses qu'il m'a faites.

Change dans *Bug-Jargal* le passage où il est dit que Thadée, ayant brossé l'habit du capitaine, sergent, peut être officier le lendemain; il ne peut pas être domestique la veille. Tu nous enverras ton roman, avec le reste des exemplaires de *L'Aventurière*, quand je t'enverrai la petite caisse.

Nous sommes inquiets de voir si peu de dents à Didine, il est vrai qu'elle sera plus forte pour les faire, il faudrait lui faire mâcher une racine de guimauve.

Ma femme et moi, nous embrassons bien tendrement toi, Adèle et Didine.

LE GÉNÉRAL HUGO

C'est à cette lettre que Victor Hugo répondait en mars 1826.
J'ai publié pour la première fois, il y a quelques années,
cette réponse dont l'intérêt, surtout pour une année où la
Correspondance Générale ne contient qu'une seule lettre du
poète, ne me paraît pas négligeable. Elle exprime une tendresse et une confiance filiales qui sont à l'honneur commun
du général et de Victor.

> Mon cher papa,

Je profite d'un moment que me laissent mes libraires pour
répondre à la dernière lettre que tu m'as fait remettre par
M. Asseline. Tes bons conseils pour mes yeux me touchent
vivement et je les mettrai certainement à exécution quand
j'aurai quelque ouvrage de longue haleine à écrire; en attendant, ma vue est rétablie, à un peu d'affaiblissement près.

Toutes tes commissions pour *L'Aventurière* sont faites. Je
te ferai parvenir quand tu voudras le reste des 25 exemplaires que M. Delaforest m'a très fidèlement remis. Je suis
charmé que tu aies terminé *Iham Schlaper*, bien que, d'ici à
quelque temps du moins, il ne faille pas compter le vendre.
Tu ne saurais te figurer dans quel état de crise se trouve la
librairie depuis le mois de novembre dernier; le commerce
des livres est presque absolument paralysé; des faillites
multipliées ont eu des contre-coups qui ont ébranlé deux des
plus fortes maisons. Toutes les affaires sont ou en débâcle
ou en stagnation. Toutes ces causes me font craindre
que *L'Aventurière* n'ait pas eu pour Delaforest le résultat
avantageux qu'il devait en attendre à si juste titre.

J'avais fait pour *L'Aventurière* quatre petits articles qui
n'ont point paru. Y a-t-il en cela de la faute du libraire? C'est
ce que je ne saurais dire. J'en ai fait un autre encore pour
un petit journal que l'on m'envoie; on m'en a promis l'insertion; dès qu'il aura paru, je te l'enverrai.

Les sottises du petit bonhomme Gault ne m'étonnent pas.
Mais que t'importe? Ton nom ne pourra jamais être cité
qu'avec honneur. Que ce drôle d'adjoint prenne garde à lui!

Ton observation pour *Bug-Jargal* est fort juste, je changerai le passage, non dans la deuxième édition, elle va
paraître, mais dans la troisième, qui aurait déjà paru sans
la crise où se trouve la librairie.

Tu sais que nous venons de vendre 550 000 francs les
œuvres de M. de Chateaubriand.

Adieu, bon et cher papa; Didine est toujours avec
six dents; ma femme et toute la famille Foucher t'em-

DERNIÈRES ANNÉES

brassent tendrement comme Abel et moi. Tout le monde ici se porte bien et vous aime tous deux.

Ton fils respectueux et dévoué,

VICTOR.

Deux ans après, selon M. Ernest Dupuy, ou seize mois après, selon M. Pierre Dufay, le général venait se fixer à Paris, sans abandonner son domicile de Blois, dans la maison habitée par son fils Abel, dont il fut du mariage avec Mlle de Montferrier. Au dire du *Victor Hugo raconté* « il était heureux de tous les côtés. » Une attaque d'apoplexie le surprit dans ce bonheur et le frappa « avec la rapidité d'une balle, debout, en soldat, » le 28 janvier 1828 : il était âgé de cinquante-cinq ans. Il est enterré au Père-Lachaise.

« Heureux de tous les côtés, » c'est trop dire. Le général s'était, vers la fin, occupé d'affaires financières qui ne l'avaient point enrichi. Sa succession, que ses fils n'acceptèrent que sous bénéfice d'inventaire, fut difficilement liquidée. Victor Hugo écrivait en novembre 1829 à son ami de Saint-Valry : « Mes affaires privées toujours fort embrouillées, l'héritage de mon père non liquidé, mes biens d'Espagne accrochés par Ferdinand VII, nos indemnités de Saint-Domingue retenues par Boyer, nos sables de Sologne à vendre depuis vingt-trois mois, les maisons de Blois que notre belle-mère nous dispute... par conséquent rien, ou peu de chose, à recueillir dans les débris d'une grande fortune, sinon des procès et des chagrins... voilà ma vie. » Cette « grande fortune » n'exista jamais qu'en espérance et la seconde femme du général en marchanda âprement les « débris. » Le *Témoin de la Vie* de Victor Hugo raconte qu' « Abel et Victor, revenus tout à fait, avaient accepté leur belle-mère. » Cette acceptation ne survécut pas au décès du général : il y eut entre elle et eux des difficultés d'argent qui brisèrent des relations consenties par amour pour leur père, mais où leur cœur ne fut jamais. L'*étrangère* redevint pour eux le « mauvais génie, » le « démon de l'enfer, » l' « infernale créature » qu'Abel avait dénoncée onze ans auparavant. Elle ne mourut que le 21 avril 1858 :

(199)

son acte de décès, enregistré à Blois, porte les signatures de deux de ses voisins, un cordonnier et un jardinier.

Brouillé avec la seconde femme de son père, Victor Hugo n'oublia pas Eugène, son malheureux frère, enfermé à la Maison Royale de Charenton. Faut-il s'étonner qu'à partir de 1824 il n'en parle plus dans les lettres qu'il écrit à son père et que celui-ci n'en dise pas davantage? On ne peut pas accuser l'un d'insensibilité fraternelle sans ne pas accuser l'autre d'insensibilité paternelle. Ils ne méritent pas ce reproche. Dès 1825, « de plus en plus sale, » répondant par des monosyllabes à toutes les questions, Eugène ne devait pas guérir et un ami du général Hugo concluait, après avoir donné à celui-ci des « détails répugnants sur son état, » qu' « il vaudrait mieux qu'il payât le plus tôt possible sa dette à la nature [1]. » Il était devenu gâteux. Pouvait-on faire autre chose que de lui assurer les soins nécessaires? Le silence n'est pas l'oubli : Eugène n'était pas oublié.

A la date du 21 février 1832, le directeur de Charenton remerciait Victor Hugo de la « résolution généreuse qu'il avait prise pour le compte de toute la famille. » Il ajoutait :

> Vos visites ne sauraient plus nuire à M. votre frère. Elles auraient peut-être au contraire aujourd'hui pour effet d'éveiller en lui quelques-unes de ces émotions dont son état moral paraît malheureusement ne presque plus offrir aucun vestige. Peut-être votre présence ferait-elle vibrer en lui quelque corde secrète. Sa santé physique est assez bonne; mais ses jambes sont habituellement enflées, ce qui tient à son inertie, à son immobilité presque complète.

Cette lettre est un témoignage : « Vos visites ne sauraient plus nuire à M. votre frère. » N'est-ce pas dire que les visites avaient été interrompues comme faisant du mal au pauvre dément et n'est-ce pas une réponse à la légende, établie sur des documents incomplets, du « mort vivant, enterré dans l'hospice de Charenton » sans que Victor s'occupât du gros compagnon de ses jeux dans le jardin des Feuillantines?

Eugène était traité à la maison de Charenton, depuis 1823,

1. Pierre Dufay, *Eugène Hugo*, p. 78.

comme militaire, aux frais de la Guerre. En janvier 1833, le ministre de la Guerre mit fin à cette faveur, mais il n'annonçait cette mesure à Victor Hugo qu'en lui faisant part de la décision qu'il avait obtenue du ministre du Commerce et des Travaux publics d'accorder à Eugène une demi-place. Ainsi la moitié de la pension, soit 360 francs par an, retombait sur sa famille : Victor Hugo en assuma la charge. Dans une lettre du 28 mai 1833, le directeur de Charenton, à l'occasion d'un établissement des comptes, lui écrivait :

> Je ne vous dis rien de l'infortuné qui vous intéresse : vous savez trop que sa vie n'est que végétative. Cet état l'exempte du moins de ces mille souffrances qui s'attaquent au moral de l'homme; il diminue même beaucoup la vivacité des atteintes que peut recevoir son physique, qui du reste se maintient à peu près bon. Triste consolation! Mais à quoi ne s'accroche pas la douleur!

Le « physique » d'Eugène se maintint encore quatre ans : le malheureux mourut le 5 mars 1837. Cette mort inspira à Victor Hugo une de ses poésies les plus émouvantes et les plus belles, un chef-d'œuvre digne d'être rapproché des stances sublimes que lui arracha six ans plus tard la tragique fin de Léopoldine.

Quant au souvenir du général, il est présent et vivant dans l'œuvre de Victor Hugo. Vers ou prose, il la traverse, depuis 1828, avec une émotion grandissante pour aboutir en 1872 à la sobre évocation de *L'Année Terrible*.

> Étant petit, j'ai vu quelqu'un de grand, mon père.
> Je m'en souviens; c'était un soldat; rien de plus,
> Mais il avait mêlé son âme aux fiers reflux,
> Aux revanches, aux cris de guerre, aux nobles fêtes,
> Et l'éclair de son sabre était dans nos tempêtes.

Cet « éclair, » projeté par le génie d'un fils immortel, illumine la douceur d'un bon sourire et le courage d'un grand cœur.

TABLE DES GRAVURES

PLANCHE I
LE GÉNÉRAL HUGO
Portrait, au musée Victor Hugo . . . . Frontispice

PLANCHE II
VICTOR HUGO ADOLESCENT
Par Deveria, collection de M. Louis Barthou. **78**

PLANCHE III
THIONVILLE : L'ÉGLISE VUE DES REMPARTS
D'après une lithographie, Bibliothèque Nationale, estampes **86**

PLANCHE IV
BLOIS EN 1830, VUE PRISE DU PONT
Lithographie d'Asselineau, Bibliothèque Nationale, estampes. **126**

PLANCHE V
EUGÈNE HUGO
D'après une lithographie, musée Victor Hugo **134**

PLANCHE VI
LETTRES DU GÉNÉRAL HUGO ET D'EUGÈNE HUGO
Collection de M. Louis Barthou **142**

PLANCHE VII
VICTOR HUGO JEUNE
Par L. Boulanger, musée Victor Hugo **150**

PLANCHE VIII
MADAME VICTOR HUGO
Par L. Boulanger, musée Victor Hugo **158**

TABLE DES CHAPITRES

CHAPITRE PREMIER

LES DÉBUTS D'UNE CARRIÈRE MILITAIRE

Une requête du général Hugo sous la Restauration. — Origines plébéiennes. — Un ancêtre douteux : Charles-Louis Hugo, abbé d'Estival. — Situation de fortune de la famille. — La jeunesse du général. — Engagé à quinze ans. — La révolution : avancement rapide. — Campagne de Vendée. — Léopold Hugo, adjudant-général **3**

CHAPITRE II

LE MARIAGE (1797)

Sophie Trébuchet. — L'union est célébrée à Paris. — A l'armée du Rhin avec le général Moreau; bataille de Mœskirch. — Lettres passionnées et souvenirs de « la Nouvelle Héloïse ». — Naissance d'Abel et d'Eugène Hugo. — Premières incompatibilités d'humeur. — A Lunéville et à Besançon. — Naissance de Victor Hugo (26 février 1802). **15**

CHAPITRE III

EN CORSE ET A L'ILE D'ELBE (1803-1805). — MÉSINTELLIGENCES CONJUGALES

Nouvelle séparation entre les époux; ses conséquences. — Madame Hugo rejoint son mari et ses enfants à Portoferrajo; ce qu'elle découvre. — Elle repart pour le Continent. — Désaccord et récriminations. — Le commandant reconnaît ses torts **33**

CHAPITRE IV

A LA POURSUITE DE FRA DIAVOLO

Le commandant en Italie, sous les ordres du roi Joseph. — En garnison à Naples. — Opérations de police. — Silence de Madame Hugo. — Préoccupations matérielles. — Léopold Hugo nommé major au Royal-Corse et gouverneur d'Avellino. — Arrivée de Madame Hugo et des enfants. **57**

TABLE DES CHAPITRES

CHAPITRE V

EN ESPAGNE (1808-1813)

A la suite du roi Joseph. — Colonel, puis général de brigade. — Le dissentiment conjugal s'aggrave. — Lettres froides ou cassantes. — Le général Hugo, maréchal du Palais, très en faveur : il est créé comte. — Séjour à Madrid de Madame Hugo et de ses trois fils. — Motifs de plaintes de Madame Hugo. 76

CHAPITRE VI

LA DÉFENSE DE THIONVILLE (1814-1815). — LES AFFAIRES DU MÉNAGE

Une rupture inévitable. — Madame Hugo rentre en France avec Eugène et Victor (début de 1812) et s'installe à Paris. — Le général Hugo passe à la grande armée d'Allemagne. — Il est nommé commandant supérieur de Thionville (janvier 1814); sa belle conduite. — Violentes discussions d'intérêts. — Seconde défense de Thionville (1815). 87

CHAPITRE VII

DRAME DE FAMILLE

Eugène et Victor à la pension Cordier. — La « Madame » de Blois. — Succès scolaires d'Eugène et de Victor; leurs études de droit. — Séparation de corps et de biens entre le général et sa femme (février 1818). — Fondation du « Conservateur littéraire ». — Mort de Madame Hugo (juin 1821). — Second mariage du général 98

CHAPITRE VIII

EN DEMI-SOLDE A BLOIS. — LES DÉBUTS POÉTIQUES DE VICTOR HUGO

Réconciliation entre le général Hugo et son fils Victor. — Jugements du général sur les poésies de son fils. — Le général compose dans sa retraite un journal des sièges de Thionville et un poème héroï-comique. — Premiers symptômes de la folie d'Eugène Hugo. — Mariage de Victor avec Mademoiselle Adèle Foucher. 114

CHAPITRE IX

LA FOLIE D'EUGÈNE HUGO

La maladie d'Eugène s'aggrave. — Son père l'emmène à Blois. — Accès de fureur. — Hospitalisation à Saint-Maurice 135

TABLE DES CHAPITRES

CHAPITRE X

L'ART D'ÊTRE GRAND-PÈRE

Le général s'occupe tendrement de son petit-fils en nourrice à Blois. — Mort du petit Léopold Hugo. — Au château de Chabris. — Publication des « Mémoires » du général 146

CHAPITRE XI

LES MÉMOIRES. — DÉLASSEMENTS D'UN VIEUX SOLDAT

Les « Mémoires » et la critique. — Rapports affectueux entre le général et le jeune ménage Hugo. — Préoccupations et travaux littéraires du général. — Naissance de Léopoldine Hugo. — Mise à la retraite du général (décembre 1824). 164

CHAPITRE XII

DERNIÈRES ANNÉES

Séjour de Victor Hugo et de sa femme à Blois. — L' « étrangère ». — Le comte Hugo nommé lieutenant-général à titre honoraire (1825). — Le général s'établit à Paris. — Sa mort (1828). — La fin d'Eugène Hugo. — Le général Hugo dans l'œuvre de son fils 186

IMPRIMERIE
PAUL BRODARD
COULOMMIERS
6559 - 26